북핵을 바라보며 박정희를 회상한다

북핵을 바라보며 박정희를 회상한다

김태우 저

기파랑

차 례

박정희에 대한 愛憎으로
집필을 시작하다

　역사를 잊지 말라고 충고하는 명언(名言)들은 많다. 영국의 역사학자 토인비(Arnold J. Toynbee, 1889~1975)는 "인류에 있어 가장 큰 비극은 지나간 역사에서 아무런 교훈을 얻지 못한다는 데 있다"고 말했다. 중국의 명심보감(明心寶鑑)은 "미래를 알려거든 먼저 지나간 일을 살펴라"는 말로 과거사의 중요성을 강조한다. 조선시대 문호 연암(燕巖) 박지원 선생(1737~1805)은 "지난 일을 살피되 변화를 알고, 창조를 해나가되 근본을 잊지 말아야 한다"고 했다.

　지금은 폐허가 되어버린 존스타운(Jones Town)의 입구에는 "Those who do not remember the past are condemned to repeat it(잘못된 과거를 망각하는 자는 그 잘못을 반복하는 벌을 받는다)"는 팻말이 세워져 있다. 존스타운은 사회주의에 경도된 사교집단의 교주 제임스 존스(James Jones)가 남미 가이아나(Guyana)의 정글 속에 세운 집단촌이다. 존스는 이곳에 인민사원(Peoples Temple)을 세우고 신자들에게 강제노역을 시키는 등 엄청난 인권침해를 저질렀고, 실상이 외부에 알려지자 1978년 11월 18일 존스 교주 본인을 포함한 918명이 집단 자살을 택했던 비극의 땅이다. 이런 명언들은 모두가 잘된 과거를 거울삼고 잘못된 과거는 되풀이하지 말라는 의미를 담고 있다. 박정희를 되돌아보기 위해서는 어떤 명언들을 가슴에 담아야 할까?

박정희는 1917년 11월 14일에 탄생하여 1979년 10월 26일 생을 마감한 대한민국의 5·6·7·8·9대 대통령으로, 그가 이 나라에 남긴 족적(足跡)은 크고 깊다. 박정희 탄생 100주년인 2017년에 즈음하여 박정희를 기억하는 사람들은 예찬론자든 비판론자든 상념에 빠져들어야 했다. 박정희 대통령과 육영수 여사를 사랑했던 국민이라면 상념을 넘어 형언할 수 없는 착잡함에 사로잡혀야 했다. 그들은 박근혜 대통령의 탄핵과 구속 그리고 보수 세력의 붕괴를 바라보면서 심한 자괴감을 느껴야 했다. 필자도 그중 한 사람이다. 그럼에도 그것이 이 책을 집필하게 된 동기는 아니며, 책을 쓰게 된 이유는 따로 있다.

첫 번째 이유는 지극히 사소한 개인적인 것이다. 필자의 아버지는 김천 소방서장을 끝으로 공직생활을 마감하고 1960년 4·19 혁명 직후에 실시된 지방선거에서 무소속으로 대구 시의원에 당선되어 시정(市政)에 참여하셨지만, 이듬해 5·16으로 몇 개월 만에 물러나셨다. 원래도 없던 살림이라 선거를 치른 후 형편은 더욱 어려워졌고, 필자는 아버지의 출마를 힐난하는 어머니의 원망을 들으면서 어린 시절을 보내야 했다.

필자 또한 대학시절에 총학생회장으로 학생활동을 했었다. 당시엔 운동권이라는 것이 없었고, 필자는 '학생권익 신장'을 내걸고 출마했다. 반년 정도 활동했을 때, 모든 대학의 학생회에 강제해산령이 내려졌고, 학생회는 총장이 임명하는 학도호국단으로 대체되었다. 유신의 칼날이 대학을 강타한 것이다. 필자와 필자의 아버지는 유신체제의 희생자였고, 박정희는 증오의 대상이었다. 그럼에도 당시 아버지께서 하셨던 말씀 한마디는 잊은 적이 없다. "쿠데타는 불법이지만 나라꼴을 보면 박정희가 잘하는 것이다." 박정희에 대한 애증(愛憎)이 교차하는 인생을 살아온 필자와 같은 사람이 박정희를 공정하게 평가할 수 있다는 생각을 해보았다.

평화적 핵주권론을 펼치다

두 번째 이유는 필자의 전공과 관련한 것이다. 필자는 젊은 시절 한국외국어대학교 통역대학원에서 동시통역사 과정을 밟은 덕분으로 직장생활을 하면서도 국제회의 동시통역사라는 부업을 계속할 수 있었다. 필자의 눈에 비친 국제회의장은 전쟁터였고, 매번 한국이 약소국이라는 사실이 가슴을 짓눌렀다. 종교지도자 회의에서 종군 위안부 문제에 책임을 추궁하는 한국 대표단에 오만으로 일관하는 일본 대표들을 통역실에서 내려다보면서 주먹을 불끈 쥐었다. 경제관련 회의에서 미국의 기업인들이 한국의 불공정 무역을 시비하면서 한국의 경제부총리에게 삿대질이나 다름없는 발언을 할 때에 울분을 느꼈다. 지금 생각하면 필자에게는 주제넘은 '강대국병'이었지만 어쨌든 그땐 그랬다. 강대국이 되기 위해 핵무장이 필요하다는 철없는(?) 생각을 품었고, 그 오기 부림으로 다시 유학길에 올랐다. 33세에 대기업 부장이라는 괜찮은 직장을 차버리는 것이 말이 되느냐는 아내의 만류를 외면한 채 1984년 여름 아무 것도 모르는 두 아이—지현이와 주식이—를 비행기에 태우고 미지의 세월 속으로 날아 들어갔다.

핵문제를 전공하여 1989년 8월 정치학 박사를 취득할 무렵, 박정희는 필자의 정신적 멘토가 되어 있었다. 부국강병을 위해 무언가 해야 할 때에 반드시 하고야 마는 지도자는 박정희뿐이었다고 회상했다. 경제개발도 그랬고, 핵무장 시도도 그랬다. 아버지의 말씀이 옳았다는 생각도 확고해졌다. 그러나 핵무장에 관한 생각은 다소 바뀌어 있었다. 약육강식(弱肉强食)의 정글이나 다름없는 핵세계에서 핵무장 시도가 어떤 손실을 수반할 것인지를 공부하는 과정에서 실감했기 때문이었다. 그래서 정리한 생각이 '평화적 핵주권론'이었다. 즉, '국제규범상 허용되는 범위 내의 핵무장 잠재력'을 목표로 삼겠노라고 마음을 먹었다. 핵무기비확산조약(NPT)이 금지하지 않는 농축과 재처리를 확보하고 원자력의 선진화를 이루어 여차하면 원자탄의 원료인 고농축우라늄(HEU)과 플루토늄(Pu-239)을 생산할 채비를 갖추자는 것이었다. 때마침 북한의 플루토늄 생산 의혹이 불거지기 시작했다.

필자는 1990년 한국국방연구원에 입사하면서 꿈을 펼쳤다. 연구보고서와 국방관련 저널을 통해 평화적 핵주권론을 펼쳤다. 그런 필자에게 농축·재처리의 포기를 선언한 노태우 정부의 1991년 '비핵화

선언'은 충격이었다. 도무지 무슨 생각을 하는 사람들인지 알 수가 없었다. 이종구 국방장관을 면담하여 "이건 아닙니다"라고 외쳐보았지만, 들은 대답은 "나도 당신만큼 답답하다"라는 것이었다. 언론에 의지했다. 대외 발표문들을 통해 농축·재처리의 포기는 한국의 핵잠재력과 핵외교력을 말살하고 원자력 산업마저 불구로 만들 것이라고 경고했다. 북한이 결코 핵개발을 포기하지 않을 것이므로 한국만 바보가 될 것이라고 경고했다.

국방연구원은 대통령의 결정에 반대할 수 있는 직장이 아니다. 필자는 대통령의 정책에 반하는 주장을 중단하는 것과 직장을 떠나 주장을 계속하는 것 중 하나를 택해야 하는 운명에 처해졌고, 결국 1994년 봄 직장을 떠났다. 이후 7년 동안 광야를 헤매다가 2001년에 복직하여 2011년 정년퇴임까지 다시 연구와 집필에 매진했다. 북핵 문제는 필자가 경고했던 대로 진행되었고, 지금 북한은 수소폭탄까지 보유한 핵괴물이 되어 걸핏하면 한국에 핵위협을 가하는 '수퍼갑(甲)질'을 즐기고 있다. 오늘날에는 노태우 정부의 농축·재처리 포기를 잘못된 정책으로 비판하는 전문가도 많고 핵무장을 주장하는 정치인도 많지만, 그땐 외롭고 고통스러웠다. 뒤늦게 노태우 정부의 비핵화선언을 비판하는 사람들에 대해서는 말해야 할 때 침묵하다가 뒤늦게 잘난척한다는 서운한 생각이 들었다. 어쨌든 핵주권에 관한 한 원조는 박정희였다. 박정희는 군사적 핵주권론을 현실에 옮기려 한 지도자였고, 필자는 그 보다 낮은 평화적 핵주권론을 펼친 학자였다.

1994년 봄 국방연구원을 떠나던 날, 함께 핵문제와 북핵 문제를 연구했지만 현역 군인이라는 신분 때문에 목소리를 내지 못했던 핵동지

신성택 박사와 소주를 마셨다. 만취한 상태에서 택시를 타니 공연히 눈물이 흘러내렸다. 혼자 소리를 질러 보았다. "내 말이 맞는지 안 맞는지 두고 봐라 이 바보들아." 혼자 중얼거려 보았다 "박정희라면 이런 바보짓은 하지 않는다." 그때의 회상을 가슴에 담았다가 쓴 책이 1999년에 출판한 『저승바다에 항공모함 띄웁시다』이다. 그 책에서 외쳤다. "노태우의 비핵화선언은 바보 선언입니다." "평화적 핵주권으로 강대국의 기반을 닦아야 합니다." "원자력잠수함을 만듭시다." "언젠가 항공모함도 띄웁시다." "국산 핵우산도 만듭시다." "생전에 이루지 못할 꿈이라면 저승에서라도 이룹시다." "우리 박정희 대통령을 다시 만나 저승바다에 항공모함 띄웁시다."

박정희를 바로 알리고 싶다

필자는 이 책을 통해 젊은이들에게 한반도 핵문제를 알림과 동시에 박정희에 대해서도 바로 알리고 싶어 다시 필(筆)을 들었다. 대한민국이 건국 대통령 이승만과 근대화 대통령 박정희에 대해 부정적으로 기술한 역사교과서로 학생들을 가르치는 희한한 나라가 되었지만, 좋은 역사든 나쁜 역사든 모두를 알아야 한다. 토인비가 남긴 명언은 좋은 역사는 본받아야 한다는 뜻이며, 존스타운의 팻말에 적인 문구는 고약한 역사는 반복하지 말라는 의미이다. 박지원 선생의 말을 오늘에 대입하면, 보수와 진보가 부질없이 싸우지 말고 협력해서 나라를 바로 세우라는 권고일 것이다. 박정희의 공(功)을 이해하기 위해서는 토인비의 말을, 과(過)를 평가하기 위해서는 존스타운의 팻말을 떠올리면 좋을 것이다.

　2017년 봄 박근혜 대통령의 탄핵을 요구하는 촛불시위에서 여중생들이 "혁명정부 수립하자"라고 적힌 피켓을 들고 거리를 활보했고, 사드(THAAD)가 배치된 성주에서는 초등학생들이 "사드는 싫어요"라는 피켓을 들고 시위에 동원되었다. 섬뜩한 일이다. 학생들에게 낳아주고 길러준 조국을 자랑스러운 나라가 아니라고 가르치는 나라, 학생들까지 진영싸움의 도구로 삼는 나라에는 미래가 없다. 젊은이들이 오염된 어른들이 벌이는 진영 싸움의 노리개로 전락하지 않으려면 연암의 말을 반추해보면 좋을 듯하다. 그래서 젊은이들에게 역사를 바로 알라고 외치고 싶고, 우선은 박정희부터 정확하게 알아보라고 권하고 싶다.

박정희의 功過를 보려면 두 눈이 필요하다

　박정희에게는 과(過)도 있고 공(功)도 있다. 군사 쿠데타의 불법성, 3선 개헌과 유신의 반민주성, 중앙정보부를 통한 정치탄압 등은 그가 남긴 과이다. 그러나 진영논리에 사로잡혀 과만 들추는 것은 옳지 않다. 경제성장을 이끌고 자주국방의 기틀을 닦으면서 근대화의 새벽을 연 공은 공적(功績)으로 인정해야 옳다. 박정희의 경제성장으로 한국이 남북 간 체제경쟁에서 우위를 점했고 자유민주주의 통일을 논할 수 있게 된 사실은 인정해야 하고, 핵개발을 시도하면서 그가 보여준 애국열정도 공정하게 재조명해야 한다.

물론, 공과를 모두 바라보더라도 진영논리로부터 완전히 자유롭기는 어렵다. 민주주의 국가에서 보수와 진보가 정책을 놓고 다투는 것은 정상적인 현상이다. 진보의 눈에는 박정희의 집권과정, 장기집권, 성장일변도 경제정책의 폐해 등이 상대적으로 더 크게 보일 수 있고, 보수에게는 그가 이룬 국가안보, 산업화, 수출 진흥, 국위 신장 등이 더 크게 보일 수 있다. 이를 두고 비정상이라고 해서는 안 된다. 중요한 것은 보고 싶은 쪽만 골라서 보는 외눈박이는 되지 않아야 한다는 점이다. 이런 맥락에서 오늘날 중·고등학교 역사교과서들이 박정희의 부정적인 측면만을 부각시키는 것은 역사를 왜곡하는 것이며, 진보정부가 들어섰다고 해서 박정희 탄생 100주년 기념우표 발행을 취소한 것은 치졸한 행위다.

이 책을 통해 알리고자 하는 또 하나의 메시지는, 한국사회의 이념 갈등에서 핵심은 보수와 진보의 문제가 아니라 '위장 좌파'와 '위장 우파'의 문제라는 사실이다. 진보와 보수는 정책을 놓고 경쟁하는 상대이지 살의(殺意)를 품은 적군이 아니다. 위장 좌파와 위장 우파의 문제는 그것과는 다른 종북(從北)과 수구(守舊)의 문제이다. 진보란 진보적인 생각을 가지고 있지만 자유민주주의와 시장경제 원칙이라는 대한민국의 정체성을 지키고자 하는 사람들이며, 종북은 겉으로는 같은 진보적 주장들을 내세우지만 대한민국을 부정하는 속내를 가진 사람들이다. 보수란 보수적 생각을 가지고 있지만 역시 대한민국의 법과 질서를 지키고자 하는 사람들이며, 수구란 보수적 주장들을 내세우지만 속내는 개인적 이익과 기득권에 함몰된 사람들이다. 진보가 종북의 주장을 분별없이 수용하고 보수가 수구의 관행을 분별없이 수용하면 싸우지 않아야 할 진보와 보수가 적군이 되어 진영싸움을 벌인다. 이런 현실이 박정희에 대한 공정한 평가를 가로막고 있다.

박정희를 평가함에 있어 한국의 젊은이들은 진보가 되어도 좋고 보수가 되어도 좋다. 중요한 것은 의도적으로 '외눈박이' 어른들을 따라 해서는 안 된다는 점이다. 이런 의미에서, 박정희에 대해 깊이 성찰해보지도 않고 주변에 이끌려 부정적인 생각만을 가지게 된 젊은이들에게 꼭 필요한 것이 레이건 대통령이 남긴 말이 아닐까 싶다. 오늘날 미국 국민이 가장 존경하는 대통령 중 한 명으로 꼽는 로널드 레이건은 "책으로 공산주의를 읽은 사람은 공산주의자가 되고, 삶으로 공산주의를 경험한 사람은 반공주의자가 된다"는 명언을 남겼다.

다시 박정희 대통령을 회상한다

필자는 이 책을 쓰면서 다시 한번 박정희 대통령을 회상하는 즐거움을 만끽하고 싶었다. 하지만 또 하나의 박정희 전기를 쓰거나 박정희 정신을 이론화하는 학술서적을 쓸 생각은 애초부터 없었다. 이미 좋은 책들이 많이 나와 있기 때문이다. 기본적으로 이 책을 통해 핵전문가로 살아온 스스로의 인생을 되돌아보고 싶었고, 중요한 대목마다 박정희를 오버랩해 그의 진면목을 재발견해보고 싶었다. 핵무기, 화생무기, 미사일 등 북한의 비대칭 위협 앞에 한 마리 순한 양이 되어 정신없이 내몰리는 중에 미국과 중국 사이에서 방황하며 길을 잃은 한국. 그러면서도 중요한 안보사안마다 진영싸움으로 날밤을 새우는 참담한 내 조국의 현실을 개탄하면서, 이럴 때 박정희라면 어떻게 할 것인지 반추해보고 싶었다.

이를 위해 필자는 제1장에서 근대화의 새벽을 연 경제성장의 설계자이자 견인자로서의 박정희의 공과(功過)를 재정리해 볼 것이다. 제2장에서는 핵무기에 대한 기술적 설명과 함께 힘이 지배하는 핵세계를 재조명해보고자 하며, 제3장에서 박정희 대통령이 시도한 부국강병 정책과 핵무장 시도를 재조명하면서 거기에 담긴 박정희의 애국 열정을 음미하려 한다. 제4장에서는 인간이 만든 가장 끔찍한 발명품인 핵무기를 앞세우고 새로운 게임체인저(game changer)로 부상 중인 북한을 집중 조명할 것이다. 박정희를 미워하는 사람들은 1970년대 박정희의 핵무장 시도가 북한의 핵개발을 촉발했다는 주장을 펴곤 하지만, 제3장과 제4장을 일독하면 닭이 먼저였는지 계란이 먼저였는지를 확실히 알게 될 것이다. 제5장에서는 조국의 안위를 위해 핵무장 야심을 품었던 다른 나라의 위대한 지도자들을 소개하고 그 반열에서 박정희를 재발견하려 하며, 이를 통해 박정희의 가치와 역사 속의 위상을 재확인하고자 한다. 마지막으로 제6장에서 오늘날 한국을 짓누르고 있는 안보현안들을 소개하고 박정희라면 이런 문제들을 어떻게 풀어가려 했을지에 대해 상상의 나래를 펴보고자 한다. 안팎 곱사등 신세가 된 한국의 처지를 박정희가 본다면 뭐라고 할까? 지금이라도 다시 핵무장을 하자고 할까? 한국사회 일각에서 요구하는 미(美) 전술핵 재반입에 대해서는 무슨 말을 할까? 또 다시 거론되고 있는 전시작전통제권 조기 환수 문제에 대해서는 뭐라고 할까?

박정희 대통령의 영전에 바친다

필자는 '보수 전문가'로 불리는 것은 거부하지 않지만, '보수적 사람'으로 불리는 것은 거부한다. 안보문제를 제외한,여타 분야에 있어서 결코 보수적이지 않다고 자평한다. 하지만, 안보란 최악의 상황을 가정하고 대비하는 것이므로 보수적 접근이 불가피하며 그것이 안보의 정론(正論)이라고 믿는 사람이다. 당연히, 필자도 외눈박이가 되는 것을 거부한다. 박정희 시대에 저질러진 국가폭력을 두둔하거나 외면하고 싶지 않으며, 박정희의 경제개발을 높이 평가하지만 박정희 시대의 부활을 원할 만큼 시대착오적이지도 않다. 혹자들은 과거 기득권을 되찾으려는 사람들이 박정희 시대를 그리워한다고 하지만, 필자에게는 박정희 시대의 부활로 되찾을 기득권이 없다.

그럼에도 안보전문가의 한 사람으로서 필자가 바라본 박정희는 분명히 공(功)이 과(誤)를 압도하는 지도자였다. 박정희는 미래 개척자였고 애국자였으며, 강단과 혜안을 지닌 선각자였다. 특히, 핵문제에 있어 박정희는 핵무장이라는 과도한(?) 목표를 세웠지만 목표를 향해 돌진하는 과정에서 감동적인 행적을 보여주었다. 그는 경제전문가였고 핵전문가였다. 그래서 필자는 박정희 체제로 인해 피해를 입은 분들에게 유감을 전하면서도, 박정희를 존경하는 사람임을 당당하게 천명하고자 한다. 이제 이 책에 존경심을 담아 박정희 대통령의 영전에 바친다.

2018년 3월 김태우

1장

두 눈으로 봐야 하는
박정희의 功過

두 눈으로 봐야 하는
박정희의 功過

박정희 대통령이 한국 근대사에 남긴 발자취가 워낙 강렬한 만큼 그에 대한 평가도 다양한데, 유난히도 당파 싸움과 분열을 좋아했던 조선의 역사가 말해주듯 박정희에 대한 평가도 정파나 진영에 따라 양극단을 달린다.

이런 평가들은 얼마나 공정한 것일까? 박정희에 대한 평가를 조명해보기 위해서는 한국사회에 범람하는 좌익과 우익, 좌파와 우파, 진보와 보수, 종북, 수구 등 난해한 용어들을 먼저 정리해볼 필요가 있다. 이런 용어들에 대한 올바른 정리와 이해는 향후 한국이 지향해야 할 방향을 설정하는 데에도 필요하다. 이런 용어들은 과연 누구를 지칭하는 것일까? 한국사회에서는 어떤 사람들이 어디에 속하는 것일까? 용어 정리를 위해서는 '좌파와 우파'라는 구분이 유래된 프랑스 대혁명 시기부터 고찰해볼 필요가 있다.

左와 右 그리고 자본주의와 사회주의

1789년 프랑스 대혁명은 봉건 왕정제라는 앙시앵 레짐(구체제)에 반대하는 혁명가들이 왕정을 무너뜨린 대사건이었다. 혁명가들은 인구의 1%인 귀족들이 토지의 4분의 1을 소유하는 불평등 속에 귀족들의 부패와 타락에 환멸을 느끼고 평민대표들로 구성된 삼부회를 조직했고, 루이 16세는 군대를 동원하여 이를 해산하려 했다. 혁명의 성공과 함께 왕정은 정지되고 국민공회가 구성되어 최초의 공화정이 실시되었다. 국민공회에서는 중립적인 의장을 중심으로 왼쪽에 자코뱅파가 오른쪽에 지롱드파가 앉았는데, 자코뱅파는 아예 왕정 자체를 영구 폐지하는 급진적인 변화를 원했고 지롱드파는 입헌군주제하의 공화정이라는 온건한 변화를 선호했다. '좌파-우파'라는 용어가 사용되기 시작한 것은 이때부터였다.

자코뱅파는 프랑스 사회의 다수인 노동자·농민의 지지를 업고 지롱드파를 압도하면서 정국을 주도했다. 프랑스 대혁명은 자유, 평등, 박애 등을 앞세우고 절대왕정을 정지시키는 데 성공했지만, 자코뱅파는 혁명의 완성을 위해 단두대를 만들어 반(反)혁명세력들을 처형하는 공포정치를 펼치다가 1799년 나폴레옹의 쿠데타로 종말을 맞이했다. 자코뱅파를 대표했던 혁명가 로베스피에르는 혁명추진에 방해가 된다는 이유로 반동 귀족, 성직자, 부유층 뿐 아니라 농민과 빈민들까지 처형하는 공포정치를 펼쳤으나, 혁명의 종말과 함께 자신이 만든 단두대에서 처형되었다.

이후 공산주의 사상이 대두하면서 '좌우'라는 용어는 공산주의와 자본주의를 구분하는 용어로 정착된다. 통상 '우익'은 자본주의적 가치를 지향하는 사람들인데, 자본주의란 자유경쟁과 사적(私的) 소유권을 기반으로 하는 경제체제로서 재화와 상품의 가격, 분배, 투자 등이 시장을 통해 이루어짐을 의미한다. '좌익'이라 함은 공산주의나 사회주의 경제체제를 선호하는 사람들을 지칭한다. 공산주의 사상은 자본가들이 착취를 통해 부(富)를 축적하고 권력과 부가 경쟁에서 승리한 자들에게 집중되는 것을 자본주의 체제의 결정적인 모순으로 간주하는데서 출발했다. 공산주의자들은 자본가 계급이 소멸되고 노동자 계급이 주체가 되어 생산수단이 공유되는 가운데 능력에 따라 일하고 필요에 따라 분배받는 세상을 지향했다. 마르크스-레닌주의는 공산주의 사상의 핵심 분파로서 자본가 소멸을 위한 프롤레타리아 혁명을 공산주의로 가는 불가피한 수순으로 보았고, 그 과정에서 폭력혁명을 정당화했다.

사회주의는 공산주의로 가는 과정에서 생산수단을 공동으로 운영하고 모든 민중이 노동의 대가를 평등하게 분배받는 사회를 이루어야 한다고 믿는 사상이다. 즉, 사회주의 체제는 공산주의라는 최종 단계로 가는 과정에서 필수적으로 거쳐야 하는 과도기적·전환기적 체제로 간주되었고, '좌익'은 사회주의 체제를 지향하는 사람들을 지칭하는 용어로 장착되었다. 1917년 레닌이 주도하는 러시아 사회민주노동당의 강성분파인 볼셰비키가 로마노프 제정(帝政)을 무너뜨린 것이 좌익혁명이었고, 1922년 러시아는 15개 사회주의 공화국으로 구성된 거대한 사회주의 블록인 소련(USSR: 소비에트사회주의공화국연방)을 구축했다. 이후 1990년을 전후로 하여 동유럽 국가들이 사회주의 체제를 버리고 시장경제 체제로 전환된 것이나 1991년 말 소련이 해체되고 러시아가 시장경제 체제를 도입한 것은 우익 혁명에 해당한다.

오늘날 많은 나라들에서 전통적 좌우 구분법은 상당히 변질되었다. 마르크스-레닌이 설파했던 공산주의는 애초부터 실현성이 없는 유토피아적 발상이었고, 사회주의 체제를 선택했던 나라들이 빈곤국으로 전락함에 따라 오늘날에는 극소수 국가들만이 그 체제를 고수하고 있다. 사회주의 경제가 실패한 주된 원인은 시장경제가 발휘하는 경쟁의 효율성을 따라잡을 수 없기 때문이다. 누구든 열심히 배우면 더 좋은 직장을 얻을 수 있고 열심히 일하면 더 많은 부를 모을 수 있는 시장경제 체제는 사람들에게 배우고 일하게 하는 강력한 동기를 부여한다. 그러나 공동으로 일하고 국가가 주는 배급을 받는 사회주의 경제 체제하에서는 동기가 미약하기 때문에 도무지 효율성이 발휘되지 않는다. 남한보다 더 많은 땅에 남한의 절반밖에 안 되는 인구를 가진 북한이 식량난에 허덕이는 주된 이유도 여기에 있다. 이에 중국과 같은 나라는 국민의 사회권을 인정하지 않는 공산당 일당독재 정치 체제를 유지하면서 경제에 있어서는 시장경제 원칙들을 혼용하는 독특한 형태를 취하고 있으며, 베트남도 공산당 일당체제 하에서 경제개발을 위해 시장경제 제도를 도입하고 있다.

현대식 의미의 좌와 우 그리고 복지의 함정

진정한 사회주의 체제를 택하는 나라가 거의 사라진 오늘날, 많은 나라에서 '좌우'라는 용어는 상대적 차별성만을 의미한다. 예를 들어, 서유럽 나라들에 있어 '좌우'란 사회주의를 신봉하는 사람들과 자본주의를 신봉하는 사람들을 구분하는 표현이기보다는 기존의 자본주의 체제하에서 누가 사회주의적 요소들을 좀 더 수용하는가, 다시 말해 사회적 약자들에 대한 배려, 분배의 정의, 복지 등에 더 많은 비중을 두는가를 구분하는 용어일 뿐이다. 영국, 프랑스, 북유럽 등에서 자주 등장하는 좌파정부가 그런 사례다. 중국을 지배하는 좌파는 사회주의자들이지만, 유럽에서의 좌파란 사회주의적 경제원칙을 좀 더 수용하기를 원하는 우파들이다.

여기서 세금과 복지가 어떤 역할을 하는지에 대해 잠시 고찰해볼 필요가 있다. 시장경제를 근간으로 하는 자본주의 체제는 경쟁을 통한 효율성을 발휘하지만 성공한 사람들과 실패한 사람들 간 엄청난 격차를 가져오게 한다. 사업에 성공하여 또는 부자 부모를 만나 사회적 강자가 된 사람들과 교육을 받지 못했거나 사업에 실패하여 사회적 약자로 전락한 사람들 간 불평등 문제가 발생한다. 이 과정에서 가난을 비관하여 자살하는 사람들이 생겨나고 재벌 2세들의 갑(甲)질 횡포나 가진 자들의 돈놀음이 서민을 멍들게 하는 사례들이 발생한다. 그래서 정부가 세금을 거두어 불평등을 개선하는 노력을 하는데 그것이 복지이다. 즉, 복지란 시장경제 체제가 안고 있는 불평등 문제를 완화하기 위해 국가가 사회적 약자들에게 도움을 주는 것이며, 시장경제 체제 자체를 부인하는 것은 아니다.

하지만 복지에는 함정이 있다. 복지란 기본적으로 실제 일한 것보다 더 많은 수입을 얻거나 전혀 일을 하지 않아도 일정한 수입을 보장

받게 하는 제도이다. 즉, 큰 틀에서 시장경제 체제를 유지하되 시장경제 원칙들을 엄격하게 적용하지 않고 융통성을 부여하는 것이다. 복지가 무한정 확대되어 일을 해서 벌어들이는 수입과 일을 하지 않아도 받는 복지가 같은 수준이 되면 일을 할 동기는 소멸된다. 기업인들이 기업을 경영하여 남기는 이윤을 자신과 가족의 행복을 위해 사용하지 못하고 모두 국가에 내야 할 만큼 세금이 많아진다면 더 이상 기업을 운영할 이유가 없어진다. 때문에 무분별한 복지확대는 당장 사회적 약자들의 환호를 받지만 시간이 지나면 국가 경쟁력이 저하되고 기업들이 도산하여 정부는 복지에 사용할 세금을 거두지 못하게 되며 결국 사회적 약자들도 직장과 복지 모두를 상실한다.

노동자를 보호하는 정책에도 같은 맥락의 함정이 있다. 노동자 권익을 보호한다는 명분으로 노동조합이 무리하게 임금인상을 요구하거나 정부가 노동시장에 개입하여 임금인상을 강제하는 경우, 그래서 기업이 더 이상 이윤을 남기지 못하는 상한선에 도달하면 그 기업은 도산하거나 임금과 세금이 싼 해외로 이전한다. 이후에 일어나는 일들은 너무나 뻔한 악순환이다. 사회에는 일을 하지 않는 사람들이 넘쳐나게 되고, 기업의 소멸과 함께 노동자는 직장을 상실하며, 정부는 세금을 거두어들일 원천을 잃게 되어 국가경제는 파탄을 맞이한다. 강성노조는 잠시 동안 사회적 강자로 군림하지만 결국은 자신들을 포함한 많은 사람들을 실업자로 만들고 나라경제를 거덜 내는 역할을 하게 된다. 그래서 복지정책이나 노동정책에는 늘 약자들을 배려하기 위해 최선을 다하되 '경쟁을 통한 효율성'을 죽이지 않는 적정선이 있어야 한다.

역사적으로도 복지의 적정선을 지키는 나라들은 성공을 거두었다. 정당이 집권하기 위해서는 다수의 지지를 얻어야 하고, 그러기 위해서는 획기적인 복지확대를 공약한다. 유럽과 중남미에서 포퓰리즘적 좌파정부들이 등장하는 과정도 그랬다. 그렇게 집권한 좌파정부들이 복지를 확대하여 자신들의 임기동안 많은 사람들로부터 환호를 받지만, 국가경제는 서서히 죽음을 맞이하고 국민은 과거보다 더 심한 도탄에 빠지게 된다. 무제한 복지를 내세우고 집권했던 아르헨티나의 페론 정부가 그랬고, 세금으로 공무원 숫자를 무한정 늘리고 연금혜택을 확대했던 그리스도 그랬다. 프랑스의 경우 좌파 대통령 올랑드가 연소득 15억 원 이상의 고소득자에게 최고 75%의 부유세를 물리겠다고 하자 부자들이 해외로 탈출했다. 세금을 낼 원천들이 사라지는 것에 당황한 올랑드 정부는 결국 부유세 부과를 포기했다. 반면, 영국의 대처 수상은 무제한적 복지와 임금인상이라는 영국병에 신음하던 자국의 경제에 '경쟁을 통한 효율성'을 불어넣음으로써 경제회생에 성공했고, 1980년대 레이건 대통령도 그렇게 하여 미국경제를 다시 일으켰다. 오늘날 한국은 어느 지점에 서 있을까?

民主와 反民主

'민주(民主)-반민주(反民主)'라는 구분은 사회주의인가 또는 자본주의인가와는 전혀 무관한 다른 스펙트럼상에 존재하는 개념이다. 이때 사용되는 기준은 오직 주권재민(主權在民)이며, 때문에 '민주'의 반대어는 좌익이나 우익 또는 진보나 보수가 아니라 절대 왕정, 독재, 파쇼, 수령독재 등이다. 정치지도자가 국민에 의해 선출되고 인권, 언론의 자유, 종교의 자유 등이 보장되는 나라가 민주주의 국가이다. 따라서 '반민주'는 사회주의인가 자본주의인가와 무관하게 모든 형태의 정치체제에 존재해왔다. 히틀러는 공산주의자들을 박멸하는 정책을 펼친 반공산주의자였지만, 국가의 이름으로 국민을 탄압하는 절대독재자로 군림했다. 선거라는 민주적 절차를 통해 선출된 지도자가 독재자가 되는 우파 독재 사례는 오늘날에도 허다하다. 민주화 세력이 독재세력으로 변신한 경우도 많다. 프랑스 대혁명은 절대왕정을 정지시키고 많은 사람들에게 권력을 나눈 민주화 혁명이었지만, 혁명을 통해 집권한 자코뱅파는 반혁명 세력들을 일소한다는 명분하에 절대독재세력으로 변신했다.

좌파의 독재 사례도 허다하다. 노동자 계급이 중심이 되는 사회를 구현하기 위해서는 그 제도를 수립·집행·감독하는 기구가 필요했는데, 그 역할을 위해 존재하는 정부가 절대권력으로 군림하는 악순환이 지속되었다. 소련에서 스탈린은 무자비한 독재자로 군림했고, 루마니아의 차우세스쿠 대통령도 사회주의 정부를 이끈 독재자로서 1965년부터 1989년 민주화 혁명으로 군중에 의해 처형되기까지 장기집권을 누렸다. 중국은 공산당의 일당독재 체제를 유지하지만 공산당 내에서는 10년간 재임하는 최고 지도자를 당내에서 선출하는 제한적 민주주의를 도입하고 있다. 그럼에도 10년 임기동안 최고 지도자가 독재자로 변신하는 경향이 강하고, 국민이 지도자를 선출하는 권리나 언론의 자유, 종교의 자유 등을 제한하는 사회주의 독재체제가 이어지고 있다.

북한은 매우 특이한 경우이다. 공동생산과 국가에 의한 분배가 이루어지고 있다는 점에서 일단 사회주의 경제체제와 유사하지만, 무상 식량, 무상 교육, 무상 의료 등 3대 제도가 제대로 작동되지 못하고 있기 때문에 딱히 사회주의 경제라고하기도 어렵다. 게다가, '우리식 사회주의'라는 미명하에 잔혹한 수령독재 체제가 정착되었다. 북한의 통치이념인 주체사상은 사상에서의 주체, 경제에의 자립, 정치에서의 자주, 국방에서의 자위 등을 목표로 내세우면서 노동계급의 승리와 '우리식 사회주의'를 이끌어가는 수령과 당의 영도가 필요하다는 논리하에 수령독재 체제를 정당화한다. 북한의 법제도들도 수령독재 체제의 수호를 최상위 목표로 설정하고 있으며, 지배층과 피지배층간 그리고 출신성분간의 차별성은 유례를 찾아보기 힘들 정도이다. 이것이 '북한식 사회주의'의 현주소이다.

進步와 保守

'진보(進步)와 보수(保守)'를 구분하는 기준은 '좌와 우' 또는 '민주-반민주'를 구분하는 기준과는 다르다. 보수주의를 학술적 용어로 사용한 효시는 프랑스의 샤토브리앙(Chateaubriand)이며 1818년 그의 저서 『보수주의자』가 출판된 이래 유럽에서는 급진주의와 대칭되는 의미로 보수주의란 말이 사용되기 시작했다. 전통적 귀족계급이 지배하던 당시 유럽의 지식층들은 급진주의를 기존의 질서를 파괴하고 안정을 해칠 수 있는 위험한 세력으로 간주했기 때문에 이를 경고하는 의미에서 '보수주의'라는 표현을 사용하기 시작했다. 이후 보수주의는 영국의 정치철학자 애드먼드 버크(Edmund Burke)에 의해 보다 구체적으로 정의되었다. 그는 보수주의를 "혁신이나 변화보다는 전통적인 것을 보존하는 데 더 큰 중요성을 부여하는 태도"로 정의했다. 버크가 정의한 보수주의란 경험적으로 검증되지 않은 변화를 시도하는 급진론보다는 다소 문제가 있더라도 오랫동안 통용되어온 '현명한 편견(wise prejudice)'이 안전하다고 보는 것이며, 인간이 스스로의 의지력만을 믿고 모든 것을 바꾸려고 할 때 히틀러나 무솔리니처럼 대중선동(demagogy)을 이용하는 절대권력이 탄생하는 것으로 본 것이다.

한국에서도 보수주의라고 할 만한 사상들이 발전했었다. 옛것을 지키면서 새로운 것을 깨우친다는 온고이지신(溫故而知新) 정신이나 낡은 것을 버리지 않되 고쳐서 새로운 것으로 바꾸어 나간다는 혁구행신(革舊行新) 정신이 조상들의 생활 속에 배어있었고, 그 결과 전통과 관습 그리고 도덕을 중시하는 사상체계가 발전했다. 이와 함께 비생산·비효율적인 관습들을 타파하고 혁신을 도모하고자 하는 진보적 시도 또한 끊임없이 이어졌다.

민주주의 국가로 발전한 오늘날의 한국에서 보수와 진보가 정책을 놓고 다투는 것은 지극히 정상적인 현상이다. 보수와 진보는 공히 국가사회의 발전을 추구하는 사회세력으로서 방법론이 다를 뿐이다. 보수는 변화의 필요성을 인정하면서도 옛것의 가치를 함부로 버리지 않는 방식으로 국가사회 발전을 기해야 한다는 입장을 취하고, 진보는 옛것들을 경시하지 않되 좀 더 과감한 변화를 통해 국가사회 발전을 도모한다. 시대의 변화에 따라 '옛것'의 정의가 달라지므로 보수와 진보가 대변하는 가치들도 당연히 달라진다. 예를 들어, 수천 년 동안 왕조 체제에서 살아왔던 한국인들에게 있어 자유민주주의 정치 체제와 시장경제 체제를 도입하려는 이승만의 시도는 대단히 진보적인 것이었지만, 그 체제가 70년 이상 정착한 오늘날 자유민주주의와 시장경제 원칙들은 보수가 지키고자 하는 '옛 가치'이며, 약자 보호, 공공복지 확대, 사기업의 공기업화 등 사회주의적 요소들을 상대적으로 더 많이 반영하고자 하는 사람들이 '진보'로 불린다. 결국, 한국에서의 진보와 보수는 옛것의 가치와 변화에 대한 열망에 있어 차이가 있지만 모두가 자유민주주의를 사랑하는 애국 시민이며, 분배와 복지를 다룸에 있어 차이를 보이지만 양자 모두가 시장경제 체제의 기본틀을 존중한다. 따라서, 이론적으로 말한다면, 한국에서도 보수와 진보는 모두 우익이어야 하며, 진보란 우파적 색깔이 덜 진한 사람들을 의미해야 한다.

보수와 진보가 수호하고자 하는 가치는 나라에 따라 다르다. 예를 들어 러시아에서의 보수는 군사적 초강대국이자 세계의 절반을 지배하다시피 했던 소비에트사회주의공화국연방에 대한 향수를 버리지 않는 사람들이다. 때문에 크리미아반도 합병, 시리아 내전 개입, 핵군사력 현대화, 해군력 증강 등을 꾀하면서 초강대국의 지위를 복원하기 위해 절치부심하는 푸틴 대통령은 전형적인 보수 정치인이다. 일본에서 보수라 함은 경제적으로 시장경제 원칙들을 준수하되 정치군사적으로는 아시아와 태평양을 호령했던 대일본제국 시절의 향수를 가진 사람들이다. 일본경제의 재건과 함께 전후(戰後)청산과 재무장을 시도하는 아베 정부를 보수정부, 우경화 정부 등으로 부르는 것은 이 때문이다. 이에 비해, 일본에서의 진보는 상대적으로 사회주의적 색채를 좀 더 띠면서 일본의 재무장과 성급한 전후청산에 반대하는 세력이다.

從北 좌파

이상에서 설명한 용어들만으로는 복잡하게 얽힌 한국사회의 제세력들을 명쾌하게 설명해내지 못한다. 한국사회에는 자본주의적 가치보다 사회주의적 가치를 믿는 좌파 단체들과 인사들이 존재하며, 이들은 사회정의를 위해 일부 사회주의적 요소들을 받아들이기를 원하는 진보와는 본질적으로 다르다. 이런 좌파 세력들을 한국에서는 '운동권'으로 부르는데, 운동권에는 PD와 NL이라는 양대 계열이 있다.

PD(Peoples' Democracy; 민중민주)는 노동자 권익 보호, 약자 보호, 복지확대 등 사회주의적 가치를 자본주의적 가치보다 더 중시하는 사람들이다. NL(National Liberation; 민족해방)은 사회주의적 가치를 주장하면서 내심 북한의 주체사상을 추종하는 경향을 보이는 사람들이다. 우파들은 이들을 '종북(從北) 좌파' 또는 '주사파'로 부른다. PD가 북한의 핵개발과 무력도발을 규탄하고 인권부재의 수령독재와 북한주민을 도탄에 빠뜨린 북한정권에 대해 비판할 것은 비판하는 것과는 달리 NL은 북한정권과 체제에 대한 비판을 삼가며 행사시 태극기 게양과 애국가 제창을 꺼린다. NL은 북한 인권은 가급적 거론하지 않은 채 국내 인권문제, 그것도 우파정부의 인권문제에 집중한다.

한국의 종북좌파들은 북한 체제를 두둔하면서도 결코 월북할 만큼 어리석지 않다. 북한이 지극히 폐쇄적이고 궁핍한 사회라는 것을 잘 알기 때문이다. 그들도 북한이 사회주의 흉내를 내고 있지만 사회주의 원칙들을 제대로 실천하는 나라가 아니며, 인민들의 행복에 앞서 백두혈통 권력세습제의 존속이 최우선인 나라라는 점을 알기 때문이다. 세계 유일의 3대 권력세습, 인구대비 가장 많은 군병력, 세계에서 가장 무서운 비밀경찰, 최악의 인권탄압, 최고 지도자를 위한 기쁨조 등은 사회주의 원칙과는 무관한 독재적 현상이라는 사실도 안다. 때문에 외국 사람들은 한국의 주사파를 미스터리로 여긴다. 북한의 실정을 뻔히 알면서 주사파로 활동하는 이유를 잘 이해하지 못한다. 전 세계적으로 사회주의 체제가 소멸되었고 남쪽이 북쪽보다 더 인간답고 더 잘사는 체제임을 알면서도 여전히 순수한 사회주의적 가치 추구도 아닌 종북을 한다는 것을 납득하지 못하는 것이다.

守舊 세력

'수구(守舊)'란 이념적 소신이나 철학과 무관하게 자신의 기득권과 이득만을 추구하는 부류의 사람들을 지칭한다. 이런 부류는 진보와 보수나 민주와 반민주 등과 무관하게 도처에 널려 있지만 기득권을 가진 보수성향의 사람들 중에 더 많다. 예를 들어, 수천억 원대의 재산가이면서도 탈세를 위해 수단과 방법을 가리지 않는 사람, 약자들을 위한 배려에 무관심한 부자, 미국과 관련되는 것이라면 옥석을 가리지 않고 맹신하는 사람, 군복무를 회피하는 특수층 등이 전형적인 수구이다. 한국에는 이런 사람들이 수두룩하다.

여기에 비해, 유럽에서의 보수주의의 성공 비결은 노블레스 오블리주(Noblesse Oblige)의 실천에서 찾을 수 있다. 로마는 카르타고의 한니발 장군의 침공을 받아 싸운 16년 동안 13명의 집정관을 잃었다. 몸을 아끼지 않고 전장에 임하는 총사령관의 솔선수범이 없었다면 지배-피지배 구조를 지닌 로마가 그토록 오랫동안 안정을 누리지는 못했을 것이다. 영국에서 보수주의가 발달한 것도 같은 이유에서였다. 귀족들은 누진적으로 많은 세금을 납부했으며 국방의무를 이행함에 있어 솔선수범을 덕목으로 삼았다. 1984년 포클랜드 전쟁에 앤드류 왕자가 참전한 것도 한 예였다. 6·25 전쟁에는 미군 장성의 아들이 142명이나 참전했고, 그중 35명이 전사하거나 전상을 당했다. 아이젠하워 대통령의 아들도 육군소령으로 참전했으며, 미8군 사령관 밴플리트 대장의 아들 제임스 공군중위는 야간폭격 임무 중 전사했다.

성공적인 실적을 쌓았던 유럽의 보수세력에 비하면, 근세 한국의 보수세력은 많은 질곡을 겪었다. 일제시대 한국의 보수세력은 독립운동을 전개함으로써 애국애족을 실천했고 해방 후 경제개발과 근대화를 주도했지만, 정치권력을 장악한 보수세력 일부가 기득권 보호에 연연하는 수구적 작태를 보임으로써 도덕적 정당성을 축적하는 데 실패하고 철학과 방향성을 상실한 측면이 적지 않다.

당연히, 수구세력은 좌파 운동권에도 있고 진보에도 존재한다. 소위 '강남 좌파' 또는 '럭셔리 좌파'로 불리는 사람들은 좌파 활동을 통해 부와 권세를 축적한 사람들이다. 이들은 서민을 위한 활동을 자처하면서 자신들은 부유한 생활을 누리며, 반미(反美) 구호를 외치면서도 자녀들은 미국에 유학을 보낸다. 수구세력은 대기업의 강성 노조에서도 발견된다. 노조 지도부 구성원들은 전임노조로 인정받아 생산에 종사하지 않으면서도 고임금을 받고, 자신들의 자녀들에 대한 입사 특혜를 요구함으로써 다른 젊은이들이 누려야 할 구직 기회를 박탈하며, 무리한 임금인상을 통해 하청기업들의 이윤을 박탈하여 중소기업 근로자들을 궁핍에 빠뜨린다. 강성 노조들이 이런 요구들을 계속할수록 기업은 투자여력을 가지지 못하거나 해외 진출을 꾀하게 되어 국가 경쟁력은 저하되고 정규직과 비정규직을 막론하고 일자리는 줄어든다. 그러면서도 그들은 사회를 혼란에 빠뜨릴 수 있는 힘을 바탕으로 엄청난 영향력을 행사하는 세력으로 성장했다. 이런 행태는 사회주의적 경제원칙으로 설명할 수 있는 것이 아니며, '수구' 말고는 달리 표현할 방법이 없다.

가짜 진보, 가짜 보수 그리고 가짜 민주화 세력

이상에서 제반 사회세력들을 구분하는 용어들을 정리해보았지만, 한국의 현실은 정말 녹록치 않다. 각종 용어들에 대한 오해와 이해가 뒤범벅이 된 상태에서 자신이 보고 싶은 대로 남을 평가하고 부르고 싶은 대로 부르는 경향이 강하기 때문이기도 하지만, 일단 특정 진영이나 정파에 속한 사람들은 진영논리에 함몰되어 특정인이나 특정사안에 대한 평가가 일방적으로 긍정적이거나 부정적일 때가 많기 때문이다. 가장 심각한 것은 가짜 진보들과 가짜 보수들로 인한 문제이다. 한국에서는 오랜 기간 동안 좌파들이 '진보세력', '민주화 세력', '통일세력' 등으로 자칭하는 중에 적지 않은 국민의 뇌리에 '좌파=진보세력=민주화 세력'이라는 이상한 등식이 자리 잡게 되었다. 해괴망측한 일이지만, 어쨌든 이는 좌파들이 담론을 선점하는 데 성공한 결과이다.

앞에서도 말했지만, 한국에서의 좌파란 진보세력과는 다르며 민주화 세력일 이유도 없다. 좌파란 사회주의 원칙들을 구현하기를 원하는 사람들이고, 진보란 우파 중에서 사회발전과 정의를 위해 사회주의적 원칙들을 일부 수용하기를 원하는 사람들이기 때문이다. 좌파가 민주세력이 되어야 할 이유는 더욱 없다. 과거 한국의 우파 장기집권 시절 이들이 정권에 항거함으로써 민주화를 가져오는 데 기여한 부분이 있다는 이유로 좌파들을 민주화 세력이라 부를 수는 없다. 진정한 민주화 세력이란 대한민국의 자유민주주의적 가치를 존중하여 부패한 집권당과 권위주의 정부에 항거한 사람들을 지칭한다. 민주화 구호를 외치고 거리로 나왔지만 법과 질서를 뒤엎고 싶은 속마음을 숨긴 사람은 종북일 뿐이다. 외치는 구호가 같으니 이들을 구별하기가 쉽지 않지만, 그래도 다른 것은 다른 것이다.

예를 들어, 국가안보를 중시하지만 지나치게 반민주적인 요소가 있다고 판단하여 국가보안법의 개정을 주장하는 사람들은 민주세력이지만, 안보장치들을 해체하여 북한 정권을 이롭게 하고자 하는 속마음을 가지고 국가보안법의 개폐를 주장하는 사람들은 종북이다. 이들을 민주화 세력이라 부를 수는 없다. 한국사회가 옥석(玉石)을 구분하는 성숙함을 발휘하지 못한다면, 그래서 종북이 민주화 데모에 참여했다가 감옥에 갔다 왔다는 이유만으로 민주화 세력으로 대접받는다면, 이는 순수하게 민주화 운동에 참여한 분들을 욕보이는 일이다. 대한민국의 발전을 위해 민주 열정을 앞세우고 마산, 대구, 광주 등에서 피 흘린 사람들 그리고 1987년 대통령 투표권을 돌려받기 위해 서울시청 앞으로 쏟아져 나왔던 샐러리맨들이 진정한 민주화 세력인 것이다.

수구이면서도 보수로 위장한 가짜 보수도 적지 않다. 종북이 자신을 알리는 명함에 '진보'라는 표현을 사용하듯 수구세력도 통상 보수 인사로 행세하지만 보수이념과는 무관한 삶을 산다. 이들은 좋은 변화든 나쁜 변화든 가리지 않고 자신에게 불리한 모든 변화를 거부한다. 이들은 시장경제 체제하에서 부를 누리지만 불평등 문제를 개선하기 위한 선행(善行)에 관심이 없으며, 입으로는 국방의 의무를 외치면서도 자신들의 자녀들을 군대에 보내지 않기 위해 편법을 마다하지 않는다. 맹목적 친미주의자들도 수구세력이다. 이들은 동맹의 중요성과 필요성을 중시하지만 미국에 찬성할 것과 반대할 것을 구분하는 진정한 보수와는 달리 미국이 싫어하는 것은 어떤 것도 해서는 안 된다는 생각에 사로잡혀 있다. 이들 수구세력은 종북 좌파에 진보 또는 민주화 세력으로 행세할 수 있는 명분을 제공하며, 좌파들은 이들의 문제점들을 보수의 문제로 설정하고 공격했다. 그래서 협력적이어야 할 보혁논쟁이 살벌한 보혁(保革)갈등으로 변질된 것이다.

가짜들이 진짜를 참칭하면서 세력을 키우게 된 데에는 정치권의 책임이 크다. 진보를 자칭하는 정치권은 표와 세력을 원하여 진보로 행세하는 종북들을 영입했고, 그 결과 종북이 주장하는 것들이 진보

정치권의 담론이 되어 버린 경우가 많다. 진보정당들이 종북을 받아들이고 그들의 주장을 수용하는 행태를 계속함에 따라 종북이 진보로 행세하기가 쉬워졌고 국민은 종북과 진보를 구분하지 못하는 색맹이 되고 말았다. 국가보안법 철폐, 한미동맹 해체, 주한미군 철수, 한반도 평화협정, 연방제 통일 등은 근원적으로 이 땅의 진보세력이 내놓을 수 있는 주장이 아님에도 오늘날 진보정당을 자처하는 정치인들이 이런 주장을 하는 것은 종북이 숙주인 진보를 오염시키는 데 눈부신 성공을 거두었기 때문일 것이다.

반대쪽에는 '웰빙 정치권'이 등장했다. 이들은 시대가 원하는 인재들을 성장시키기 보다는 자신의 정치적 입지를 넓히는 데 필요한 패거리들을 모으는 데 주력했고, 의원 수당을 올릴 때에는 상대편 정당과 기꺼이 협력하지만 국가 정체성을 위협하는 세력들과 싸우는 데에는 몸을 사렸다. 풍부한 자금력과 조직력을 업고 조직적으로 행동하는 좌파들의 표적이 되면 불편이 뒤따른다는 사실을 의식하기 때문일 것이다. 이들은 결국 2017년 박근혜 대통령의 탄핵과 대선 패배로 패망했다. 이후 여기저기에서 '건전보수 재건'을 외치는 목소리들이 터져 나오고 있지만, 수구에 젖은 과거 사람들이 과거 방식을 되풀이 한다면 보수의 재건은 연목구어(緣木求魚)로 끝날 것이다.

광복절인가 건국절인가

한국사회는 지금도 이승만 대통령과 김구 선생을 두고 우파끼리 싸우고 있다. 부끄러운 일이지만 사실이다. 김구와 이승만은 모두 대한민국의 독립과 건국을 위해 몸 바친 영웅들이다. 김구는 독립투사였으며 일찍부터 대한민국 건국을 위한 주춧돌을 쌓았고, 최후의 순간까지 분단을 막아보기 위해 몸부림친 민족지도자였다. 이승만은 이 땅에 자유민주주의와 시장경제라는 서구식 체제를 도입하여 오늘날 잘사는 대한민국을 있게 한 선각자였다. 이승만은 6·25 전쟁동안 유엔군을 불러들여 북한의 적화통일 야욕을 막아냈고 끈질긴 집념으로 한미동맹을 이루어 이후의 국가생존 기반을 만들어냈다. 이후 한국의 경제성장이 동맹이 제공하는 안정성을 바탕으로 가능했음을 부인할 사람은 없다. 말년에는 집권당의 부패가 국민의 저항을 불러일으켜 대통령직에서 하야했고, 이국땅 하와이에서 외로운 최후를 맞았다. 어쨌든 1945년 8월 15일은 이 나라가 일제의 손아귀에서 벗어난 광복절이고 1948년 8월 15일은 대한민국이 건국되고 이승만이 초대 대통령에 오른 날이다.

그러나, 김구를 지지하는 사람들은 이승만이 건국 대통령이라는 사실을 부정한다. 8월 15일을 광복절로만 부를 뿐 건국절로 부르는 것을 거부하며, 김구의 임시정부를 건국으로 인정한다. 종북 좌파들이 집요하게 이승만의 공(功)을 깎아내리기 위해 '친일'이라는 멍에를 씌워놓았고, 김구의 지지자들이 김구-이승만 싸움에서 이기려 그들의 주장을 수용했기 때문이다. 김구 선생을 사랑하는 사람들이나 이승만 대통령을 사랑하는 사람들이나 모두가 대한민국을 사랑하는 국민이며 좌파가 아닌 사람들이다. 그런데도, 종북이 구축해놓은 프레임에 갇혀 불필요한 난투극을 벌이고 있다. 8월 15일을 광복건국일로 기념하고 김구를 대한민국을 있게 한 '건국의 아버지'로 그리고 이승만을 국토, 국민 그리고 주권이라는 건국의 3대 요소를 갖춘 정부를 출범시킨 '건국 대통령'으로 함께 추모하면 될 일인데도 지금도 싸우고 있다. 이렇듯 이 땅의 종북세력은 보수와 진보를 적으로 갈라놓았을 뿐 아니라, 김구와 이승만까지도 적으로 만들어 우파끼리 난투극을 벌이도록 만드는 데 성공하고 있다.

박정희 평가의 오류(1): 가짜 진보의 획일적 부정

복잡하게 얽힌 한국사회의 좌우 문제, 보혁 문제, 종북 문제, 수구 문제 등은 박정희 대통령을 평가함에 있어서도 그대로 투영되어 있다. 박정희 평가에 있어서도 일단은 진보와 보수라는 양분 현상이 나타나는데, 진보적 성향을 가진 사람들은 부정적으로 그리고 보수적 성향을 가진 사람들은 긍정적으로 평가하는 경향을 보인다. 물론 이는 문제가 없는 정상적인 현상이다. 보수는 박정희의 근대화, 부국강병, 경제성장 등을 중시하고, 진보는 박정희 정권의 비민주적 출범, 근대화와 경제성장이 수반한 부작용, 장기집권 등을 더 중시하지만, 이들 모두는 박정희가 기록한 공적과 과실 모두를 직시한다.

그럼에도 좀 더 자세히 들여다보면 지금까지의 박정희 평가에서 두 가지의 오류가 발견되는데, 여기서도 가짜 진보와 가짜 보수의 역할이 두드러짐을 발견할 수 있다. 첫째, 박정희를 부정적으로만 평가하는 사람들, 다시 말해 그의 공과에서 과실만을 보는 외눈박이들은 오직 '민주화'라는 잣대 하나 만으로 박정희의 모든 것을 획일적·전면적 부정하는 경향을 보여 왔다. 이렇게 된 배경에는 종북 색깔을 숨기고 진보 또는 민주화 세력인 양 행세하는 가짜 진보들의 역할이 있었다. 이들은 시간적, 공간적, 개념적인 것들을 포함하여 박정희 시대의 모든 것을 무조건적으로 부정하며, 이들의 단순화 담론이 진보 진영 전체의 박정희 평가를 부정적인 것으로 끌고 가는 데 성공을 거둔 것이었다.

둘째, 가짜 보수, 즉 보수로 그리고 우파로 행세하지만 사실은 소신도 철학도 없이 구시대적 발상과 기득권에 묶여 있는 사람들 중에는 박정희의 모든 것을 맹목적으로 찬양함으로써 오히려 공정한 박정희 평가를 훼방하는 부류가 있다. 박근혜 대통령이 박정희의 딸이라는 이유로 박근혜의 모든 것을 찬양하는 것도 같은 맥락의 문제일 것이다. 박근혜 대통령 역시 학자적인 공정성으로 공(功)과 과(過)를 평가받아야 하는 지도자이기에, 그에 대한 맹목적 찬양은 맹목적 부정 못지않게 당치 않다.

먼저 가짜 진보들의 박정희 평가를 살펴보기로 하자. 진보적 가치를 추구하되 결코 좌파가 아니며 종북과는 무관한 순수 진보라면, 당연히 박정희 쿠데타의 불법성을 인정하되, 당시 혼란스러웠던 시대적 상황이 쿠데타를 유발한 측면이나 박정희 정권이 경제성장을 주도하여 근대화에 기여한 공도 외면하지 않으며, 유신 이후의 장기집권의 반민주성에 대해서는 강한 부정적 입장을 피력하는 것이 어울릴 것이다. 그러면서 전체적으로는 유신 이후 박정희 정치의 반민주성, 경제성장의 과정에서 노정된 각종 부작용과 불평등 문제들, 군사

쿠데타의 불법성 등에 더 큰 비중을 둘 것이다. 하지만 가짜 진보들은 박정희를 애초부터 친일파였고 정치무대 등장 이후에는 독재자였으며, "마지막에도 가수들을 불러 놓고 시바스리갈을 마시다가 지저분하게 죽었다"는 식으로 폄하하기를 즐긴다. 그들은, 5·16 쿠데타나 유신은 물론이고 심지어 경제개발에 대해서도 '독재를 유지하기 위해 동원한 수단'으로 깎아내린다. 박정희의 경제개발을 폄하하기 위해 "오늘날의 물질만능주의도 박정희 개발독재의 산물이므로 박정희의 책임"이라는 논리까지 개진한다. 이렇듯 그들은 박정희의 성장부터 정치무대 등장에서 퇴장까지 전 과정이 동기, 목적, 수단, 결과 등에 있어 철저하게 부도덕하고 나빴다고 비판하며, 박정희의 죽음까지 비꼰다.

이런 획일적 부정은 사실성과 공정성을 심각하게 결여한다. 예를 들어 일제시대 만주에서 일본군으로 잠시 복무했다는 사실 만으로 박정희를 '친일'로 매도하는 것은 여차하면 누구든 친일로 몰아가는 좌파들의 습관성 고질병이다. 박정희는 1940년부터 1944년까지 일본군 만주군관학교와 일본 육사를 거쳤고, 1944년부터 일본이 패망한 1945년까지 일본군 장교로 복무했다. 이를 이유로 지금도 좌성향 일부 교사들은 박정희라는 이름 대신에 '다카키 마사오'라는 일본 이름을 부르며 박정희를 친일파로 가르친다.

좌파들은 6·25 전쟁의 영웅 백선엽 장군도 친일로 매도하기를 즐긴다. 2012년 10월 국회 국방위 국정감사에서 모 의원이 백선엽 장군을 '민족반역자'로 언급했는데, 백선엽 장군이 1941년부터 1945년까지 일제의 실제적 식민지였던 만주국의 장교로 복무한 사실과 2009

년 대통령 소속 친일반민족행위 진상규명위원회의 조사보고서가 적시한 친일반민족행위자에 백 장군도 포함되었다는 이유에서였다. 백선엽 장군은 6·25 전쟁 때 다부동 전투를 통해 낙동강 전선을 지켜낸 영웅으로서 인생의 대부분을 애국자로 살아온 사람이다. 박정희의 생애도 그랬다. 일본군으로서의 박정희의 삶은 그가 해방 이후 군인으로서 그리고 정치인으로서 경제건설과 부국강병을 위해 살아온 생애에 비하면 미미하다. 한국사회에는 종북으로 활동하다가 북한의 실정에 환멸을 느끼고 전향하여 우파로 활동하는 사람들이 많다. 이들을 계속 '빨갱이'로 불러야 하는가.

박정희에 대한 공정한 평가를 위해서는 1961년에서 1979년까지 18년에 이르는 집권기간을 세분해 볼 필요가 있다. 즉, 박정희 정권이 사회적 혼란과 극빈을 극복하면서 경제개발의 기틀을 닦기 위해 매진했던 전반부와 1969년 3선 개헌 및 1972년 10월 유신 이후의 후반부로 구분해 평가되어야 마땅하다. 박정희의 경제개발은 전·후반을 통해 지속되었지만, 전반부는 박정희의 지도력과 애국심이 돋보인 시기였고 후반부는 집권연장을 위해 무리수를 두었던 기간으로 구분함이 당연하기 때문이다. 두 기간에 대해 동일한 '민주화' 잣대를 들이대는 것은 옳지 않다. 먹고사는 문제가 상당히 해결되고 민주화를 열망하는 국민 의식이 성숙해지고 있던 후반부에는 '민주화'가 더욱 중요한 기준이 될 수 있지만, 전반부는 북한의 끊임없는 도발로 국가안보를 지키기에 급급했고 민주주의보다는 먹고사는 문제가 더욱 시급했던 시절이었다.

1961년 5·16 쿠데타에 대해서도 좀 더 깊이 들여다봐야 할 대목이 있다. 쿠데타가 불법적 집권이라는 점에는 이견의 여지가 없다. 하지만 5·16에는 박정희 장군이 집권욕을 가지고 국민의 뜻에 반하여 자의적으로 일으킨 'push'의 측면보다는 4·19 혁명 이후의 안보 불안, 정치적 혼란, 경제적 궁핍 등이 유발한 'pull' 측면이 더 많았다. 필자의 아버지가 5·16으로 대구 시의원직을 상실하면서도 "나라꼴을 보면 박정희가 잘하는 것이다"라고 말씀하신 것도 이런 맥락에서였다. 이에 비하면, 1980년 전두환의 집권은 'push'에 해당하는 정변이었다. 당시는 1979년 박정희 대통령 시해 직후이어서 사회가 혼란스러웠지만 국민의 민주역량이 상당히 발전된 상태였고, 국민 다수가 민주절차에 의한 헌정을 원하고 있었다. 이러한 상황에서 국민의 여망과 무관하게 스스로 등장한 것이 전두환 정권이었다.

박정희의 경제개발에 대해서 '독재를 위한 수단'으로 일갈하는 것도 당치 않다. 박정희의 성장, 교육, 일상생활 등을 두루 종합해보면 그가 남다른 나라사랑 의식을 가졌고 경제개발에 대한 집념이 강했음을 쉽게 알 수 있다. 때문에 찢어지게 가난한 시절을 살았던 필자와 같은 사람들은 박정희가 주도한 경제개발을 '독재를 위한 수단'으로 보기보다는 오히려 '독재'가 경제개발을 위한 수단이었던 것으로 보는 편이다. 편향된 시각으로 박정희의 인품을 폄하하는 것도 다분히 악의적이다. 박정희는 세숫물로 발을 닦은 후 화초에 뿌리는 검약을 실천했고, 후임 대통령들과는 달리 개인적 치부와 무관했으며, 잔인하리만큼 철저하게 친인척을 관리했다. 박정희를 느낄 수 없는 시대에 태어난 젊은이들이 운동권 선배들의 말만을 듣고 또는 좌성향 역사교과서에 기술된 내용만을 보고 박 대통령의 애국심, 부국강병을 향한 의지, 인품 등을 획일적으로 폄하·왜곡하는 것은 그가 이룩한 산업화와 국위 선양 그리고 자주국방 노력에 대해 애써 눈을 감는 것이고, 이는 결국 역사를 왜곡하는 것이다.

2017년 박근혜 대통령이 국회에서 탄핵소추가 의결되고 헌법재판소에 의해 파면되는 과정에서 아버지와 딸을 한 묶음으로 비난하는 목소리들도 적지 않았다. 딸의 실패를 이유로 아버지를 비판하거나 아버지를 이유로 딸까지 한꺼번에 비판하고 싶은 사람들의 작품(?)이었다. 이 부분에 대해서는 두 가지를 분명히 해야 한다. 첫째, 한국은 연좌제를 실시하는 나라가 아니다. 딸은 딸이고 아버지는 아버지라는 사실이다. 둘째, 박근혜 대통령 역시 한 시기동안 국정을 책임졌던 사람으로서 나름대로의 공과가 있다. 2017년 5월 조기 대통령 선거에서 문재인 정부가 탄생한 이후 박근혜의 모든 것이 부정당하는 분위기가 이어졌지만, 언젠가 역사는 그의 공적과 과오를 공정하게 평가하는 기회를 허용할 것이다.

박정희 평가의 오류(2): 가짜 보수의 맹목적 찬양

박정희의 모든 것을 찬양하는 맹목적 긍정도 공정한 평가가 되지 못한다. 이들은 잘못된 것을 잘못되었다고 말하지 않음으로써 박정희 평가가 오히려 일그러질 수 있음을 깨닫기를 거부한다. 1969년의 3선 개헌과 유신의 반민주성, 중앙정보부를 통한 정치탄압, 군에 의한 민간지배 전통의 수립, 지역주의 폐해 등은 박정희의 과오이며,

1961년 쿠데타가 push가 아닌 pull이라는 사실로 불법성이 소멸되는 것도 아니다. 하지만 맹목적 찬양자들은 이런 것들조차 과오로 기록되는 것을 거부한다. 박정희에 대한 무조건적 칭송을 보내는 사람들은 다양하지만, 그중에는 보수와 우파로 행세하지만 사실은 무작정 옛것에 집착하거나 기득권에 대한 향수를 버리지 못한 가짜 보수들도 적지 않다. 순수한 보수라면 박정희의 공을 인정하면서도 학술적 공정성을 가지고 과에 대해서도 냉정하게 평가하는 것이 옳다. 박정희의 과오들은 집권 후반기에 많이 나타났다. 동서고금을 막론하고 국민의 교육수준과 소득수준이 높아지면서 민주화에 대한 열망이 커지는 것은 당연한 이치인데 박정희 정권이 후반부에 이를 무시하고 무리하게 정권연장을 시도한 것은 명백하게 부도덕했다.

1969년 박정희 정권은 근대화와 중흥을 위해 강력한 리더십이 필요하다는 논리 하에 3선 개헌을 추진했다. 당시 여당인 공화당과 정우회는 개헌반대 데모가 발생한 대학들에 휴교령이 내려진 가운데 대통령 연임금지 조항 삭제, 국회의원의 국무위원 겸직 허용, 대통령 탄핵소추 의결 정족수 강화 등을 골자로 하는 개헌안을 발의하여 9월 14일 한밤중에 여당과 무소속 의원들만 출석한 가운데 의결했다. 이후 박정희는 1971년 3선에 도전하여 제7대 대통령에 당선되었다. 이어서 1972년 11월 21일 국민투표를 통해 제정된 유신헌법은 삼권분립을 부정한 초헌법적 긴급조치이자 또 하나의 쿠데타였다. 직접적인 원인은 박정희가 1971년 대선에서 야당의 김대중 후보에게 94만 표라는 근소한 표차로 이겨 장기집권에 불안감을 느낀 것이었다. 당시 박정희는 자신이 구상하고 있는 중화학공업 육성, 자주국방, 핵무장 등을 추진하기 위해 강력한 권력이 필요하다고 생각했고, 필자는 박정희가 이런 동기를 가지고 유신혁명에 착수했다는 점을 의심치 않는다. 그럼에도 그것이 유신의 정당성을 담보해 주지는 않는다.

박정희 정권은 1972년 10월 17일 비상계엄을 선포하여 국회를 해산한 후 국민투표를 통해 향후 12년 동안 집권할 수 있는 유신헌법을 제정했다. 유신헌법에 의해 대통령은 통일주체국민회의의 간접선거에 의해 선출되고 6년 임기에 연임이 가능하게 되었다. 또한, 대통령은 국회의 동의가 필요 없는 긴급조치권을 발동할 수 있고 대법원장과 판사들을 직접 임명·파면할 수 있게 되었다. 유신헌법에 의거하여 초대 통일주체국민회의는 1972년 12월 23일 박정희를 제8대 대통령으로 선출했고, 1978년 7월 6일에는 제9대 대통령으로 선출했다. 박정희 정권은 유신체제를 수호하기 위해 아홉 차례의 긴급조치를 발동했는데, 이 조치들에 의해 유신헌법을 비방하는 사람은 영장 없이 구속되어 비상군법회의에 회부되었고(긴급조치 제1·2호), 유신반대 대학생들에게는 철퇴가 가해졌으며(긴급조치 제4·7호), 언론, 통신, 예술, 학교 등에 대한 포괄적인 통제가 시행되었다(긴급조치 제9호). 유신체제에 반대하는 정치인들에게는 탄압이 자행되었다.

유신체제는 1973년 김대중 납치 사건, 1979년 김영삼 신민당 총재 의원직 제명 사건 등을 거치면서 국민의 반발을 키웠고, 특히 김영삼 총재의 의원직 박탈 이후 부산과 마산을 중심으로 하는 반정부 시위인 부마항쟁이 촉발되었다. 1979년 10월 18일 마산에서 대규모 반정부 시위가 발생한 후 11일 만에 박정희 대통령은 김재규의 총탄에 의해 숨을 거두고 파란만장한 삶을 마감한다. 1972년 10월 유신은 집권을 이어가기 위한 일종의 쿠데타였고, 이후 7년간 지속된 유신체제는 민주주의의 후퇴기였으며, 통일주체국민회의는 이 시대의 비민주성을 상징하는 제도였다. 통일주체국민회의는 아무도 반대표를 던지지 못하는 선거를 통해 두 차례에 걸쳐 박정희를 대통령으로 선출하고 제10대 최규하 대통령과 제11대 전두환 대통령을 선출한 후 1981년 헌법 개정과 함께 역사의 뒤안길로 사라졌다.

암울했던 시대를 회상하며

이렇듯 박정희의 집권은 군사 쿠데타로 시작되어 나라와 국민을 살리는 혁명으로 이어졌다가 유신 쿠데타로 마감되었는데, 필자는 박정희 집권을 유신 이전의 전반부와 이후의 후반부로 나누어 평가하기를 선호한다. 다시 말해, 유신 이후의 박정희 집권에 대해서는 별도의 냉엄한 평가가 이루어져야 하지만, 암울했던 시기 동안 경제성장을 이끌어 내고 국격을 높인 전반부 동안의 박정희의 업적은 높이 평가되어야 한다고 확신한다.

필자가 대구의 서북쪽 변두리에 있는 달성초등학교에 다녔던 1950년대 후반과 1960년대 초반 대한민국은 궁핍의 나라였다. 거리마다 남루한 형색으로 구걸을 하는 상이군인들이 넘쳐났다. 수세식 화장실이 없던 시절이라 골목길마다 메케한 냄새가 진동을 했지만, 그땐 그게 '후진국 냄새'로 불리는 인분냄새인줄 몰랐다. 초등학교에 입학하기 직전의 일로 기억된다. 필자는 어머니의 손에 이끌려 무슨 성당에 붙어있는 유치원으로 갔다. 그날은 '구제물품'이 오는 날이라고 했다. 아이들의 옷이 산더미처럼 쌓여 있었고, 어머니는 내게 맞는 옷을 찾느라고 정신없이 옷더미를 뒤졌다. 그렇게 해서 필자는 멜빵이 달린 바지로 갈아입었고 어머니는 보따리에 몇 벌의 옷을 싸가지고 돌아왔다. 나중에 알았지만, 구제물품이란 미국 사람들이 가난한 나라 한국의 아이들을 위해 보내준 입던 옷들이었다.

초등학교에 입학하고 얼마 지나지 않았을 때의 일이다. 담임 선생님이 집에 전화가 있는 사람 손을 들라고 했더니 한두 명이 손을 들었다. 아이들이 '와'하고 소리를 냈다. 피아노가 있는 사람 손들라고 했더니 한두 명이 손을 들었다. 아이들이 더 큰 소리로 '와' 하고 외쳤다. 그런 게 그렇게 부러웠던 시절이었다. 점심시간이 되면 교실 여기저기서 아이들이 도시락을 흔들어대기 시작했다. 두 손으로 도시락을 들고 흔들면 꽁보리밥과 고추장이 섞여 맛있는(?) 비빔밥이 되었다. 꽁보리밥에 반찬이라고는 김치 아니면 고추장 한 가지뿐인 아이들이 태반이었고, 계란말이 반찬을 싸가지고 온 아이는 부러움의 대상이었다.

당시는 교실이 부족해 한 학년 전체가 동시에 시험을 치를 수 있는 여건이 아니어서, 1학년생 모두가 운동장에 앉아 첫 일제고사를 치렀다. 이른 봄의 냉기가 사라지지 않은 날씨 속에 책받침을 받쳐 놓고 답안지를 작성했다. 어머니는 세 살 아래의 동생을 업은 채로 걱정스러운 얼굴로 운동장 가장자리에서 서성거리고 계셨다. 아직도 내 뇌리 속에 아스라이 남아있는 어머니의 모습이다.

필자가 4학년이었던 1959년의 일이다. 교실난이 심해지면서 오전반과 오후반으로 나누는 것만으로는 해결이 되지 않았다. 4학년은 인근에 있는 버려진 건물을 분교로 사용했다. 쓰레기더미 속에 덩그러니 남아 있는 건물이었고 운동장은 없었다. 주변엔 냄새가 진동했다. 아이들은 '똥구디 학교'라고 불렀다. 필자는 '똥구디 학교'에서 공부하던 시절을 잊지 못한다. 점심시간이 되어 도시락을 먹고 나면 직원들이 김이 모락모락 올라오는 큼직한 나무상자 하나씩을 교실마다 들여다 주었다. '강냉이빵'이었다. 한국 아이들의 영양보충을 위해 미국 정부가 지원해주는 옥수수 가루를 쪄서 만든 빵이었는데, 도시락을 먹고 나서 이어서 빵을 먹는 즐거움이 짜릿했다. 공부를 마치고 하교하면 동네 아이들과 어울려 골목길에서 구슬치가와 딱지치기를 하고 놀다가 아들을 찾으러 나선 어머니에게 붙들려 집에 들어가곤 했다. 어린이 놀이시설 같은 것은 상상할 수도 없던 시절이었다.

부모님 몰래 서커스나 극장에 가서 영화를 보는 것도 짜릿한 재밋거리였다. 한번은 학교 인근의 변두리 극장에서 영화 두 편을 보여주는 동시상영을 한다고 해서 학교가 파한 후에 구깃구깃 용돈을 내고 입장했다. 비 오는 낡은 화면으로 보는 제2차 세계대전 영화와 독립군 영화였지만 흥미진진했다. 제2차 세계대전 영화가 끝나고 독립군 영화를 보고 있던 중이었다. 독립군이 일본군에 포위된 동료들을 구출하러 말을 타고 달려가고 있었다. 모든 관객이 숨을 죽이고 있었다. 그때 갑자기 "태우야"라는 한 아주머니의 외침이 극장 안을 뒤흔들었다. 어머니였다. 학교가 파했는데 집에 돌아오지 않는 아들을 수소문하여 극장 안까지 들어오신 것이었다. 이런 기억을 떠올리면 필자의 눈시울은 금세 뜨거워진다.

필자가 5학년이던 1960년 4월에는 세상이 무척 시끄러웠다. 필자는 파출소가 있는 골목에서 다른 아이들과 놀다가 큰길로 나갔는데, 난생 그렇게 많은 사람을 본 것은 처음이었다. 맨 앞줄 사람들이 기다란 대나무 작대기를 함께 잡고 있었고 그 뒤에는 도로를 꽉 메운 군중들이 "영차, 영차"를 외치며 뛰어갔다. 경찰들이 혼비백산하여 필자가 놀던 골목길로 도주했다. 4·19 혁명이었다. 나중에 안 일이지만, 경찰이 군중에게 잡히면 그 자리에서 짓밟혀 죽임을 당하는 화급한 상황이었다. 그것이 필자가 겪은 4·19 혁명이었고, 이후 라디오에서 이승만 할아버지의 목소리를 들을 수 없었다. 그해 12월 12일 필자의 아버지는 제2공화국이 실시한 지방선거에 무소속으로 출마하여 대구 시의원에 당선되셨지만, 다섯 달 만에 5·16 쿠데타가 발생하고 시의회는 해산되었다.

1961년 5월 16일 필자는 동네 아이들과 함께 인근에 있는 대구방송국 경내에 들어가 놀고 있었다. 대구방송국은 나지막한 담장으로 둘러싸여 있었고 안에는 녹지공간이 있어서 아이들이 자주 들어와 놀았다. 그런데, 총을 멘 군인들이 오더니만 "아이들은 집으로 가라"고 했다. "아저씨, 왜 그러는데요?" 라고 물었더니 "너희들은 몰라도 되니 빨리 엄마한테 가라"고 했고, 군인들이 방송국 담장을 따라 배치되었다. 이후 라디오에서는 "반공을 국시의 제일의(第一義)로 삼고 지금까지 형식적이고 구호에만 그친 반공태세를 재정비 강화한다"로 시작하는 혁명공약이라는 것을 빈번하게 들을 수 있었다. 학교에서는 조회시마다 "우리는 민족중흥의 역사적 사명을 띠고 이 땅에 태어났다"로 시작되는 국민교육헌장이 낭독되었다. 필자가 겪은 5·16이었다.

1961년 12월 중학교 입학시험이 있었다. 당시는 전국적으로 동일한 문제지로 일시에 시험을 쳤기 때문에 온 나라가 떠들썩했다. 필자가 다닌 달성초등학교는 대구의 변두리 학교여서 대구·경북 지역의 명문인 경북중학교 합격자가 많지 못했다. 학급당 한두 명으로 모두 합쳐야 매년 십여 명 정도였다. 학과시험을 마치고 체육시험을 치는 날이었다. 달리기, 턱걸이 등으로 점수를 주는 제도였다. 부모님들은 추운 날씨에 런닝과 팬티만 입고 애쓰는 아이들을 안쓰러워하면서 지켜보고 있었다. 필자의 순서가 되어 다른 이이들 몇 명과 함께 100m 달리기에 나섰는데, 도착선에 가까워졌을 때 갑자기 고무줄이 헐거워지면서 팬티가 흘러내리는 것이 아닌가. 황급하게 한 손으로 팬티를 움켜잡고 골인선으로 들어왔는데, 만점에서 0.1초가 모자라 1점을 상실했다. 어머니는 "내가 왜 고무줄을 확인하지 않았던가, 1점 때문에 떨어지면 어떻게 하나"하면서 크게 자책하셨고, 자책은 합격자 발표가 나는 날까지 이어졌다. 합격 소식을 듣고 미친 듯이 좋아하시던 어머니의 모습은 지금도 눈에 선하다. 그런 기억을 떠올릴 때마다 불효로 살아온 세월이 원망스럽지만, 이제는 되돌릴 수 없는 시간들이다.

필자가 중학교에 다니던 시절 겨울방학이면 선산 근교와 김천 근교에 사시는 이모님들 집에 가서 며칠씩 지내곤 했다. 저녁이 되면 시골마을은 암흑천지였고, 창호지를 통해 새어나오는 초롱불이 전부였다. 화투놀이를 하자며 이웃집 아이들을 찾아가면, 초롱불을 켜놓은 방에는 아낙네들과 처녀들이 둘러앉아 실을 훔쳐 천에다 무늬를 넣는 '홀치기'를 하고 있었다. 극장에 가면 본영화가 시작되기 전에 방영되는 '대한뉘우스'를 통해 홀치기 수출로 외화를 벌고 있다는 소식을 접했다. 가발 수출도 유행이었다. 너도 나도 머리카락을 잘라 공장에 팔면 공장에서는 가발을 만들어 세계시장에 내다 팔았다. 홀치기와 가발 수출은 수출입국을 향한 박정희의 몸부림이었고, 결국 대한민국은 역경을 딛고 수출대국으로 발돋움을 했다.

당시 대한민국의 모든 산들은 온통 벌거숭이였다. 에너지 문제가 해결되지 않았던 시절이라, 유일한 난방 연료는 장작이었다. 겨울이 다가오면 형편이 좀 나은 집들은 장작 한 수레를 장만해서 집안에 쌓아두곤 했었다. 그게 월동준비였다. 필자도 월동용 장작을 마련하기 위해 걱정하시던 부모님의 모습을 고스란히 기억한다. 박정희 정부는 벌목을 금지하고 연탄을 만들기 시작했고, 대대적으로 식목사업을 벌여나갔다. 오늘날 젊은 사람들은 산이라면 당연히 산림이 우거진 푸른 산을 연상하지만, 필자가 어렸던 시절의 산들은 붉은 민둥산이었다. 정말 가난하고 암울했던 시절이었다.

이후 많은 세월이 흐르고 박정희를 되돌아보았다. 핵문제를 전공하여 국책연구원에서 연구생활을 하면서 유신체제에 대한 불쾌한 기억에도 불구하고 대한민국에 그만한 지도자가 없었음을 실감했다. 필자는 박정희가 소위 좌파가 이야기하는 '독재를 위한 독재'를 한 것이 아니라 경제성장, 자주국방, 핵개발 등을 밀어붙이기 위해 유신을 한 것으로 믿고 있다. 박정희는 오늘날 도처에서 발견되는 저급한 정치인들, 다시 말해 돈도 있고 나이도 들었으니 가문의 영광과 개인의 영달을 위해 정치나 해보자고 불나방처럼 덤벼드는 그런 부류와는 판이하게 다른 지도자였다.

외면하지 않아야 할 박정희 공적

박정희 대통령이 집권 18년 동안 이룩한 업적들은 다른 어떤 나라에서도 찾아보기 힘들만큼 다양하고 방대하다. 박정희는 강인한 부국강병 의지를 앞세우고 중화학공업 육성, 수출 진흥, 경부고속도로 건설, 새마을 운동, 치산녹화, 민족문화 창달, 자주국방 등을 시도했으며, 오늘날 한국 국민이 누리고 있는 경제적 부(富)와 국가자존심이 상당 부분 박정희 시대의 유산임을 부인할 수 없다.

박정희는 협소한 국토에 부존자원조차 부재한 한국이 잘 사는 길은 중화학공업에 있다고 내다보고 1962년 경제개발5개년 계획을 시작하면서부터 철강, 기계, 자동차, 조선, 전자, 석유화학, 비철금속 등 6개 분야를 집중 육성한다는 계획과 함께 공업입국·수출강국의 포부를 펼쳤다. 그 결과 한국은 중화학 분야의 강소국(强小國)으로 부상했고, 그것이 1980년대 고속성장의 밑거름이었다. 1962년 5000만 달러에 불과했던 수출고는 1970년에 10억 달러에 이르렀고 1977년에 100억 달러를 돌파했다. 수출 구조도 크게 개선되었다. 1962년에 1차 상품과 공산품 수출의 비율이 8대 2였지만, 1970년에는 2대8로 역전되었다. 시골에서는 홀치기가 유행했고, 너도 나도 머리카락을 잘라 수출에 동참하여 가발 수출 1위라는 불명예스러운 명성도 얻었다. 박정희가 1970년 농어촌 마을 개량사업을 위해 시작한 새마을 운동으로 한국은 낙후하고 가난에 찌든 농어촌 국가의 모습에서 탈피했다. 박정희 시대가 없었다면 GDP 3만 달러와 1조 달러 무역고를 자랑하는 세계 15위 경제대국인 오늘의 한국은 존재하지 못할 것이다.

1968년 착공되어 1970년 개통된 경부고속도로 역시 숱한 일화를 남겼다. 오늘날 경부고속도로를 오가는 사람 중 금강휴게소에 도로 건설 중 순직한 77명을 기리는 위령비가 있다는 사실을 아는 이는 드물다. 경부고속도로 건설은 서독의 고속도로를 벤치마킹한 것으로 물류 선진국을 위한 대동맥이 필요하다는 박정희의 의지에서 출발한 사업이었고, 워낙 초고속으로 진행되어 많은 순직자들이 발생했다. 당시 야당 정치인들은 한국에 왜 고속도로가 필요하냐고 따지면서 강하게 반대했지만, 박정희의 의지를 꺾지 못했다. 연인원 900만 명과 장비 165만 대가 투입되어 건설된 총연장 429km 경부고속도로는 이후 국토의 남북을 잇는 대동맥으로서 역할을 훌륭하게 수행했으며, "우리도 할 수 있다"는 전통을 만들어냈다.

민족문화를 정립하기 위한 노력도 평가할 만하다. 박정희 대통령은 1962년 문화재보호법을 제정하여 무형문화재와 민족문화재를 지정 보호하는 사업을 시작했고, 국립문화재연구소 개설, 한국정신문화연구원 창설, 민족문화백과사전 편찬, 민속박물관 개관, 국민교육헌장 제정 등을 통해 한국문화를 창달하고 한국적 가치관을 정립하고자 했다. 미국, 일본, 프랑스 등에 한국문화원을 설치하여 한국문화를 널리 알리는 데에도 힘썼다. 충무공 이순신을 성웅(聖雄)으로 부활시킨 것도 박정희였다. 박정희는 충청남도 아산에 현충사를 세우고 한산도 제승당을 복원했으며, 한산대첩 기념비를 건립하여 국민적 단합과 국가 자존심을 위한 상징으로 삼았다. 한국의 좌파 학자들은 이를 두고 '독재와 친일행각을 가리기 위한 것'으로 폄하하지만, 이런 식의 맹목적 비판은 가난에 찌든 한국을 자존심 넘치는 부강한 나라로 만들겠다는 지도자의 집념을 애써 부정하는 것이며, 잘한 것을 잘했다고 말하지도 못하는 편협성에서 기인하는 것이다.

다시 강조하거니와, 민주화나 분배정의라는 잣대만으로 박정희를 평가하는 것은 공정하지 않다. 민주화란 언제나 좋은 것이지만 바람직한 정도는 시대와 여건에 따라 다르다. 때문에 소득 3만 달러 시대인 오늘의 민주화나 분배정의라는 잣대로 1960년대의 박정희를 평가하는 것은 공정하지 않다. 한국의 GDP 규모가 세계 15위에 이른 오늘날 분배정의가 중시되는 것은 당연하나, 박정희가 집권한 초기 한국은 개인소득 100달러 미만의 최빈국으로서 빈곤 탈출이 무엇보다 시급했다. 오늘날 재벌의 부도덕성 문제가 거론되고 있지만 한국 브랜드가 없었던 당시로서는 대기업 중심의 수출전략이 필요했었다. 그렇다면 오늘날 문제가 되고 있는 재벌 공화국, 부패 공화국, 서울 공화국, 학벌 공화국 등은 박정희 이후 집권한 정치세력들의 실패, 다시 말해 보수의 탈을 쓰고 부와 권력을 향유하는 데 급급했던 가짜 보수들이 책임져야 할 사항들이다. 그 책임을 경제부흥과 부국강병만을 바라보고 매진했던 오래 전의 지도자에게 물어서는 안 되는 것이다.

"다른 지도자였더라도 그만한 경제성장을 이룰 수 있었을지 모르는데 왜 박정희의 업적이라고 하느냐"라는 논리도 박정희를 획일적으로 부정하고 싶어 하는 종북의 수법이다. 의사가 환자를 수술하여 살려냈을 때 생존 가능성이 10~20% 밖에 안 되는 중병이었다면 환자는 의사를 '생명의 은인'이라 불러 마땅하지만, 사망할 가능성이 거의 없는 맹장염 수술을 집도한 의사에게는 은인이라고 하지 않는다. 한국이 1960년대 가난을 떨치고 일어선 몇 안 되는 사례라는 점, 제2차 세계대전 이후 독립한 나라들 중 유일하게 OECD 회원국이 되고 원조제공국이 된 경우라는 점에서 박정희의 역할을 맹장염 수술 정도로 폄하해서는 안 된다. 한국의 경제개발을 박정희의 업적으로 부르는 것은 전혀 이상하지 않다.

"경제성장은 서민과 노동자의 피땀으로 이루어진 것이지 박정희의 업적이 아니다"라는 주장도 비난을 위한 비난이다. 제2차 세계대전 당시 노르망디 상륙 후 쾌속 진군으로 유명해진 패튼 장군을 생각해보자. 그 부대가 연전연승을 거둘 수 있었던 것은 패튼 장군 개인이 총을 들고 싸웠기 때문이 아니라 휘하 장병들이 패튼의 지휘에 따라 피 흘리며 싸웠기 때문이었다. 이를 두고 패튼이 승리한 것이 아니라고 해야 옳은가. 박정희의 베트남전 참전을 '미국 패권주의를 위한 용병'으로 폄하하는 것도 당치 않다. 베트남 참전이 가져온 외화획득, 경제성장, 대미(對美) 위상 제고, 국제무대에서의 위상 고양 등은 당시 한국이 절실히 필요로 했던 것들이었다.

'박정희는 막걸리를 사랑했던 수수한 사람'이라는 이미지를 훼손하기 위해 "시바스리갈을 마시다 죽지 않았느냐"라고 반문하는 것도 악랄한 비난이다. 박정희의 소박한 스타일을 어떻게든 부정하기 위해 일국의 대통령이 양주를 마신 것까지 비난하는 정도의 유치함을 동원하는 식이라면 이런 사람들과 마주 앉아 박정희 평가를 논하기는 어렵다. 특히, 오늘날 박정희에 대한 공정한 평가를 원하는 사람들은 '강남 좌파'들 때문에 분노한다. 박정희가 이끌었던 산업화와 경제성장 덕분에 유복하게 성장하고 공부하여 출세한 좌파들이 박정희 시대를 전면 부정하는 것은 아버지가 대준 학비로 공부하여 출세한 아들이 아버지를 부정하는 자가당착(自家撞着)이지만, 이들은 지금도 반미를 부르짖으면서 자녀들을 미국에 유학을 보낸다.

功이 過를 압도하는 지도자

지금까지 필자는 왜 박정희 대통령이 공(功)이 과(過)를 압도하는 지도자인지를 증명하고자 어린 시절의 기억을 되살리고 이런 저런 논리를 폈다. 이는 박정희가 행한 모든 것이 선(善)이고 최고였다고 주장함이 아니며, 사회여건과 가치관이 엄청나게 변화한 오늘날에 박정희식 통치를 재도입해야 한다고 주장함은 더욱 아니다.

저서『제3의 길』을 통해 우파와 좌파를 뛰어넘는 새로운 대안인 '초월의 정치학'을 찾아야 한다고 주장하면서 자본주의 경제의 약점들을 비판하는 데 통렬함을 과시했던 영국의 사회학자 앤서니 기든스에게 박정희 평가를 요구한다면, 아마도 "독선과 아집으로 가득차고 불평등이 만연했던 극우 보수의 정치"였다고 평가할지도 모른다. 하지만, 한국이 산업화와 경제성장을 통해 먹고 살만큼 되지 않았다면, 민주화나 통일이 화두가 될 수 있었을까? 제3의 길을 논할 수 있을까? 매년 보릿고개를 겪어야 하는 중에 하루가 멀다 하고 휴전선에서 북한군이 넘어와서 한국군의 내무반에 수류탄을 던지거나 마취총을 쏘고 군인들의 귀를 베어가는 시절 기든스가 한국에 살았다면, 제3의 길을 주장했을까?

오늘날 사람들은 민주화 잣대로 박정희의 재벌육성 정책을 비판하지만, 헐벗고 굶주리던 시절 재벌회사들을 앞세우지 않았다면, 한국이 수출입국을 이루고 오늘날의 국가 위상을 만들어낼 수 있었을까? 그렇게 하지 못했다면 국민이 민주주의의 소중함을 깨달아 민주화를 이루어낼 수 있었을까?

누가 뭐라고 해도 박정희는 오늘의 대한민국을 있게 한 영웅이며, 그가 성장시킨 박태준, 정주영, 이병철, 김우중 등도 오늘날 민주주의를 논하고 기든스의 『제3의 길』을 읽을 여유를 가져다준 애국 영웅들이다. 이들이 살아온 세월을 가진 자들의 갑질, 기득권 세력, 정경유착 등의 단어들로 매도할 수는 없다. 그래서 박정희를 바라보기 위해서는 반드시 두 개의 눈이 필요하다. 그의 공도 봐야 하고 과도 봐야 하기 때문이다. 공을 더 크게 보려는 보수의 눈도 좋고, 과를 더 비중 있게 보려는 진보의 눈도 무방하다. 어쨌든 두 개의 눈으로 보는 것이 중요하다. 외눈박이 종북 좌파의 눈으로만 박정희를 평가해서는 안 된다.

2장 —————

핵무기, 핵세계
그리고 핵질서

핵무기, 핵세계
그리고 핵질서[1]

이 세상에는 얼마나 많은 핵무기가 있을까? 핵무기에는 어떤 종류들이 있을까? 왜 어떤 나라들은 핵무기를 가져도 되고 다른 나라들은 안 되는 것일까? 이런 핵질서는 누가 어떻게 만든 것일까? 핵무기가 어떤 효용성이 있기에 박정희를 비롯한 세계의 많은 지도자들이 이것을 개발하려고 했을까? 핵폭발 장치, 핵폭탄, 핵탄두, 핵무기 등은 어떻게 다른 것일까?

이런 것들을 알아보기 위해 우선 핵무기가 무엇이며 어떻게 만들어지는지부터 고찰해보기로 하자.

---

1. 본 장은 필자가 2012년에 출판한 책 『북핵을 넘어 통일로』(명인출판사)에서 기술한 관련 부분들을 업데이트하여 재정리하는 방식으로 작성되었다.

핵폭탄과 핵무기 그리고 전략핵과 전술핵

핵폭발 장치(nuclear device)란 무게나 부피 그리고 형태와 무관하게 단순히 핵폭발이 일어나도록 만든 장치이다. 핵을 개발하는 나라들이 처음 핵폭발 실험을 할 때 핵폭발 장치를 터뜨린다. 핵폭발 실험을 통해 폭발의 강도와 안전성을 조정·관리하는 기술력을 확보하면 그것을 바탕으로 핵폭탄을 만드는데, 이 단계에서는 표적과 탑재할 투발수단을 감안하여 무게, 부피, 형태 등을 결정한다. 핵폭탄이 투발수단에 탑재되면 비로소 핵무기가 된다. 대표적인 투발수단은 미사일이지만 대포도 투발수단이 될 수 있으며 사람이 직접 핵배낭을 지고 가서 어디엔가 내려놓고 원격장치로 터뜨린다면 사람이 투발수단이다. 미사일에 탑재되는 형태의 핵폭탄을 핵탄두(nuclear warhead)라 부르며, 가볍고 작을수록 미사일 탑재가 용이하고 더 멀리 날려 보낼 수 있다. 대포로 쏘아 보내는 핵폭탄은 핵포탄이라 불린다. 미사일을 발사하는 발사대는 플랫폼(platform)이라 불리는데, 트럭식 이동발사대(TEL), 잠대지(潛對地) 핵미사일을 운용하는 잠수함, 공대지(空對地) 핵미사일을 장착하는 전투기 등이 대표적인 플랫폼이다.

개념상으로 핵폭탄(nuclear bomb)은 제1세대에서 제5세대까지 진화해왔다. 제1세대 핵무기는 핵분열 물질이 분열할 때 발생하는 에너지를 이용한 폭탄으로서 분열탄(fission bomb) 또는 원자탄(atomic bomb)이라 부르며, 사용되는 핵분열 물질은 우라늄(U-235)의 순도를 90% 이상으로 높인 고농축우라늄(HEU)과 플루토늄(Pu-239)이다. 제2세대 핵무기는 중수소와 삼중수소가 핵융합을 일으킬 때 발생되는 에너지를 이용한 핵폭탄이며, 융합탄(fusion bomb) 또는 수소탄(hydrogen bomb)이라 부른다. 제2세대 핵폭탄은 제1세대에 비해 수십 배에서 수백 배의 위력을 발휘한다. 제3세대 핵무기는 수소폭탄을 한 단계 더 업그레이드하여 목적에 맞도록 만든 핵폭탄으로 '더러운 폭탄(dirty bomb)'과 '중성자탄(neutron bomb)'이 있다. '더러운 폭탄'은 폭발력과 방사능 유출량을 엄청나게 늘린 것이고 중성자탄은 인명살상을 극대화하기 위해 방사능 방출을 줄이고 중성자 방출을 극대화한 것이다. 제4세대 핵폭탄은 아메리슘(Am-242), 큐리움(Cm-245) 등 플루토늄보다 더 무거운 원소로 만들며, 제5세대 핵폭탄이란 하프늄(hafnium)으로 만드는 지하목표물 파괴용 소형 핵폭탄을 말한다. 제4세대와 제5세대 핵무기는 강대국들이 연구를 진행했지만 실제로 생산한 적은 없다.

전략핵무기(strategic nuclear weapon)란 상대국의 생존자체를 말살시키는 목적으로 만들어진 핵무기이다. 전략핵은 대체로 위력이 크고 대륙간탄도탄(ICBM) 등 장거리 미사일에 탑재되며, 상대국의 대도시, 산입지역 등 대가치(counter-value) 목표를 겨냥한다. 과거에는 미국과 소련이 메가톤급(1000kt) 이상의 위력을 가진 전략핵무기들을 배치하고 있었으나 지금은 위력을 줄여서 미국의 경우 대표적인 지상발사 대륙간탄도단인 미니트맨3(Minuteman III)에 탑재된 Mk-21 전략핵탄두는 300kt, Mk-12A 핵탄두는 335kt의 위력을 가진다. 잠수함발사탄도미사일(SLBM)인 트라이던트(Trident) 2D5에 탑재되는 W76 핵탄두는 100kt의 위력을, W88 전략핵탄두는 455kt의 위력을 가지며, B-2A 스피릿(Spirit) 전략폭격기에서 발사되는 공중발사순항미사일(ALCM)에 탑재된 B83-1 전략핵탄두는 10~1200kt의 다양한 위력을 낼 수 있다.

여기에 비해 전술핵(tactical nuclear weapon)이란 대군사(counter-force) 목표를 타격하는 핵무기로서 위력을 줄여서 부수적 피해(collateral damage)를 최소화한 것이다. 그럼에도 전략핵이니 전술핵이니 하는 것은 강대국들의 기준에서 사용하는 명칭으로 협소한 한반도에서 그 구분은 무의미할 수 있다. 미국과 러시아는 부시(아버지)-고르바초프 합의에 따라 1991년 지상발사 및 해상·해저발사 전술핵을 모두 철수했고, 현재 미국은 나토(NATO)의 5개 동맹국들에 소수의 공중발사 전술핵만 배치하고 있다. 이에 따라 미국이 한국에 배치하고 있던 전술핵도 1991년 말에 모두 철수되었다. 공중발사 전술핵의 플랫폼으로는 F-15, F-16, 토네이도(Tornado) 등의 전투기가 사용되며 여기에서 발사되는 공중발사순항미사일에 탑재된 전술핵탄두 B61-3, B61-4, B61-12 등은 0.3~170kt의 다양한 위력을 나타내도록 만들어져 있다. 현재 개발 중인 B61-12는 30m 콘크리트를 관통하여 지하에서 폭발하는 지하관통탄으로 미국은 나토에 배치된 전술핵을 모두 이것으로 대체할 예정이다.

현재 핵보유국들이 가진 핵폭탄의 대부분은 제1세대 분열탄이다. 분열탄의 원료 중의 하나인 고농축우라늄은 천연 우라늄을 농축함으로써 얻어진다. 천연에서 채굴되는 우라늄광으로 정련과 전환을 거쳐 만든 노란 우라늄 분말을 옐로케이크(yellow cake)라고 부르는데, 이 안에 원자로의 연료가 되는 우라늄-235는 0.7%에 지나지 않고 연료가 되지 않는 우라늄-238이 대부분이다. 이것을 농축(enrichment) 과정을 통해 우라늄-235의 농도를 3~5%로 높이면 가장 흔한 원자로인 경수로 타입 원자로의 연료가 되며, 중수로 타입의 원자로는 농축을 하지 않은 상태로 연료봉을 만들어 연료로 사용할 수 있다.

농축은 여러 방식으로 가능하지만, 가장 흔한 방식은 원심분리법이다. 이 방식은 옐로케이크를 기체로 변환시켜 원심분리기로 불리는 원통 속에 넣어 고속으로 돌리는 것이다. 그러면 원심력에 의해 더 무거운 우라늄-238이 바깥으로 쏠리면서 안쪽에는 우라늄-235가 더 많이 함유된 기체 우라늄이 모이는데, 이것을 추출하여 다음 원통에서 돌리는 방법을 반복함으로써 우라늄-235의 농도를 높이며, 농축도가 3~5%가 되면 뽑아내서 고체로 전환시켜 연료봉을 만들어 경수로의 연료로 사용한다. 농축을 반복하여 우라늄-235의 농도가 90% 이상이 되면 원자폭탄의 원료인 고농축우라늄이 된다. 정리하면, 농축우라늄은 경수로 타입의 원자로를 가동하는 연료이기도 하지만 고농축을 하면 분열탄의 원료가 된다. 때문에 농축시설은 원자력 운용에 필요한 평화용 시설이기도 하지만 동시에 핵무기를 만드는 데도 반드시 거쳐야 하는 군사용 시설이기도 하다. 농축시설은 원자력산업이 필요로 하는 핵심적 시설이기에 핵무기비확산조약(NPT)의 금지 대상이 아니며, 때문에 미국 등 핵강국들은 영향력과 국내법을 이용하여 농축시설이 확산되는 것을 억제한다.

역시 분열탄의 원료인 플루토늄은 자연 상태에서 존재하는 물질이 아니며, 우라늄이 원자로에서 연소되면서 생성된다. 원자로에서 연소된 연료봉은 폐연료봉, 고준위방사성폐기물, 사용후핵연료 등 세 가지 명칭으로 불린다. 폐연료봉이란 타고 난 연료라는 의미이고,

고준위방사성폐기물이란 원자로에서 배출되는 방사성 물질 중 독극성이 가장 강하다는 뜻이다. 사용후핵연료라는 명칭은 한 번 연소된 상태이지만 그 안에 다양한 방사성동위원소들이 생성되어 있고 잔여 우라늄도 있어 재활용이 가능하다는 의미에서 사용되는 명칭이다. 생성된 동위원소들 중에는 산업·의학·생물연구 등에 사용되는 값진 것들이 많은데, 폐연료봉에서 이들 동위원소들을 분리해내는 화학공정을 재처리(reprocessing)라고 부른다. 플루토늄은 이 과정에서 분리되는 동위원소 중의 하나이다.

　재처리는 폐연료봉을 환경적으로 안전하게 처리하는 과정이기도 하다. 폐연료봉 그 자체는 가장 방사성이 강한 독극물이지만 재처리를 통해 사용가능한 자원들을 분리해내고 나면 최종적으로 버려야 할 폐기물의 분량은 획기적으로 줄어들고 방사능도 급격하게 감소하는데, 이것을 콘크리트나 고무와 섞어 드럼통에 넣어 고화(固化)시키면 매몰(埋沒) 처분이 가능한 최종 폐기물이 된다. 결국, 재처리는 잔여 우라늄 연료를 회수하고 각종 소중한 동위원소들을 분리해내는 평화적 기술이자 폐연료봉을 안전하게 영구 처분하는 환경기술이며, 동시에 원자탄의 원료인 플루토늄을 생산하는 군사적 기술이기도 하다. 때문에 농축과 마찬가지로 핵무기비확산조약(NPT)의 금지대상이 될 수 없으며, 강대국들은 영향력을 사용하거나 국내법을 이용하여 재처리 시설이 확산되는 것을 억제한다.

　제1세대 원자탄은 제2차 세계대전 중에 처음으로 만들어졌다. 제2차 세계대전 동안 미국, 나치독일, 일본 등은 핵분열을 이용하여 괴력을 가진 폭탄을 만들 수 있다는 사실을 알았다. 선두 주자는 나치독일이었고 일본도 핵무기를 연구했지만 뒤처진 상태였다. 미국이 나치 독일에 앞서 원자탄을 만들 수 있었던 것은 나치독일이 방심했기 때문이기도 하지만 직접적인 원인은 유럽전쟁 발발 한 달 전인 1939년 8월 2일 아인슈타인이 미국의 루즈벨트 대통령에게 보낸 한 통의 편지였다. 이 서한을 통해 아인슈타인은 나치독일의 원자탄 개발 가능성을 경고했고, 루즈벨트는 이를 흘려듣지 않았다. 루즈벨트 대통령은 연구 착수를 지시했고, 미국은 1941년 진주만 피습 후 맨해튼 프로젝트(Manhattan Project)를 출범시켰다.

맨해튼 프로젝트 그리고 히로시마와 나가사키

맨해튼 프로젝트는 미국이 주도했지만 영국, 캐나다, 프랑스 등 동맹국의 과학자들도 동원되었다. 주역은 나치독일을 탈출한 유럽과학자들이었고, 정식 프로젝트 기간은 1942년에서 1946년까지였다. 미군 공병단의 글로브(Leslie R. Glove) 장군이 행정책임을 맡았고, 유명한 오펜하이머(Robert Oppenheimer) 박사가 연구를 책임졌다. 맨해튼 프로젝트는 총 22억 달러의 예산으로 13만 명을 고용하여 미국, 캐나다, 영국 등지의 30개 장소에서 진행되었는데, 플루토늄 생산을 맡았던 미국 워싱턴주(州)의 핸포드연구소(Hanford Site), 우라늄 농축을 담당했던 테네시주의 오크리지국립연구소(Oak ridge National Laboratory), 핵폭탄 설계와 제조를 책임졌던 뉴멕시코주의 로스알라모스국립연구소(Los Alamos National Laboratory) 등이 핵심 연구시설이었다. 이윽고 1945년

세 개의 핵폭탄이 만들어졌는데, 하나는 우라늄탄이었고 두 개는 플루토늄탄이었다. 플루토늄탄 중 하나는 1945년 7월 16일 뉴멕시코주 사막의 알라모고르도(Alamogordo)에서 행한 최초의 핵실험에 사용되었고, 우라늄 원폭은 1945년 8월 6일 히로시마에 그리고 남은 플루토늄 원폭은 8월 9일 나가사키에 투하되었다.

히로시마 원폭의 이름은 '리틀 보이(Little Boy)', 즉 '꼬마소년'이었다. 무게 4t, 길이 3m, 지름 71cm의 원통형 원폭이었는데, 미 공군의 B-29 폭격기에 실려 히로시마 상공 580m에서 폭발했다. 폭발의 위력은 15kt 정도였다. 10t짜리 트럭 1500대가 양질의 다이너마이트를 가득 싣고 와서 한자리에 내려놓고 일시에 폭발시킨 것이라 보면 된다. 사상자 숫자는 통계에 따라 다르지만 7만에서 13만 명이 즉사하고 비슷한 숫자가 부상으로 사망했다. 이 원폭을 만드는 데 사용된 고농축우라늄의 양은 모두 64kg이었는데, 이 중에서 실제 연쇄반응을 일으킨 것은 0.9kg 또는 1.38%에 지나지 않았지만, 이 정도의 위력을 나타냈다.

나가사키 원폭의 이름은 '팻 맨(Fat Man)', '뚱보'였다. 이 폭탄은 4.6t 무게에 3.34m 길이, 1.52m의 지름을 가진 플루토늄탄이었는데, 역시 B-29에 의해 공중 투하되어 나가사키 상공 469m에서 폭발했다. 사용된 플루토늄은 6.3kg였다. 연쇄반응을 일으킨 것은 18.5%인 1.18kg에 지나지 않았지만, 22kt의 위력으로 5만 명이 즉사하고 부상으로 비슷한 숫자가 사망했으며 반경 1.6km 이내 모든 것이 파괴되고 반경 3.2km이내 모든 것이 소실되었다.

나치독일은 맨해튼 프로젝트가 핵무기를 완성하기 전에 항복했기 때문에 핵참화를 피했지만, 항복을 거부하고 태평양에서 미국과 공방전을 벌이던 일본은 결국 두 발의 핵폭탄을 맞고 무조건 항복을 선언했다. 오펜하이머 박사는 뉴멕시코주 핵실험을 목도한 후에 깊은 고뇌에 빠졌다. 그를 포함한 맨해튼 프로젝트의 과학자들은 핵무기의 위력에 소스라치게 놀랐고, 히로시마와 나가사키에서 20만 명 이상이 희생되는 것을 보고 깊은 죄책감에 빠져야 했다. 그들은 자신들이 만든 신무기가 인류의 안전이 아닌 세계종말을 가져올 수 있는 무기임을 깨달았고, 그들 스스로 핵무기를 '종말무기(doomsday weapon)'라 부르기 시작했다.

핵무기의 3대 효용성

히로시마·나가사키 원폭은 핵무기가 엄청난 군사·경제·정치·외교적 효용성을 가진 보물단지라는 사실을 유감없이 보여주었고, 강대국의 지도자들이나 강대국을 꿈꾸는 나라의 지도자들은 이 점을 간과하지 않았다. 이스라엘의 독립을 위해 싸우고 있던 벤구리온은 "아, 이것이야 말로 우리가 반드시 가져야 할 수단"이라고 직감했고, 인도의 독립을 위해 투쟁하던 네루도 그랬다. 나치독일에 짓밟히고 신흥대국 미국과 소련의 위세에 눌려 2류 국가로 전락한 프랑스의 영광을 회복하기 위해 절치부심하던 드골도 마찬가지였다. 두 발의 원폭으로 초토화되고 패전한 일본을 언젠가는 핵보유 강대국으로 재건하고 싶었던 나카소네도 그랬다. 빈소국 대한민국의 청년 박정희도 그랬을 것이다.

첫째, 핵무기는 엄청난 파괴살상 효과를 발휘하는 군사적 수단이다. 핵무기는 폭발과 함께 초기 에너지의 대부분이 폭풍파(55%), 열파(30%), 방사선파(15%), 전자기파(EMP) 등으로 발산된다. 전자기파는 핵무기를 처음 만든 과학자들도 몰랐던 것이었다. 폭풍파는 일정 반경 내의 모든 것을 날려버리고 열파는 모든 것을 태워버리며, 방사선파도 효율적인 인명 살상수단이다. 나중에 알게 되었지만, 전자기파는 컴퓨터 회로를 사용하는 모든 기기들의 작동을 중단시키는 인류문명 파괴 수단으로 전시에는 상대국의 통신수단을 일거에 마비시킬 수 있다. 핵폭발 후에는 하늘을 뒤덮은 낙진이 떨어지면서 세상을 또 한 번 죽음의 땅으로 바꾸어버린다. 핵폭발과 먼 거리에 떨어져 있던 사람들도 백혈병, 불임증, 기억상실증, 피부암 등 각종 원자병에 걸린다. 이렇듯 핵폭탄은 여섯 차례에 걸쳐 무서운 파괴살상력을 발휘하는 군사적 수단이다.

둘째, 핵무기는 우수한 경제적 수단이다. 단 몇 발의 핵무기는 값비싼 지상군 무기들이나 군함과 항공기들을 압도하는 수단이며 저렴한 국방을 가능하게 해준다. 냉전시절 서방의 나토(NATO)군은 공산진영인 바르샤바조약기구(WTO)군에 비해 수적·양적으로 현격한 열세에 있었지만, 미국이 서유럽에 배치한 전술핵무기들이 그 공백을 메워주었다. 나토군이 재래군사력으로 공백을 메우려 했다면 더 많은 병력과 무기체계들을 동원해야 했을 것이며 더 많은 돈을 써야 했을 것이다.

이스라엘은 한국과 마찬가지로 안보위협이 높은 국가로서 국가총

생산(GDP)의 6% 정도를 국방비로 사용하지만 인구가 1000만 명도 되지 않는 소국이어서 국방예산은 한국의 절반 수준인 200억 달러가 채 되지 않는다. 그럼에도 주변 아랍국들은 핵보유국 이스라엘을 침공할 엄두를 내지 못한다.

셋째, 핵무기는 정치·외교적 수단으로서도 효용성이 높다. 핵무기는 힘의 상징이자 강대국의 표상이며, 군사적 수단으로 사용하지 않고 보유한 상태에서도 상대국을 심리적으로 위축시켜 상대를 강압하는 효과를 발휘한다. 1948년 소련군이 서베를린을 봉쇄했을 때, 미국이 핵무기를 탑재한 B-29 폭격기 2개 대대를 영국으로 이동시켜 강압하자 소련은 봉쇄를 풀어야 했다. 1956년 제2차 중동전쟁 때에는 소련이 핵사용 가능성을 비치면서 수에즈 운하를 점령한 영불(英佛) 연합군을 강압하자 영국과 프랑스는 군대를 철수했고 시나이반도를 점령한 이스라엘군도 철수했다. 1950~1960년대 대만을 강점하려던 중국의 시도는 핵무기를 탑재한 미국 제7함대에 의해 저지되었다. 그래서 정치학자 모겐소(Hans Morgenthau) 교수는 "핵을 가진 나라 앞에서 핵을 가지지 않은 나라가 취할 수 있는 결정은 싸워서 패배하는 것과 미리 항복하는 것 두 가지뿐이다"라고 말했다.

핵무기가 가지는 3대 효용성은 핵보유국 사이에서는 국력의 격차와 무관하게 약소국이 강대국과 맞먹을 수 있는 동등화 효과(equalizing effect)를 발휘한다. 핵무기의 파괴살상 효과가 워낙 크기 때문에 약소국도 신뢰성이 있는 투발수단들을 갖추면 강대국에 인용할 수 없는 정도의 피해를 끼칠 수 있으며, 때문에 핵보유 약소국이 강한 맞대응 의지로 나오면 공포의 균형(balance of terror 또는 balance of resolution)이 성립되어 양국 사이에 수직적 관계가 붕괴될 수 있다. 2017년 8~9월 동안 미국과 북한은 금방이라도 핵공격을 교환할 듯 말 폭탄을 주고받았다. 북한의 핵실험과 미사일 발사에 격노한 트럼프 대통령이 대북압박 수위를 높이자 북한은 '미 본토 불바다'와 '괌에 대한 포위사격'을 위협했고, 이어서 수소탄 실험을 단행했다. 북한의 핵보유 이전이였다면 미국이 군사행동을 취할 수도 있었겠지만, 북한은 남북한 주민을 인질 삼아 미국에 대한 핵대응으로 위협했다. 결국, 군사행동을 취하는 것은 미국에도 쉬운 선택이 아니었다. 미국이 선제타격을 통해 북한의 핵능력을 무력화시킬 수는 있지만 남북한간 전면전 가능성 때문에 그 또한 쉬운 선택은 못된다.

또한, 핵무기의 효용성은 비핵국에 '핵그림자 효과(nuclear shadow effect)'를 발생시켜 보유국과 비보유국 간의 관계를 '주인과 노예' 또는 '포식자와 피식자(predator-prey)' 관계로 전락시킬 수 있다. 이러한 현상은 핵을 보유한 소국과 핵을 보유하지 않은 대국 간에도 발생할 수 있는데, 오늘날 남북한이 전형적인 사례가 되고 있다. 한국은 국가총생산 규모가 북한의 45배가 넘는 상대적 경제강국이지만 핵을 앞세운 북한의 겁주기에 이러지도 저러지도 못하고 끌려 다니는 황당한 상황을 맞고 있다.

2010년 북한 잠수함이 한국의 해군함정 천안함을 침몰시키는 도발을 벌이고 연평도에 포격을 퍼부었지만, 한국군은 제대로 응징하지 못했다. 북한의 핵무기를 의식하는 한국정부와 군은 오금을 저려야 했고, 한국국민은 이러다가 전면전쟁이 나면 핵공격을 당한다는 생각에 주눅 들어야 했다.

오늘날 북핵에 대한 공포심은 한국인들의 정치·사회·문화와 안보의식까지 바꾸고 있다. 북핵 해결을 위한 방법에 있어 한국사회는 보수와 진보로 분열되어 있으며, 2010년 천안함-연평도 도발 이듬해에 실시된 지방자치단체 선거에서 진보를 자처하는 정치세력이 대승을 거둔 것에서 보듯 안보상황이 악화되면 보수세력들이 유리하다는 것은 옛말이 되고 있다. 한국사회에서 "전쟁을 피하려면 전쟁에 대비해야 한다(If you want peace, prepare for war; Si vis pacem para bellum)"라는 고전적 진리는 설득력을 상실하고 있으며, "힘을 바탕으로 하지 않는 평화는 굴욕을 의미한다"라는 역사적 교훈이나 "나약함이 침략을 초래한다(Weakness invites aggression)"라는 손자병법의 가르침도 한국인들의 뇌리 속에서 희미해지고 있다. 어떻게 해서든 북한이 핵을 사용하는 것은 피해야 한다는 공포감이 작용하기 때문이다. 이런 변화는 남북관계가 '포식자-피식자' 관계로 전락하고 있음을 의미하며, 한국은 북한의 붕괴를 기대하기에 앞서 자유민주의 대한민국의 종말을 먼저 걱정해야 하는 상황으로 내몰리고 있다.

NPT의 탄생

히로시마·나가사키 원폭 이후 핵보유국은 꾸준히 늘어났다. 1949년 소련, 1952년 영국, 그리고 1964년 중국이 핵실험을 통해 핵클럽에 가입했다. 미국, 소련, 영국 세 나라는 핵무기 확산을 방지하는 국제장치의 필요성에 공감했고, 유엔 군축회의에서 협상을 통해 1968

년에 탄생하여 1970년에 발효된 것이 핵무기비확산조약(NPT: Nuclear Nonproliferation Treaty)이다.[2] 현재 NPT는 189개 회원국을 가진 최상위 핵확산방지 장치이다. 한국은 1975년에 가입했고 북한은 1985년에 가입했으나 무수한 평지풍파를 일으킨 후 2003년에 탈퇴했다. 이스라엘과 인도는 처음부터 NPT를 거부했고, 지금도 회원국이 아니다. 1970년에 발효하여 25년간의 시효가 만료된 1995년에 무기한 연장되어 오늘에 이르고 있는 NPT의 내용은 다음과 같다.

제1조: 핵보유국은 비핵국에 핵폭발 장치를 제공하지 않으며, 비핵국의 핵무기 생산이나 보유에 협력하지 않는다.

제2조: 비핵국은 핵무기의 제조나 보유를 포기한다.

제3조: 비핵국은 자국의 모든 핵시설이나 핵물질에 대하여 국제원자력기구(IAEA)의 핵안전협정(nuclear safeguards agreement)을 체결하여 IAEA의 핵사찰을 수용한다.

제4조: 핵에너지 생산에 관련된 물질은 금지대상에서 제외한다.

제5조: 평화용 핵폭발은 허용한다.

제6조: 핵국들은 핵군축에 성의를 갖고 임하며, 핵군축과 완전한 비핵화를 위해 성의를 갖고 협상한다.

---

2. 한국의 국방부와 언론들은 NPT를 '핵확산금지조약'으로 해석하지만 필자는 '핵무기비확산조약'이라는 표현을 고집한다. 핵확산금지조약이라고 하면 핵과 관련된 모든 활동을 금지하는 것으로 오해하기가 쉬우며, 실제로 적지 않은 국민은 농축과 재처리도 NPT가 금지하는 것으로 오해한다. 농축과 재처리를 조속히 확보해야 하는 한국에 있어 NPT가 핵무기의 확산만을 금지하며 평화적 핵시설들을 금지하는 조약이 아니라는 점을 명확히 하는 것이 유리하기 때문에 '핵무기비확산조약'이라는 명칭이 바람직하다.

제7조: 지역별로 해당 국가들이 비핵지대를 선포할 수 있다.

제8조: 본 조약을 개정하기 위해서는 회원국 과반수의 찬성으로 하되 모든 핵보유국이 과반수에 포함되어야 한다. 본 조약의 성과를 평가 하고 목적달성 여부를 확인하기 위하여 5년마다 평가회의를 개최 한다.

제9조: 본 조약은 각국이 비준함으로서 효력을 발생한다.

제10조: 조약의 유효기간은 25년이며 본 조약으로 인해 막중한 국익이 침해될 시 3개월 전 통고로 탈퇴할 수 있다.

제11조: 영어, 러시아어, 불어, 스페인어, 중국어로 원본을 작성한다.

세계에는 핵질서를 유지하기 위한 장치와 규범들이 넘친다. 핵실험을 금지하는 조약, 핵테러 예방을 위한 협력장치, 핵물질 거래를 제약하는 협약, 핵무기의 투발수단인 미사일의 확산을 제약하는 장치, 핵무기의 숫자와 성능을 제한하는 수많은 핵군축 조약 등 헤아리기조차 어려울 만큼 많은 조약·협약·기구·장치 등이 있다. 그중에서도 NPT는 핵질서의 대원칙과 골격을 규정한 기본 규범이기에 '핵세계의 헌법'으로 불린다.

NPT의 조항들이 담아내고 있는 주요 내용은 수평적 핵확산 방지(제1·2·3·7조), 평화적 핵이용 장려(제4·5조), 수직적 핵확산 억제(제6조) 등 세 가지로 압축된다. 수평적 핵확산이란 비핵국이 새로이 핵보유국이 되어 핵보유국의 숫자가 늘어나는 것이며, 수직적 핵확산이란 핵보유국들이 핵무기의 숫자와 성능을 늘리는 것을 의미한다. 하지만, NPT가 정한 핵사찰은 비핵 회원국이 자발적으로 신고한 시설에 대해 정해진 방식대로 진행하는 조사이기 때문에 1990년대 초반 북한은 이를 악용하여 핵시설을 신고하지 않거나 사찰관의 활동을 제약하는 방식으로 IAEA 사찰을 무력화시켰고, 이에 NPT는 신고되지 않은 의심시설에 대해서도 수시로 조사할 수 있는 제도를 도입했다. 그것이 2002년에 발효된 추가의정서(Additional Protocol)이다. 한국은 2004년에 추가의정서에 가입했다.

NPT의 두 얼굴과 핵정치의 태동

NPT가 탄생되는 과정에는 핵평화를 향한 인류의 염원과 함께 핵독점을 위한 강대국들의 야합이라는 역학도 함께 작용했다. 히로시마와 나가사키를 목도한 세계의 지도자들은 핵무기가 가지는 3대 효용성을 눈으로 확인했고, 강대국들은 핵무기라는 보물단지를 독점해야 한다는 강박감을 느꼈다. 그 결과 NPT는 '강대국들의 핵독점을 고착화시키는 차별적·제국주의적 도구'와 '무분별한 핵무기 확산을 막아 인류의 안전에 기여하는 천사'라는 두 얼굴을 가진 국제장치로 자리매김했다.

NPT는 분명히 차별적인 조약이다. NPT에서 '핵국(NWS: Nuclear Weapon State)'은 1967년 1월 1일 이전까지 핵무기를 보유했던 미국, 소련, 영국, 프랑스, 중국 등 5개국을 지칭한다. 수직적 핵확산을 규제하기 위한 유일한 조항인 제6조 "핵보유국들은 핵군축과 완전한 비핵화를 위해 성의를 갖고 협상한다(pursue negotiations in good faith)"라는 내용이 말해주듯 강제규정이 아니다. 그래서 NPT는 기존의 핵보유국들에 핵독점을 정당화시켜주는 장치이며, 핵국들은 핵사찰을 받을 의무도 가지지 않는다.

핵국들의 특권을 더욱 노골화한 제8조도 비핵국들이 분통을 터뜨리는 불평등 조항이다. 제8조는 조약의 개정을 위해 회원국 과반수의 찬성이 필요하지만 그 과반수에 모든 핵국이 포함되어야 한다고 규정하고 있다. 유엔안보리 상임이사국의 거부권과 같은 권리를 핵국들에 부여한 것이어서, 핵국 중에 한 나라가 반대하면 모든 비핵국이 원해도 조약을 개정할 수 없다.

그럼에도 NPT가 동시에 '천사의 얼굴'을 가지는 것으로 봐야 하는 이유는 이 조약이 핵무기가 관리능력조차 의심스러운 군소국들로 확산되는 것을 막는 데 크게 기여했기 때문이다. 오늘날 한국, 독일, 일본 등 충분한 핵무기 개발능력을 가진 나라들이 비핵을 준수하는 NPT 회원국으로 남아 있는 이유는 NPT가 가진 긍정적 측면을 존중하고 동시에 강대국과 약소국 사이에 존재하는 힘의 차이를 인정하기 때문이다. 여기에 반해 북한은 NPT의 차별성을 시비하여 NPT를 탈퇴했고, 미국을 향해 "왜 당신은 되고 우리는 안 되느냐"고 고함을 지르고 있다. 필자는 이런 나라를 'BJR state(배째라 국가)'라고 부른다.

NPT가 내포하는 허점들은 그 이외에도 많다. 이스라엘, 인도, 파키스탄, 북한 등 네 나라는 NPT를 거부하고 NPT 체제 밖에서 핵을 보유하고 있지만, 이들을 강제로 NPT에 가입시킬 방법은 없다. 평화적 핵폭발과 군사용 핵폭발을 구분할 수 없다는 점도 맹점이다. 인도의 경우 1974년에 첫 핵실험을 했지만, 인도는 NPT 회원국도 아닌 데다 토목공사 등 평화적 이용을 연구하기 위해 핵폭발을 실험했으므로 NPT 제5조에 부합한다고 주장했다. 이런 행동에 대해 NPT가 취할 수 있는 조치는 없었다.

이렇듯 NPT는 근원적인 불평등성과 함께 많은 맹점들을 내포한 두 얼굴의 체제로 출발했는데, 핵무기가 가지는 효용성과 NPT가 가진 이런 문제점들이 핵정치를 태동시킨 발원지였다. 서독, 일본, 한국, 대만 등은 핵무기를 만들 능력을 가진 나라들임에도 NPT의 긍정적 측면을 중시하여 조약을 준수했지만, 인도, 파키스탄, 이스라엘, 남아프리카공화국, 아르헨티나, 브라질 등은 처음부터 가입을 거부하면서 숱한 핵정치를 전개했다.

NPT가 수직적 핵확산을 금지하지 않는다는 점을 이용하여 미국과 구(舊)소련은 끊임없이 새로운 핵무기를 개발했고, 냉전이 최고조에 달했던 1986년에 양국이 보유한 핵무기 숫자는 7만 개에 달했다. 비핵국들은 분노했고, 핵강국들의 빈번한 핵실험이 자연환경을 파괴하는 것에 대해 거세게 항의했다. 결국, 세계는 '동서(東西) 대결', '북북(北北) 경쟁', '남북(南北) 갈등', '남남(南南) 불신' 등 다양한 핵정치가 만개하는 장(場)이 되었다.

여기서 '동서 대결'이라 함은 제2차 세계대전 종전 후부터 등장한 냉전구도에서 미국과 소련간 또는 서방과 공산권간에 전개된 핵경쟁을 의미한다. '북북 경쟁'이란 이념적 동서 대결구도와 무관하게 핵보유국간 벌어지는 우열경쟁이나 핵기술 보유국 간에 전개된 상업적 경쟁, 즉 수출 경쟁을 말한다. '남북 갈등'은 핵을 가진 나라들(nuclear haves)과 가지지 않은 나라들(nuclear have-nots)간의 불평등 시비를 말하며,

'남남 불신'은 비핵국들간에 누가 먼저 핵을 보유하는가를 놓고 상호 불신 속에 경쟁하는 것을 의미한다.[3]

냉전동안 미국과 구소련이 수만 개씩의 핵무기를 보유하면서 경쟁한 것은 전형적인 '동서 대결'이었다. 영국과 프랑스는 이 대결에서 미국 편을 들었다. 미국과 프랑스 그리고 미국과 캐나다가 원전수출 시장에서 경쟁한 것은 전형적인 '북북 경쟁'이었다. 프랑스와 중국이 미국, 구소련, 영국 등이 주도하여 대기권 핵실험을 전면 금지하기로 합의한 1963년 부분핵실험금지조약(PTBT)을 거부한 것이나 1992년까지 NPT 가입을 거부한 것도 전형적인 '북북 경쟁'의 사례였다. 미국과 소련은 핵무기 개발의 선두 주자로서 지하 핵실험만으로도 핵무기의 개발과 관리에 문제가 없는 수준의 기술력을 확보했지만 후발 핵무기국인 자신들은 계속해서 대기권 핵실험을 해야 한다는 것이 이유였다. 이스라엘은 이 '북북 경쟁' 구도를 이용하여 미국과 프

---

3. 필자는 1989년 뉴욕주립대(SUNY Buffalo)에서 박사논문을 쓰면서 냉전의 시작과 함께 미국과 서방 선진국들이 만들어낸 '브레튼 우즈(Bretton Woods)' 체제를 원용하여 핵정치를 이런 식으로 분류했다. 브레튼 우즈 체제는 자유경쟁 시장경제 체제로서 여기에 의거하여 무역 자유화를 위한 제네바관세협정(GATT), 국제금융을 주도하는 세계은행(World Bank) 및 국제통화기금(IMF) 등이 설립되었다. 하지만, 1950~1960년대를 거치면서 빈익빈 부익부 현상이 또 하나의 국제정치 흐름을 탄생시켰다. 자본과 기술을 가진 북반구의 선진국들이 경쟁력을 앞세워 세계의 부(富)를 독점한 반면, 남반구의 후진국들은 저개발에 머물면서 적자와 부채에 시달렸다. 이런 현상에는 해당국가 스스로가 책임져야 할 부분도 많지만, 중남미를 중심으로 하는 저개발국들은 브레튼 우즈 체제 하에서 선진국이 후진국의 자원과 인력을 착취하고 환경을 오염시키면서 무역불균형을 방치하고 핵심기술은 이전해주지 않아 후진국이 서방 선진국에 종속되었다고 비난했다. 이 불평을 이론화한 것이 '종속이론(dependency theory)'이며, 이 이론의 등장과 함께 제3세계의 결속이 가시화되었다. 이렇듯 북쪽의 '가진 나라들(haves)'과 남쪽의 '못 가진 나라들(have-nots)' 사이에 발생한 다툼과 마찰을 '남북 정치'라고 불렀다.

랑스로부터 연구로를 제공받았으며, 한국이 1970년대 프랑스에 재처리 공장 건설을 발주한 것이나 캐나다로부터 중수로를 사들일 수 있었던 것도 마찬가지였다.

NPT 제8조에 의거하여 1970년 이래 매 5년마다 열리는 NPT평가회의에서 비핵국들이 NPT의 차별성에 항의하고 핵국들의 핵독점을 비난하거나 핵실험 횡포에 분노를 터뜨리면서 나름대로 반대급부를 챙기기 위해 노력한 것은 '남북 갈등'의 구도 속에서 전개된 '남북 정치'라 할 수 있다. 이스라엘, 인도, 파키스탄 등은 나름의 방식으로 핵세계의 차별적인 남북 구도를 돌파한 경우이며, 북한은 돌파하려 안간힘을 쓰고 있는 중이다.

미국은 지금까지 한국, 일본 등 비핵 동맹국들의 핵보유를 만류하면서 대신 핵우산을 제공하여 보호하는 정책, 즉 반확산 정책에 기반한 동맹정책을 펼쳐왔는데, 핵보유를 만류하는 것은 '남북 정치'의 일환이며 핵우산을 제공하는 부분은 '동서 대결' 정치의 일환이다. 그런가하면 1980년대 동안 브라질과 아르헨티나가 상호 불신 속에 핵무기 개발 경쟁을 벌인 것은 전형적인 '남남 갈등'이었다. 이 경쟁은 양국이 상호 소모적인 핵개발을 포기하고 IAEA 사찰과 상호사찰을 수용하는 것에 합의함으로써 해소되었다. 인도와 파키스탄은 오랜 기간 '남남 불신' 상태에서 핵경쟁을 하다가 1998년 동시에 핵보유국이 됨으로써 '남남 불신'이 '북북 경쟁'으로 변천한 사례가 되었다.

이렇듯 핵정치는 복잡한 행태들을 보이면서 전개되어 왔지만, 필자가 발명(?)한 '만원버스' 이론이나 '미운 사위 맞아들이기' 이론에 대비해보면 의외로 쉽게 이해할 수 있다.

만원버스 올라타기, 미운 사위 맞아들이기 그리고 핵문턱

'냉전'이라고 불리는 도시에는 푸른 피부를 가진 사람들과 붉은 피부를 가진 사람들이 살고 있다. 양쪽은 사고방식과 가치관이 달라 매사에 서로 다투고 주먹질도 벌인다.

만원버스 한 대가 달리고 있다. 버스 안에는 푸른 승객들과 붉은 승객들이 섞여 있다. 버스를 기다리는 정류장에도 푸른 사람들과 붉은 사람들이 뒤섞여 줄을 서고 있다. 버스 안에는 승객들간에 더 넓은 자리를 차지하기 위한 밀치기 경쟁이 벌어진다. 버스가 덜컹거리는 순간을 이용하여 엉덩이를 옆으로 밀어 넣는 얌체족도 있고, 다른 사람이 옆에 앉는 것을 훼방하기 위해 공연히 보따리를 옆구리 끼고 있는 사람이 있는가 하면, 팔뚝에 험악한 문신을 한 채 다리를 벌리고 앉은 두 명의 '쩍벌남'도 있다. 그중 한 명은 푸른 피부를, 다른 한 명은 붉은 피부를 가졌다. 이들은 여러 사람이 앉을 수 있는 자리에 걸쳐 앉아 있지만 다리를 치우라고 요구하는 사람은 없다. 이렇듯 버스 안에는 더 많은 공간을 차지하기 위한 신경전이 진행 중이다. 이들은 이미 버스에 올라탄 기득권자들이지만, 버스 안에서 더 좋고 넓은 자리를 탐하여 끊임없이 경쟁한다. 쩍벌남들간에는 더욱 살벌한 신경전이 전개된다. 핵무기를 보유한 나라들간의 '핵의 북북 경쟁'이 이런 식이고, 두 쩍벌남 사이의 경쟁이 미소 간의 '핵의 동서 경쟁'이었다.

정류장에서 버스를 기다리는 사람들은 곧 도착할 버스에 빈자리가 있거나 한지 또는 과연 버스에 오를 수 있는지를 알지 못하는 상태에서 줄서기 신경전을 벌인다. 앞에 서기 위한 밀치기도 벌어지고 새치기를 하려는 사람과 새치기를 당할까 눈을 두리번거리는 사람도 있다. 먼저 올라타야 한다면서 주먹다짐을 하는 사람들도 있다. 핵무기를 보유하고자 하는 비핵국들 간의 '남남 불신'이 이런 식이다.

버스가 정류장에 도착하면 양상은 달라진다. 승객 중 누군가가 자리가 부족한데도 사람을 더 태우려 하느냐며 운전사에게 항의를 하자 피부 색깔과 무관하게 모두가 한목소리로 가세한다. 모두가 버스 문을 열지 말라고 소리를 질러 대고, 버스 문이 열린 후에는 빨리 닫으라고 난리를 친다. 정류장에서 버스를 기다리던 사람들이 버스에 올라타기 위해 안간힘을 쓰지만 버스 안에 타고 있는 사람들은 한덩어리가 되어 아무도 타지 못하게 밀쳐낸다. 새로운 승객이 타는 것을 막는 것이 그들에게 공동 이익이기 때문이다.

버스에 타지 못한 사람들은 버스 안을 향해 욕설을 퍼붓는다. 왜 너희만 되고 우리는 안 되느냐고 항변한다. 그러자 건장한 두 쩍벌남들이 방망이를 들고 버스 문 입구로 다가간다. 피부 색깔과 관계없이 누구든 올라타려고 하면 때려줄 것이라고 협박하고, 다른 승객들도 이들을 성원한다. 정류장 대기자들은 자신들과 같은 피부색을 가진 버스 안 승객들에게 버스에 탈 수 있도록 도와달라고 소리치지만, 아무도 들은 척을 하지 않는다. 겁을 먹은 사람들은 올라타기를 포기하고 돌아서지만, 위험을 무릅쓴 채 버스 문에 매달리는 악바리도 있다. 힘이 센 어떤 사내는 출입문을 막아선 승객들을 밀치고 들어가 결국 버스 안으로 들어가는 데 성공한다. 핵을 가진 나라들과 가지지 않은 나라들간에 벌어지는 '핵의 남북 갈등'이 이런 식이다. 방망이를 들고 출입문을 막아선 건장한 사내들은 미국과 구소련이었다.

큰딸이 부모가 원하지 않는 남자와 결혼을 하겠다고 한다. 부모는 완강하게 반대한다. 딸이 고집을 꺾지 않자 부모는 비상수단을 강구한다. 외출금지령을 내리고 옷을 압수한다. 나중에는 딸을 방안에 감금하고 감시의 눈초리를 번뜩인다. 하지만 딸은 죽어도 그 남자와 결혼하겠다고 우기면서 가출해 살림을 차린다. 딸이 아이를 가지게 되자 결혼식 날짜를 잡고 식장을 예약하고 부모에게 알린다. 결국 부모는 반대를 거두고 결혼식장에 나가서 딸과 사위의 앞날을 축복해주고 사위를 가족으로 받아들인다. 부모는 사위를 집안의 대소사를 논의하는 상대로 인정하고 사위는 새로운 가족으로 안착한다. 얼마 후 작은딸도 가족들이 원하지 않는 남자와 결혼하겠다고 나선다. 이제는 큰사위도 장인, 장모와 한덩어리가 되어 작은딸의 결혼을 만류하는 데 동참한다. 하지만 작은딸이 반대를 극복하고 결혼하면 작은사위 역시 새로운 가족으로 합류한다. 새로운 핵보유국이 탄생하여 기존의 핵보유국들과 합류하는 과정이 이런 식이다.

'핵문턱(nuclear threshold)'이란 한 나라가 핵보유국이 되기 위해 넘어야 하는 두 개의 문턱을 말한다. 핵실험을 통해 핵무기 보유를 과시하면 기술적 핵문턱(technical threshold)을 넘는 것이고, 핵보유로 인한 국제제재를 받지 않고 정상적인 국제관계를 허용받으면 '정치적 핵문턱(political threshold)'를 넘는 것이 된다. 즉, 기술적 문턱은 국제사회가 핵보유를 인지(recognize)하는 것이고 정치적 문턱은 핵보유를 수용(accept)하는 것이기에, 두 개의 문턱을 모두 넘어야 핵클럽의 진정한 멤버가 된다. 한 남자가 여성의 부모가 한사코 반대하는 중에 여성과 사귀고 있다면 기술적 문턱을 넘으려고 호시탐탐 기회를 노리는 단계에 있는 것이며, 여성 부모의 승낙도 없이 살림을 차리고 여성을 임신시켰다면 기술적 문턱을 넘은 단계가 된다. 그럼에도 여성의 부모가 여전히 결혼을 반대하여 결혼에 이르지 못하고 있다면, 기술적 문턱과 정치적 문턱 사이에 머물고 있는 것이며, 여성의 부모가 반대를 철회하여 결혼식을 올리면 정치적 문턱을 넘은 것이 된다.

만원버스로 이론으로 설명하자면 어떻게든 버스에 매달리는 데 성공한 사람은 기술적 문턱을 넘은 것이고, 버스 안으로 들어가 자리에 앉게 되면 정치적 문턱을 넘은 것이 된다. 미국은 제2차 세계대전이 끝나면서 핵무기 기술을 동맹국인 영국과 프랑스와도 공유하지 않았지만, 영국이 핵을 개발하자 결국 사위로 맞아들였다. 이후 미국과 영국이 합작하여 프랑스의 핵개발을 저지하려 했지만, 프랑스는 이를 돌파하고 핵개발에 성공하자 또 다시 사위로 맞아들였다. 인도는 1998년 핵실험 이래 두 개의 문턱 사이에 머물다가 2006년 미국-인도 원자력협력협정으로 버스 안으로 들어가 자리에 앉았고, 이스라엘과 파키스탄은 새치기로 버스 안에 들어가 옆 사람들의 눈총을 받으면서 자리에 앉은 경우이며, 북한은 버스 출입문에 매달린 채 문을 열어달라고 소리치고 있는 중이다.

이렇듯 다양한 형태의 핵정치가 난무하는 중에 아직도 세계에는 핵무기가 넘쳐나고 있다. 2016년 스톡홀름국제평화연구소(SIPRI)의 자료에 의하면 오늘날 러시아는 7290개의 핵무기를 그리고 미국은 7000개를 보유하고 있다. 프랑스(300개), 중국(260개), 영국(215개), 인도(100~120개), 파키스탄(100~130개), 이스라엘(80개), 북한(10개) 등이 그 뒤를 따르고 있다. 전문가들은 중국의 핵무기는 그보다 훨씬 더 많을 것으로 추정하며, 공식적으로 핵보유를 공개하지 않는 이스라엘의 경우 오차는 더 클 수 있다. 북한의 핵보유량 역시 막연한 추정치일뿐이며 필자는 20개 이상일 것으로 추정한다. 국제사회가 북한을 제지하지 못한다면 북한은 핵무기가 100개에 도달할 때까지 매년 수 개씩을 생산할 것으로 보인다. 어쨌든 지금도 세계에는 1만 5000여 개의 핵무기가 존재하며, 그중 93%는 미국과 러시아가 보유하고 있다.

여기까지를 정독한 독자라면 한국이 미국의 압력으로 1975년 NPT에 가입한 것이나, 1985년 구소련이 압력과 회유를 통해 북한을 NPT에 가입시킨 이유를 충분히 이해할 것이다. 당시 소련은 신포에 소련식 경수로를 건설해주겠다고 약속하면서 북한에 NPT 가입을 압박했었다. 정독한 독자라면 미국은 왜 동맹국인 한국이 북핵의 위협을 받는데도 한국의 핵보유를 말리고 있는가라는 질문을 하지 않을 것이다. 미국은 동서문제에 있어서는 한국의 동맹국이지만 핵의 남북갈등에 있어서는 남쪽 나라들의 핵보유를 감금하는 북쪽나라의 역할을 하고 있다. 즉, 핵우산 제공을 통해 한국을 보호하면서도 한국의 핵보유를 반대하는 미국의 동맹정책은 '동서 정치'와 '핵의 남북 정치'가 교차하는 지점에 있다.

핵의 東西 대결과 강대국의 핵전략

'핵의 동서(東西) 경쟁'은 문신을 한 쩍벌남들이 벌이는 핵경쟁이어서 누가 말릴 수 있는 일이 아니었다. 미국과 소련간에 벌어진 무시

무시한 핵무기 개발경쟁과 전 인류를 볼모로 한 핵전략 경쟁은 동서 경쟁의 클라이맥스였다. 이들 두 초강대국은 도합 1800여 회의 핵실험을 실시하면서 수만 개씩의 핵무기를 생산했고, 전 인류를 볼모로 하는 핵대결을 지속해왔다. 냉전이 최고조에 달했던 1986년 미소(美蘇) 두 나라가 가진 핵무기가 도합 7만 개에 달했다가 이후 핵군축 협상의 진전과 함께 오늘날 1만 4000여 개로 줄었지만, 여전히 인류를 수십 번 멸망시키고도 남을 분량이어서 아직도 '잉여살상력(overkill capacity)'이 넘친다. 이들 핵무기들은 실전배치(active deployment), 비축-조립대기(inactive-responsive storage), 비축 등의 상태로 운용되고 있다.

이렇듯 '핵의 동서 대결' 구도 하에서 미소는 수만 개의 핵무기를 배치하고 그것도 모자라 동맹국들에도 전술핵을 배치했는데, 왜 그토록 많은 핵무기들이 필요했는가를 알아보기 위해서는 미국과 소련이 펼쳤던 핵전략을 살펴봐야 한다.

1950년대 '핵의 동서 대결'이 본격화되면서 미소가 공히 채택한 핵전략은 '상호확실파괴(MAD: Mutually Assured Destruction) 전략'이었다. 상대의 핵공격에 대한 대량 핵보복 능력, 즉 제2격 능력(2nd strike forces)을 갖추고 "네가 나를 죽이면 나도 너를 죽인다"는 태세를 과시함으로써 상대의 핵공격을 억제하는 전략이었고, 이를 위해 핵무기를 3축 체제(nuclear triad) 방식으로 배치했다. 3축 체제란 상대국이 핵공격을 가해오는 경우에 대비한 대량보복용 핵무기들을 지상, 해상 또는 해저, 그리고 공중에 분산 배치함으로서 제2격 핵무기들의 생존성을 높인 체제를 말한다. 미국은 3축 체제 하에서 지상에는 대륙간탄도탄, 해저에는 잠수함발사 핵미사일, 공중에는 전략폭격기에 핵무기를 탑재하고 있었고, 1980년대 초반까지 핵을 탑재한 수십 대의 B-52 전략폭격기들을 24시간 북극 상공에 띄워 놓고 있었다. 3축 체제는 오늘날에도 지속되고 있으며, 이 중에서도 위치를 숨긴 채 가공할 대량보복용 전략핵을 탑재하고 바다 속을 잠행하는 핵잠수함들은 가장 확실한 보복 수단이며, 대부분의 전문가들도 전략핵잠수함들을 냉전동안 미소간 핵전쟁을 억제하는 데 기여한 일등공신으로 간주한다.

요컨대 MAD 전략은 상호자살 전략이며, 이에 필자는 'NJNJ(너죽고 나죽자) 전략'이라는 애칭을 부여했다. 이 전략은 핵무기는 사용되면 모두를 죽이므로 '사용할 수 없는 무기(unuseable weapon)'이고, 핵전쟁을 '승자가 없는 전쟁(unwinnable war)'이자 '싸울 수 없는 전쟁(unfightable war)'이라는 전제하에 존재했다. 또한 MAD 전략은 미소간의 핵균형(nuclear parity)을 전제로 하는 전략이었다. 상대도 나를 죽일 수 있고 나도 상대를 죽일 수 있는 상호취약성(mutual vulnerability)의 상태, 다시 말해 서로를 마음 놓고 공격할 수 없는 존재로 인정할 때 핵전쟁이 억제된다는 논리였다. 1972년 미소가 요격미사일금지조약(ABMT)을 맺어 상호간 방어 미사일의 배치를 제한하는 데 합의한 것은 상호 취약성을 유지하기 위함이었다. 한스 모겐소 교수는 "핵무기는 보유하고 있음으로서 효용성을 찾는 무기이지 실제로 사용하는 데서 효용성을 찾는 무기가 아니다"라는 말로 MAD 전략을 설명했다.

MAD 전략은 완벽하지 않다. 핵보복력이 가공할수록 핵전쟁이 더 확실하게 방지된다는 논리는 미소 양국간 무제한적인 핵무기 경쟁을 촉발했고, 그러면서도 비이성적 요인들에 취약하다는 약점을 가진다. 모든 당사자들이 이성적 판단력을 가진 상태, 즉 핵으로 공격하면 상대국의 제2격에 의해 반드시 보복을 당한다는 것을 인지하는 상태에서는 먼저 핵공격을 하지 않지만, 비이성적 요인들이 개입하면 얘기가 달라진다. 상대국의 지도자가 세상종말을 꿈꾸는 과대망상증 환자라면 MAD 전략은 무용지물이 되며, 컴퓨터가 오작동으로 핵공격을 알리는 경우, 반란군이 핵무기를 탈취하여 발사하는 경우, 또는 두 강대국간 핵전쟁을 유발시키기 위해 제3자가 어느 한쪽을 가장하고 핵공격을 가하는 경우 원하지 않는 핵전쟁이 발발할 수 있다. '대량 보복'을 핵심으로 하는 MAD 전략이 가지는 최대 맹점은 어떤 이유에서든 억제가 실패하여 핵전쟁이 발발하면 모든 인류가 멸망해야 한다는 점이다.

핵전투(Nuclear Warfighting) 전략은 MAD 전략의 맹점들을 극복하기 위해 등장한 제2세대 핵전략이다. MAD에 대한 비판자들은 "핵공격을 받는다고 해서 왜 인류의 공멸을 가져올 대량보복으로 대응해야 하는가", "소규모 핵도발에는 소규모 핵대응을 하면 되지 않는가", "제한적 핵전쟁은 발생할 수 있고 발생하면 이기면 되지 않는가" 등의 반론을 제기했고, 이 반론들이 1960년대 후반 NATO가 '유연반응(flexible response) 전략'을 채택한 배경이었다. 핵전쟁을 싸울 수 없는 전쟁으로 간주했던 MAD 전략과는 달리, 이 전략하에서는 핵전쟁은 존재할 수 있는 전쟁이고 핵무기도 사용할 수 있는 무기가 된다. 핵전쟁에서 이기기 위해서는 사용이 용이한 소형 핵무기들이 필요하고, 핵방어(nuclear defense)가 필수적이다. 즉, 핵균형보다는 핵우위(nuclear superiority)를 추구해야 한다. 이것이 제2세대 핵전략인 '핵전투 전략'이며, NJNJ 논리를 180도 뒤집은 이 전략에 대해 필자는 'NJNS (너죽고 나살자) 전략'이라는 애칭을 부여했다.

제2세대 핵전략의 등장과 함께 전술핵무기들이 양산되기 시작한 것은 당연한 귀결이었다. 미국은 서유럽에 퍼싱(Pershing) 등 전술핵을 배치했다. 1991년 이전까지 한국에 배치되었던 미국의 전술핵도 같은 논리에 따른 것이었다. 핵방어에 대한 연구도 본격화되었다. 1980년대 레이건 대통령이 추진했던 전략핵방어계획(SDI: Strategic Defense Initiative 또는 Star Wars Program)은 핵전투 전략의 진수였다. 소련이 전면 핵공격을 가해 오더라도 우주와 공중 그리고 지상에 배치된 방어체계로 막아내겠다는 것이었다. 이론적으로 말해, SDI가 완성되면 미국이 마음대로 소련을 공격할 수 있는 핵우위에 서게 되는 것이며, 이는 상호취약성을 유지하기로 합의했던 1972년 탄도탄요격미사일조약(ABMT: Anti-Ballistic Missile Treaty)의 취지에 반하는 것이었다. 비판자들은 막대한 비용과 기술적 한계를 이유로 SDI에 반대했지만 레이건 대통령은 소련을 '악의 제국(evil empire)'으로 명명하고 고집스럽게 SDI를 밀고 나갔다. 소련은 허겁지겁 SDI를 돌파할 수 있는 핵무기체제를 개발하는 데 주력했고, 이것이 소련의 경제를 거덜내고 소련연방 해체와 동구 공산권의 붕괴를 가져온 중요한 원인 중의 하나였다. 오늘날 미국 국민이 레이건을 미국 역사상 가장 위대한 대통령 중 한 사람으로 꼽는 것에는 이런 배경들이 있었다.

SDI는 1991년 소련이 해체되면서 중단되었다. 이후 미국은 북한, 이란 등 '불량국가들(rogue states)'에 의한 제한적인 핵공격(limited nuclear strikes)으로부터 자신과 동맹국들을 보호하기 위하여 탄도미사일방어 (BMD) 계획을 추진했고, 그 결과 미 본토와 동맹국들에 다양한 미사일방어 체계들을 배치하고 있다. 한국군이 북핵에 대비하여 구축한 한국형미사일방어(KAMD)에 사용되는 패트리어트(PAC) 미사일이나 미국이 주한미군 보호 명목으로 한국에 배치한 사드(THAAD)도 이런 배경에서 개발된 요격무기들이다. 하지만 2017년부터 북한이 ICBM과 IRBM 능력을 본격적으로 과시하면서 미 본토 및 미국의 아시아 군사기지들을 공격할 수 있다는 위협을 가함에 따라 트럼프 대통령이 SDI 프로젝트의 부분적 부활을 검토하고 있는 것으로 보인다. 그렇게 된다면, 미국은 레이건 행정부 시절에 추진했던 레이저빔 장착 위성, 공중발사레이저 무기(ABL) 등 북한의 미사일을 발사단계에서 요격하는 수단(BPI: Boosting Phase Interceptor) 등을 다시 개발하게 될지도 모른다.

어쨌든 핵전투 전략의 등장과 함께 양산된 미국의 전술핵들은 1970년대에 유럽에만 수천 개에 달했으나, 미국과 소련이 500~5000km 사정거리를 가진 모든 핵무기를 폐기하기로 합의한 1987년 중거리핵폐기조약(INFT), 1991년 부시-고르바초프의 전술핵 철수, 1991년 소련연방 붕괴로 인한 핵표적 축소 등의 이유로 감소하여 현재는 독일, 이탈리아, 벨기에, 네덜란드, 터키 등 5개 NATO 회원국에 200개 미만의 공중발사 전술핵이 배치되어 있다. 이들 전술핵들은 미국이 소유권과 사용권을 가지되 현지국이 투발수단(항공기)을 제공하는 방식으로 공동 운용되고 있다. 미국이 국내에 가지고 있는 전술핵은 주로 토마호크(Tomahawk) 순항미사일에 장착되어 있다.

물론, 그동안 핵강국들이 보여 온 핵군축 노력과 성과도 간과해서는 안 된다. 이들이 성사시킨 핵군축으로는 남극에서의 군사적 활동을 금지한 남극조약(Antarctic Treaty: 1959), 우주공간에서의 무기배치 및 사용을 금지한 외계조약(Outer-Space Treaty: 1967), 대기권 및 해저에서의 핵실험을 금지한 부분핵실험금지조약(PTBT: 1963), 핵사고나 우발적 핵발사 시 상호 통보하기로 한 핵사고협정(Accidents Measures Agreement: 1971), 해상(海床)에서의 핵무기 배치를 금지한 해상조약(Sea-bed Arms Control Treaty: 1971), 지하핵실험의 규모를 150kt으로 제한한 핵실험규모제한조약(TTBT: 1974), 전략핵무기의 상한선을 정한 전략무기제한협정(SALT Ⅰ, SALT Ⅱ: 1972, 1979), 상호간 핵방어 노력을 제한한 요격미사일금지조약(ABMT: 1972), 사거리 500~5500km 핵미사일을 전면 폐기한 중거리핵폐기조약(INFT: 1987), 미국과 러시아가 전략핵무기의 추가적 감축에 합의한 전략핵감축조약(START: 1991)과 신전략핵감축조약(New START: 2010) 등 헤아리기 어려울 만큼 많다. 당연히, 핵무기비확산조약(NPT)도 그 과정에서 탄생한 이정표적 핵군축 조약이었다.

핵실험과 핵의 남북 갈등

세계 핵정치 무대에서 가장 많은 이슈들을 생산한 것은 핵의 남북 갈등이었고, 핵실험은 남북 갈등을 촉발한 원천이었다. 앞에서 기술했듯 프랑스와 중국이 PTBT를 거부하고 대기권 핵실험을 계속하는 등 핵실험을 둘러싼 선발 핵개발국과 후발 핵개발국 간의 북북 경쟁도 만만치 않게 전개되었지만, 핵실험은 엄청난 지구환경 파괴를 야기했기 때문에 비핵국들이 모든 핵국들을 싸잡아 비난하는 이유 중의 하나였다.

미국과 소련은 1963년 PTBT 체결 이전까지 대기권 핵실험을 실시했는데, 미국은 자국의 네바다 사막에서 핵실험을 하다가 나중에는 마샬군도, 에네웨타크 등 태평양의 섬들에서 핵실험을 실행했다. 국토가 협소한 영국은 호주의 사막과 태평양에서 핵실험을 실시했고, 미국과 합작으로 네바다 사막에서도 실시했다. 국제적인 원성이 높아지고 자국의 어민들에까지 피해가 미치자 미국, 소련, 영국 등 세 나라는 마침내 대기권 핵실험을 금지하는 PTBT를 체결했지만, PTBT를 거부한 프랑스와 중국은 대기권 핵실험을 계속했다. 프랑스는 초기동안 식민지인 알제리에서 핵실험을 실시했는데, 이것이 알제리의 독립운동을 격화시킨 한 요인이었다.

1962년 알제리가 독립한 이후 프랑스는 남태평양의 프랑스령 폴리네시아에서 핵실험을 이어갔다. 프랑스는 남태평양의 무루로아(Moruroa)와 팡가타우파(Fangataufa) 섬에서 44회의 대기권 핵실험을 포함한 160여 회의 핵실험을 강행하여 '남태평양의 진주'로 불리던 이 섬들을 유령의 땅으로 만들었고, 비핵국들의 원성과 그린피스(Green Peace)의 항의가 이어졌다. 프랑스는 호주와 뉴질랜드가 프랑스를 국제사법재판소에 제소한 1973년까지 대기권 핵실험을 계속했고, 중국도 1980년까지 대기권 핵실험을 실시했다.

필자가 중·고등학교에 다니던 1960년대 중국이 핵실험을 실시한 후 비가 오는 날이면 학생들은 우산을 쓰고 다녀야 했다. 대기권 핵실험은 1980년을 끝으로 종식되었지만, 지하핵실험은 1995년 포괄적 핵실험금지조약(CTBT)가 탄생할 때까지 이어졌고, 중국과 프랑스는

1996년까지 지하 핵실험을 강행했다.

2011년 말 현재까지 지구상에서 행해진 핵실험은 공식적으로 총 2083회이며, 1054회와 715회의 핵실험을 실시한 미국과 소련이 단연 선두다. 미국의 대기권 핵실험은 331회였고 소련은 221회였다. 이들 초강대국들은 핵무기의 성능개선, 안정성 확인, 새로운 핵무기 개발 등을 명분으로 원자탄·수소탄·중성자탄 등 각가지 핵무기들을 터뜨려왔다. 여타 핵국들도 핵실험의 원죄(原罪)로부터 결코 자유로울 수 없다. 프랑스와 영국도 각각 210회와 45회의 핵실험을 실시했고, 프랑스가 실시한 대기권 핵실험만 50회에 달한다. 중국 역시 23회의 대기권 핵실험을 포함하여 총 45회의 핵실험을 강행했다. 북한은 1998년 이후 유일하게 핵실험을 강행하고 있는 통뼈다.

BJR 국가들의 핵보유 전략

비핵국가들의 핵보유 욕망에 대한 핵국들의 견제와 이에 대한 비핵국들의 불만으로 점철된 '핵의 남북 갈등'을 거치면서도 그동안 일부 '남쪽' 국가들은 핵보유를 강행하여 '북쪽' 국가가 되는 데 성공했지만, 중도에 포기한 나라들도 많다. 1970년대 한국 박정희 정부의 핵개발은 미국의 압력으로 무산되었고, 대만 역시 1988년 미국 정보기관의 감독하에 비밀리에 추진해오던 핵개발 관련 시설들을 해체했다. 남아공은 일찍이 핵무기 개발에 성공했지만 이례적으로 고해성사(?)를 하고 스스로 핵무기를 내려놓은 경우이다. 남아공은 풍부한 우라늄 매장량을 자산 삼아 1950년대부터 비밀리에 핵무기를 개발하면서 NPT 가입을 거부했다. 하지만 만델라 정부의 등장이 임박했던 1991년 프레데리크 데 클레르크(Frederik de Klerk) 대통령이 이끄는 백인정부는 NPT에 가입하고 국제원자력기구(IAEA)의 사찰을 받아들였고, 1993년 3월 24일 데 클레르크 대통령은 6개의 핵무기를 해체했다고 공식 발표했다.

이라크와 리비아는 핵무기를 탐하다가 이런저런 한계에 부딪쳐 포기한 경우이다. 이라크는 핵무기 개발을 염두에 두고 오시라크(Osirak)에 원자로를 건설하고 있었으나, 1981년 이스라엘의 공군기들이 완공직전의 원자로를 파괴함으로써 중대한 좌절을 겪었다. 이후에도 독재자 후세인의 감독하에 핵개발을 시도했으나 제1·2차 걸프전쟁에서 패배하고 2006년 12월 후세인이 처형되면서 핵프로그램도 종말을 고했다. 리비아는 범(汎)아랍주의의 기치아래 군림해온 지도자 카다피의 주도아래 핵무기 및 화학무기의 개발을 시도했으나 서방의 경제제재와 고립에 시달린 끝에 2004년 미국과의 협상을 통해 모든 대량살상무기 프로그램을 해체했다. 카다피의 독재는 이후에도 지속되었다. 2011년 북아프리카에 재스민 혁명이 일어나면서 리비아는 내란에 휩싸였고, 카다피는 시민군에 사살되었다.

시리아도 대량살상무기를 욕심낸 많은 정황들을 남겼지만, 실제로 무기생산 수준에는 이르지 못했다. 시리아는 핵무기를 염두에 두고 2001년 알키바에 원자로로 보이는 시설을 건설하기 시작했으나, 가동을 몇 개월 앞둔 2007년 9월 6일 이스라엘 공군기의 공습으로 완파되었다. 국가생존을 위협하는 것이라면 가차 없이 처단하는 이스라엘도 못 말리는 나라이지만, 이후 시리아의 행동은 의문투성이였다. 시리아 정부는 이스라엘이 시리아의 주권을 침해하여 핵시설과 무관한 군사시설을 파괴했다고 주장하고는 불도저들을 동원하여 현장을 말끔히 치워버렸다. 핵시설이 아니었다고 주장하면서 스스로 증거물들을 제거해버린 것이다. 이후 미국 CIA가 공개한 동영상이나 구글(Google) 사이트에 공개된 위성사진을 보면 파괴된 시설은 북한의 영변 원자로와 규모와 구조가 흡사하여 북한의 협력 아래 건설해온 핵시설일 가능성이 높았다.

이란은 1970년대 팔레비 정권시절 비밀리에 핵무기 프로그램을 추진하다가 팔레비가 축출되면서 핵프로그램도 중단했다. 이란은 1980년대 이라크와 전쟁을 하면서 핵프로그램을 재가동했었지만, 이란의 핵개발이 세계적인 문제로 본격 재부상한 것은 2002년부터였다. 이란은 핵사찰을 거부한 채 넓은 국토의 곳곳에 방대하고 다양한 핵관련 시설들을 건설했고, 이로 인해 국제사회의 강력한 제재를 받았다. 그 과정에서 이란은 북한이 제공한 미사일들을 토대로 샤하브(Shahab) 미사일을 개발하는 등 핵 및 미사일 분야에서 북한과도 협력했다. 이란은 유엔안보리 상임이사국 5개국과 독일을 포함한 6개 국가와 오랜 협상 끝에 2015년 이란이 핵무기 개발을 포기하는 대신 농축활동 일부를 포함한 핵활동을 일정 부분 인정받은 '포괄적공동행동계획(JCPOA)'에 서명했으나, 2017년 취임한 트럼프 대통령이 합의에 대해 불만을 표출하면서 현재 미국과 이란의 관계는 다시 악화되고 있는 중이다.

여기에 비해, 인도, 이스라엘, 파키스탄 등은 이런저런 이유로 버스 문을 비집고 올라타는 데 성공한 국가들인데, 이들이 곧 BJR states(배째라 국가)들이다. 핵의 남북 갈등을 극복하고 핵보유국이 된 경우인데, 이들의 핵보유 경로는 매우 독특하다. 이스라엘의 핵보유는 '가치 교환' 모델에 해당한다. 이스라엘은 미국식 자유민주주의 체제를 가진 유일한 중동국가로서 미국적 가치를 전파하는 창구이며, 이스라엘이 네 차례의 중동전쟁을 승리로 이끌면서 중동의 강자로 부상하는 동안 미국 내 유태인들의 영향력도 급성장했다. 요컨대, 미국은 이스라엘이 가지는 전략적 가치를 누렸고, 이스라엘은 미국으로부터 핵보유 인정이라는 선물을 받았다. 서로의 가치를 인정하고 교환한 것이다.

필자는 인도의 핵보유는 '정면 돌파형' 또는 '제대한 아들 담배피우기 모델'로 명명했다. 아들은 중고생 시절에는 담배를 피우다가 아버지에게 들키면 혼이 나지만 군대를 다녀와 성인이 되면 정면 돌파를 시도한다. 성인이 된 아들 녀석들은 담배를 피우다가 아버지와 마주쳐도 담배를 끼워든 손을 등 뒤로 감출 뿐 담뱃불을 끄지 않는다. 필자의 아들도 그랬다.

인도도 그랬다. 1998년 인도가 NPT를 거부한 채 핵실험을 강행하자 국제사회는 인도의 핵보유를 인정하지 않고 인도와의 원자력 협력을 거부했다. 인도가 강대국으로 성장하면서 미국은 인도가 채찍으로 다스릴 수 있는 나라가 아님을 실감했고 대중(對中) 견제를 위해 인도를 자국 영향권으로 포용하고자 했다. 결국 2006년 3월 2일 부시 대통령이 인도를 방문하여 마모한 싱 총리와 함께 '미국-인도 핵협력 합의'에 서명했는데, 이로서 미국은 인도의 핵보유를 사실상 인정했고, 인도는 사실상의(de facto) 핵보유국에서 합법적인(de jure) 핵보유국으로 또는 서자(庶子) 핵보유국에서 적자(嫡子) 핵보유국으로 승격되었다. NPT를 거부하고 핵무장을 결행한 인도에 대해 NPT 질서의 관리자인 미국이 스스로 원칙을 포기하고 핵보유국으로 대접한 것에 이런저런 비난이 많았지만, 이는 미국이 세계전략상 상위 국익을 위해 비확산 원칙을 희생시킬 수 있는 나라임을 재확인시켜준 하나의 사례에 지나지 않는다. 미국으로서는 세계 판도가 미중(美中) 양극체제 시대로 바뀌는 상황에서 인도를 자신의 품으로 끌어넣는 것이 시급했다.

중국의 강대화에 비례하여 인도의 중요성은 더욱 커지고 있다. 2017년 출범한 트럼프 대통령은 전임 오바마 대통령의 '아시아로의 회귀 전략(Pivot to Aaia Strategy)' 또는 '재균형 전략(Rebalancing Strategy)'을 한 단계 더 발전시킨 '인도-태평양 전략(India-Pacific Strategy)'을 추구하고 있다.

재균형 전략이란 미국이 아시아의 동맹국 및 해양국가들과 협력하여 중국을 견제하는 전략인데, 인도-태평양 전략은 여기에 인도까지 포함시켜 중국을 견제하겠다는 구상이다. 일본은 미국의 이러한 구상에 100% 찬동하는 '찰떡궁합 동맹'을 과시하고 있지만, 한국의 문재인 정부는 중국을 의식하여 찬성도 반대도 표방하지 않는 어중간한 자세를 견지하고 있다. 이러한 자세가 한미(韓美)동맹의 미래에 어떤 영향을 미칠 것인지는 전문가들의 초미의 관심사가 되고 있다.

파키스탄은 '묻어가기형 모델'을 통해 핵보유를 관철했다. 인도와의 세 차례 전쟁에서 패배했던 파키스탄은 일찍부터 인도와 핵개발 경쟁을 벌여왔다. 1970년대 미국은 농축이나 재처리를 시도하는 나라에는 원조를 제공할 수 없도록 규정한 대외원조법(Symington and Glenn Amendment)에 따라 파키스탄에 대한 경제원조와 군사원조를 중단했으나, 1979년 소련의 아프가니스탄 침공 이후 단서조항을 이용하여 원조를 재개했다. 소련군에 저항하는 아프간 반군을 지원했던 미국에 있어 반군기지를 제공한 파키스탄의 역할은 절대적이었다.

1984년 파키스탄인의 핵물질 밀수 사건을 계기로 1985년 미 의회가 핵물질 밀수국에 대한 원조를 금지하도록 대외원조법(Solarz Amendment)을 제정했지만, 파키스탄에 대한 원조는 계속되었다. 2001년 9·11 사태가 발생하고 미국이 이라크와 아프가니스탄에서 '테러와의 전쟁'을 시작하자 미국은 또 다시 파키스탄의 협력이 필요했다. 파키스탄은 기지제공, 정보제공 등을 통해 협력했고, 파키스탄의 핵보유는 유야무야 기정사실화되었다. 파키스탄은 인도와 같은 강대국도 아니고 이스라엘과 같이 미국이 필요로 하는 가치를 가진 나라도 아니지만, 동서대결의 흐름 속에서 미국의 필요성에 부응해주면서 스스로의 핵보유를 기정사실로 만드는 데 성공했다. 하지만, 트럼프 대통령 취임 이후 미국이 파키스탄의 역할에 대해 불만을 터뜨리면서 양국 관계는 악화되고 있다.

북한은 이스라엘, 인도, 파키스탄 중 어느 모델에도 해당되지 않는다. 북한의 세습권력 체제와 인권부재의 수령독재 체제는 미국이 추구하는 가치에 정면으로 배치되어 '가치교환'이 불가능하고, 그렇다고 해서 북한이 정면 돌파를 택할 만큼의 강대국도 아니다. 파키스탄처럼 미국이 원하는 협력카드를 가진 것도 아니다. 북한의 경우는 '깡을 앞세운 막가파형' 모델이며, BJR 중의 BJR이다.

핵무기와 핵전략의 도덕성

예나 지금이나 핵세계는 조폭의 세계와 흡사하다. 똘마니들은 두목의 명령을 거부할 수 없고, 두목들이 승용차를 타고 다닐 때 걸어 다녀야 하며 두목이 차에서 내리면 도열해서 허리를 구부려야 한다. 조폭의 세계에서 똘마니가 두목 흉내를 내다가는 경을 친다. 핵세계에서도 핵강국들은 조무래기 나라들이 핵을 보유하겠다고 나서면 가만히 두지 않는다. 조폭은 경쟁파벌들과 경쟁하며, 두목들간에는 살벌한 세력경쟁이 벌어진다.

핵세계도 그렇다. 이들의 핵실험은 지구환경에 심각한 피해를 끼쳤고, 특히 핵세계의 두 거물인 미국과 소련이 펼친 핵전략은 전 세계와 온 인류를 볼모로 한 것이다. 상호확실파괴 전략이라는 것은 무언가 잘못되어 실패하는 순간 두 나라만이 아닌 지구 전체의 종말을 가져오는 것이었고, 핵전쟁도 싸워 이길 수 있다는 가정에서 펼쳐진 핵전투 전략은 확전을 차단하지 못하면 전 세계를 불바다로 만들 개연성을 안고 있다. 그래도 똘마니들은 두목들의 위험천만한 핵게임을 만류할 수 없었다.

실제로도 아찔한 순간들이 적지 않았다. 우선, 핵무기 분실 사고(Broken Arrow)의 사례들이 적지 않다. 1950년 2월 14일 알래스카에서 연습용 핵무기를 싣고 미국을 향해 날아가던 B-36 폭격기가 악천후를 만나 캐나다 서부해안에 추락했다. 승무원들은 핵무기 기밀을 보호하기 위해 비행기를 태평양 쪽으로 몰았고 브리티시컬럼비아(British Columbia)주(州)의 프린세스로열섬(Princess Royal Island) 부근 바다에 핵폭탄을 떨어뜨렸다. 이후 미국 정부는 부근을 샅샅이 뒤지지만 아무것도 발견하지 못했다. 1950년 11월에는 미 폭격기가 실수로 캐나다 퀘벡(Quebec) 주의 세인트로렌스(St. Lawrence)강에 연습용 핵폭탄을 투하한 적도 있었다. 이후에도 핵폭탄을 잃어버리거나 잘못 다루어 바다에 빠뜨리는 일은 여러 번 있었지만, 그래도 이런 것들은 약과였다.

정확한 통계는 알 수 없지만 컴퓨터나 기기가 오작동하여 상대국의 핵공격을 알리는 경보를 발한 경우가 수십 차례 있었던 것으로 알려지고 있다. 상대국의 핵공격 경보가 특정한 상황에 도달하면 자동적으로 대량보복용 핵무기를 발사하도록 하는 경보즉시발사(launch-on-warning) 시스템을 운용한다는 사실을 감안하면 모두가 아찔한 순간들이었다고 할 수 있다. 이 시스템은 상대국의 핵공격 시 시기를 놓치지 않고 반드시 응징하는 태세를 보여줌으로써 상대국의 핵공격 자체를 억제한다는 상호확실파괴 전략의 논리에 따른 것이다.

가장 아찔했던 사례는 1983년과 1995년에 발생했다. 1983년 9월 26일 모스크바 외곽의 핵전쟁사령부는 미국이 대륙간탄도탄 5기를 발사했다는 정보를 접수했지만, 담당자인 스타니슬라프 페트로프 중령은 미국이 핵전쟁을 시작하면서 미사일을 5발만 발사하지는 않을 것이라고 판단하고 조기경보체계의 오작동으로 여겨 상부에 보고하지 않았다. 수 시간 뒤 소련은 자신들의 조기경보위성이 잘못된 신호를 보낸 것을 알았다. 페트로프 중령은 이 일로 '지구를 구한 사람'이 되어 2013년에 드레스덴 평화상을 받았다.[4] 만약에 소련이 핵보복을 실행하고 미국이 그것을 소련의 전면 핵공격으로 알고 대응에 나섰다면 인류 문명은 종말을 고했을지도 모른다.

1995년 1월 25일에는 미국이 노르웨이의 한 섬에서 북극광을 연구하기 위해 블랙 브랜트(Black Brant) 7호라는 과학위성을 발사했는데, 러시아의 조기경보체계가 핵공격으로 오인하면서 러시아 핵미사일들이 발사상태로 돌입하는 사태가 벌어졌다. 당시 러시아는 1991년 소련연방 해체 후 극심한 경제난에 시달리던 시기였다. 소련 시절에는 조기경보를 위해 공중에 위성을 띄우고 외곽지대에 레이더 기지들을 설치했지만, 소련이 와해되고 외곽지대 나라들이 독립하면서 조기경보를 위성들에만 의존하고 있었다. 러시아군 당국이 자신들의 조기경보 시스템이 노후하다는 것을 알았기 때문에 오작동으로 판단하고 대응을 하지 않았기에 아무런 일도 일어나지 않았지만, 사실 이날 지구의 종말이 올 수도 있었다. 미국에서는 미국의 안전을 위해서 미국의 예산으로 러시아의 조기경보체계들을 개선해주자고 제안하는 웃지 못할 상황이 연출되었다.

이렇듯 강대국들의 핵실험이 지구환경을 파괴하고 핵관련 사고들

---

4. 동독의 도시인 드레스덴에서는 1989년 민주화를 요구하는 시민봉기가 일어났고, 이것이 베를린 장벽 붕괴와 독일통일에 결정적 역할을 했다. 드레스덴 평화상은 드레스덴 시민들의 자유와 민주주의를 향한 열정과 용기를 기리기 위해 2012년에 제정되었으며, 한국인으로는 김문수 전 경기도지사가 젊은 시절동안의 인권 및 민주주의를 위한 투쟁을 인정받아 2015년 드레스덴 인권평화상을 받았다.

이 인류의 생존을 위협함에 따라, 학계에서는 핵무기의 도덕성을 주제로 하는 연구가 진행되고 뜨거운 논쟁이 일어나게 되었다. 학계에서 무기의 도덕성을 따질 때 주로 사용하는 잣대는 '비례성 원칙'과 '차별성 원칙'이다. 비례성 원칙이란 수단은 목적에 비례해야 하기 때문에 닭을 잡는 데 소를 잡는 도끼를 사용하면 부도덕하다는 뜻이다. 차별성 원칙이란 살상을 행함에 있어 전투원과 민간인을 구분해야 하기에 불필요하게 민간인을 살상하는 무기는 도덕적일 수 없다는 뜻이다. 이 원칙들로 본다면, 핵무기는 결코 도덕적 정당성을 가질 수가 없다.

필자가 핵문제로 박사 논문을 준비하던 1980년대 후반 미국에서는 상호확실파괴 전략을 선호하는 사람들과 핵전투 전략을 선호하는 사람들간에 어느 쪽이 도덕적으로 우월한가를 놓고 뜨거운 논쟁이 전개되었다. 상호확실파괴 전략을 옹호하는 전문가들은 이 전략이 실패하면 지구 종말을 초래할 수 있지만 핵전쟁을 더 확실히 방지한다면 도덕적 명분이 있는 것이라고 주장했다. 핵전투 전략을 지지하는 전문가들은 "상호확실파괴 전략은 전 인류를 볼모로 삼는 것이니 어린애를 자동차 범퍼에 매달고 다니는 것과 같다"고 대응했고, 상대의 공격 규모에 맞추어 대응함으로써 인류 전체의 멸망을 피할 수 있고 부수적 피해도 줄일 수 있기 때문에 핵전투 전략이 더 도덕적이라고 맞섰다.

핵 도덕성 논쟁에 뛰어든 요한 2세 교황

이 도덕성 논쟁에서 핵전투 전략은 결국 패배했고, 심판관 역할을 한 것은 제56대 교황 고(故) 요한 2세(Pope John Paul II: 1978~2005)였다. 요한 2세는 바티칸에 핵문제를 연구하는 팀을 두고 핵무기의 위험성과 도덕성을 연구하도록 했고, 연구결과에 의거하여 '평화에 대한 도전: 하느님의 약속과 우리의 대응(The Challenge of Peace: God's Promise and Our Response)'이라는 제목으로 교황청의 입장을 발표했다. 요지는 "양쪽 다 나쁘지만 핵전투 전략이 더 나쁘다"라는 것이었다. 그것이 1983년 유엔과 주요국의 대통령들에게 전달된 유명한 '성직자의 편지(pastoral letter)'였다. 이 서한에서 요한 2세 교황은 "모든 핵무기는 부도덕하므로 궁극적으로 폐기되어야 한다"는 전제 하에 핵억제 전략은 "핵폐기로 가는 중간단계로만 수용한다"는 입장을 밝혔다. 그리고는 상호확실파괴 전략도 부도덕하지만 핵무기의 실제 사용을 전제하는 핵전투 전략은 더욱 부도덕하고 작은 핵전쟁이 큰 핵전쟁으로 확전되는 것을 막을 방법이 없기 때문에 더욱 위험하다는 입장을 내놓았다. 교황청의 서한은 핵무기와 핵전략을 놓고 벌어지던 도덕 논쟁을 주목하던 전문가들에게 적지 않은 영향을 주었고, 필자도 그 중 한 사람이었다.

그럼에도 독자들이 반드시 명심해야 할 것은 강대국의 핵전략이 상호확실파괴 전략에서 핵전투 전략으로 대체된 것이 아니라 지금도 서로 상충되는 두 전략이 위험스러운 동거(同居)를 계속하고 있다는 사실이다. 전략핵과 전술핵이라는 것도 개념상으로는 구분되지만 실제 구분이 없다는 점도 유념해야 한다. 핵무기가 생산될 때 '전략용' 또는 '전술용'이라는 꼬리표가 붙는 것이 아니며, 어떤 무기를 어디에 사용할 것인가 하는 것은 그야말로 '임자 마음대로'이다. 메가톤(Mt)

급 이상의 핵무기 생산을 자제하는 오늘날 그 경계는 더욱 모호해졌다. 이러한 동거가 얼마나 위험한지는 실제로 핵전쟁이 발발하기 전까지는 증명할 길이 없으며, 굳이 그것을 증명하지 않은 채 핵군사력을 운용하는 것이 핵강국들의 특권이다.

그럼에도 한국인에게는 더 먼저 명심해야 것이 있다. 핵무기가 부도덕하다고 해서 미국이 제공하는 핵우산의 효용성을 경시해서는 안 된다는 점이다. 북한이 핵을 포기하지 않고 한국을 협박하는 상황에서 그리고 중국과 러시아가 그런 북한을 두둔하면서 사실상 북·중·러 세 나라가 모두 핵보유국이 되어 한반도를 압박하는 상황에서, 미국의 핵무기와 핵우산이 한국의 생존을 돕는 결정적인 수단이라는 사실을 잊지 말아야 한다.

3장

박정희 핵개발에
뛰어들다

박정희 핵개발에
뛰어들다

지금까지 주한미군은 모두 다섯 차례에 걸쳐 철수 또는 감축을 단행했다. 1949년 6월 미국은 500여 명의 고문단을 남긴 채 모두 철수했고, 이듬해 1월 12일 애치슨 미 국무장관이 한반도를 포함하지 않는 방위선을 발표함으로써 한국전쟁이 촉발되었다. 그것이 '애치슨 라인'이다. 휴전 직후인 1954년 미군은 8만 5000명의 병력을 남기고 물러갔는데 이것이 두 번째의 철수였다. 세 번째 철군은 닉슨 독트린에 의거하여 1971년 미 제7사단이 철수한 것이며, 네 번째는 1977년 카터 대통령에 의해 시도되다가 미 의회 및 군부의 반발로 중단된 부분 철수였다. 1990년 미국은 미 국방부가 의회에 제출한 동아시아전략구상(East Asia Strategic Initiative I)에 의거하여 1만 5000명의 병력을 철수했는데 이것이 다섯 번째 철군이다. 그 후 북핵문제가 부상하고 아시아 경제의 중요성이 부각되면서 주한미군의 추가 감축은 중단되었고, 현재는 2만 8500명이 주둔하고 있다. 이 중에서 박정희 대통령이 핵무기 개발을 결행하게 만든 것은 두 번째 철수였지만, 미군 철수가 핵개발 원인의 전부는 아니었다. 박정희에게 있어 1960년대와 1970년대는 가난을 떨치고 일어나기 위해 몸부림을 친 시기였고, 북한의 무력도발로 온 나라가 뒤숭숭했던 시련의 시대였다. 박정희의 핵개발 시도는 시련의 시대를 마감하고 안보문제를 근원적으로 해결함으로써 세계 속에 우뚝 선 대한민국을 건설하기 위한 '기초 공사'였다.

박정희, 루르 탄광에서 통곡하다

박정희 장군이 최고 책임자로 부상한 1961년 한국은 경제력과 군사력에 있어 북한에 한참 뒤진 최빈국이자 최약소국이었다. 박정희로서는 가난을 딛고 일어서는 것이 급선무였지만, 대한민국은 자본도 기술도 경험도 없는 나라였다. 박정희는 우선 경제개발을 위한 종잣돈부터 마련해야 한다고 생각했다. 이와 관련한 가장 유명한 일화는 서독에서 경제차관을 빌려온 것으로 당시 박정희 대통령의 통역관으로 동행했던 백영훈 박사의 증언을 떠올리지 않을 수 없다. 듣고 또 들어도 매번 감동을 주는 증언이기 때문이다.[1]

---

1. 이 부분은 백영훈 박사가 2010년 9월 2일 서울 가락호텔에서 개최된 제481차 국제외교안보포럼에서 행한 특강 "21세기 한민족 시대 지도자의 비전과 사명"의 내용을 재정리한 것이다.

백영훈 박사에 따르면, 박정희 대통령이 자금지원을 기대했던 첫 대상은 미국이었다. 1961년 11월 미국을 방문한 박정희가 케네디 대통령에게 자금지원을 요청했지만, 5·16 자체를 탐탁지 않게 보던 케네디로부터 문전박대를 당했다. 한국에 돈을 빌려주면 군사쿠데타를 인정하는 모습이 되는 데다 박정희가 제시한 경제개발 계획도 대한민국이 이룰 수 없는 황당한 것으로 생각했기 때문이었다. 박정희는 일본도 생각해보았지만, 국교조차 없는 상태라 여의치 않았다. 그래서 생각한 것이 라인강의 기적을 이루어낸 서독이었다. 당시 서독은 제2차 세계대전 패전의 아픔을 딛고 연평균 8%의 경제성장을 기록하면서 신흥 경제대국으로 성장하고 있었다.

　　박정희는 1961년 11월 미국 방문에서 돌아오자마자 정래혁 상공부장관을 단장으로 하는 차관교섭단을 서독에 보냈고, 뉘른베르그 에를랑겐대에서 경제학 박사 학위를 받고 귀국한 백영훈 박사를 통역관으로 발탁했다. 사절단이 서독에 도착했지만, 서독의 고위관료 중 차관단을 만나주겠다고 나선 이는 한 사람도 없었다. 듣도 보도 못한 낙후한 나라에서 갑자기 찾아와 돈을 빌려달라고 하는데 어떻게 만나느냐라는 식이었다. 당시 서독의 경제장관은 2년뒤 총리가 된 에르하르트였다. 에르하르트 장관과 같은 대학을 나온 백영훈 박사는 대학 은사를 찾아갔고, 은사의 도움으로 어렵게 서독의 경제차관 및 에르하르트 장관과의 만남을 성사시킬 수 있었다. 그리하여 한국은 1억 5000만 마르크(당시 3000만 달러)의 상업차관을 빌리는 데 성공했다. 대한민국 정부 수립 후 최초의 상업차관이었다.

　　하지만, 큰 문제가 남았다. 서독의 돈을 가져오기 위해서는 은행의 지급보증이 필요했는데, 신인도가 없는 한국에 보증을 서 줄 은행이 없었다. 백영훈 박사는 대학에서 함께 공부했던 학생 중 서독 노동부에서 과장으로 근무하는 사람을 만났다. 그는 한국이 서독에 광부와 간호조무사를 보낼 수 있겠느냐고 제시했다. 서독의 탄광들은 너무 깊어 독일인들은 광부가 되는 것을 기피했고, 시체를 닦는 일을 해야 하는 간호조무사도 마찬가지였다. 그렇게 시작된 광부 및 간호조무사의 파독이었다.

실업율이 40%에 달했던 시절 한국에서보다 7~8배의 봉급을 받을 수 있다는 조건 때문에 지원자가 몰렸다. 많은 사람들이 광부경험이 없음에도 가짜로 광산취업증명서를 만들어 지원했다. 우여곡절을 거치면서 1977년까지 8000여 명의 광부와 1만여 명의 간호조무사가 서독으로 건너갔다. 이들이 받는 봉급은 모두 독일 코메르츠방크를 통해 한국에 송금되었는데, 이 은행이 보증을 서줌으로써 한국은 서독이 약속한 상업차관을 사용할 수 있게 되었다. 이들이 송금하는 연 5000만 달러는 한국의 경제성장을 위한 소중한 종잣돈이 되었다.

3년 후인 1964년 박정희 대통령은 다시 백영훈 박사를 대동하고 서독을 방문했다. 서독 뤼브케 대통령의 초청이었다. 하지만, 한국정부는 대통령이 타고 갈 비행기를 구하지 못했다. 미국의 노스웨스트사 항공기를 임대하기로 했지만, 미국 측에서 취소하는 바람에 난관에 부닥친 것이다. 이에 백 박사는 홀로 서독으로 가서 서독 정부와 교섭했고, 사정을 들은 서독 정부는 자신들의 비행기를 제공하겠다고 약속했다. 박 대통령은 서독이 보내준 비행기를 타고 방독에 나섰다. 이 무렵 독일인의 눈에 비친 한국의 입지는 많이 달라져 있었다.

헌신적으로 일하는 한국인 광부와 간호사들에 대한 신뢰감이 두텁게 형성되어 있었다. 박정희 일행은 서독 정부로부터 따뜻한 영접을 받았다. 왜 쿠데타를 했느냐고 묻는 에르하르트 총리에게 박정희는 "정권을 탐해서가 아니라 공산주의 국가들로부터의 위협을 물리치고 잘사는 대한민국으로 소생시키고 싶었다"고 답했다.

이 방문에서 박정희는 독일의 고속도로 아우토반를 보았고, 제철산업과 자동차산업의 중요성을 알았으며, 프랑스와 16번이나 전쟁을 치른 독일이 프랑스와 손을 잡은 것처럼 한국도 경제개발을 위해서는 일본과도 손을 잡아야 한다는 에르하르트 총리의 조언도 들었다. 박정희는 전쟁의 폐허를 딛고 일어선 서독을 보면서 결의를 다졌다. 서독은 담보가 필요없는 2억 5000만 마르크의 차관을 제공하겠다고 약속했다.

박 대통령이 한국인 광부들이 일하는 루르 탄광을 방문했을 때였다. 박 대통령과 육 여사가 단상에 오르고 광부들이 자발적으로 구성한 아마추어 밴드가 애국가를 연주했지만 아무도 애국가를 따라 부르지 못했다. 울음소리가 장내를 뒤덮었기 때문이었다. 박 대통령도 연설을 이어가지 못했다. "만리타향에서 이렇게 상봉하니 감개무량합니다." 그리고는 흐르는 눈물을 주체하지 못했다. 박 대통령은 옆에 있는 참모에게 말했다. "내 가슴에 피눈물이 납니다. 비록 우리 생전에는 이룩하지 못하더라도 후손들에게는 잘사는 나라를 물려줍시다. 열심히 합시다." 그리고는 '꺼억 꺼억' 울어버렸다. 이 모습을 본 서독 대통령도 함께 울었다. 박정희가 떠날 때 광부들은 차의 창문을 붙들고 '아이고, 아이고'하는 통곡으로 조국의 대통령을 배웅했다.

서독에 머무는 동안 박 대통령은 아우토반을 달리다 차를 세우고 내려 도로에 입을 맞추기도 했다. 한국에서도 기필코 고속도로를 건설하겠다는 다짐이었다. 박정희는 서독 방문을 통해 재확인한 자신의 의지를 그대로 실천에 옮겼다. 야당 정치인들의 격렬한 반대를 무릅쓰고 경부고속도로를 건설했고, 일본과의 국교정상화를 통해 받아낸 상업차관으로 포항제철을 세웠으며, 중화학공업을 일구었다.

북한의 도발과 가난을 극복하기 위한 몸부림

박정희 대통령이 가난을 딛고 일어서기 위해 안간힘을 쓰고 있던 중에도 휴전선에서는 북한군의 도발이 끊이지 않았다. 1960~1970년대 국민은 자고 나면 신문 일면을 장식하는 도발 소식에 가슴을 쓸어내리며 살아야 했다. 그중에서도 1960년대 후반에 자행된 북한군의 도발은 박정희로 하여금 중화학공업과 방위산업 육성에 전념하게 만든 직접적인 계기였다.

1968년 1월 21일 김신조를 위시한 북한군 124부대 소속 31명이 박정희 대통령을 시해하기 위해 청와대 부근까지 침투했다. 김신조는 당시 유일하게 생포된 게릴라였고, 지금은 목사가 되어 살고 있다. 이틀 뒤인 1월 23일 동해에서는 북한군이 미국의 정보수집함인 푸에블로호(號)를 납치했으며, 같은 해 11월 2일에는 북한군 무장공비 100여 명이 울진·삼척 지역에 침투하여 양민을 학살하면서 전국을 긴장의 도가니로 몰아넣었다.

1970년 6월 5일에는 서해에서 한국 해군의 방송선이 피랍되었고, 6월 22일에는 북한 특수부대원들이 현충일 행사에 참여하는 정부요인들을 암살하려다 현충문을 폭파하는 사태가 발생했다. 이런 와중에 발표된 미 닉슨 대통령의 '닉슨 독트린'에 한국인들의 가슴은 철렁 내려앉았다.

　　박정희 대통령이 핵개발을 시도했던 시기는 공식적으로 1972년부터 1975년까지로 알려져 있지만, 박정희는 일찍부터 다른 나라들의 사례를 보면서 나라를 지킬 궁극적 수단으로서의 핵무기의 효용성을 유념하고 있었다. 박 대통령은 프랑스의 드골 대통령이 미국의 견제를 뚫고 독자 핵무장을 강행했던 사례를 꼼꼼히 검토했다. 모든 정황들을 종합할 때, 핵 및 미사일 개발을 통한 박정희의 자주국방 의지는 1979년 10월 26일 김재규의 흉탄에 서거할 때까지 멈추지 않은 것으로 보는 것이 옳다. 1970년대 말에 핵연료개발공단을 설립하고 캐나다산 중수로 도입을 결정한 것은 박정희 대통령이 1975년 이후에도 핵개발 집념을 포기하지 않았음을 보여주는 증거라 할 수 있다.

　　이스라엘의 초대 수상 벤구리온이 이스라엘 건국 직전인 1945년 히로시마와 나가사키를 목도하고 적대국들에 둘러싸인 자신의 조국을 지키기 위해 핵무기를 만들겠다고 결심했듯, 박정희도 하루가 멀다 하고 자행되는 북한의 무력도발을 겪으면서 한국도 조만간 핵무기를 가져야 할 것으로 확신했다. 이런 박정희로 하여금 핵개발에 착수하도록 만든 직접적인 동기는 "아시아의 방위는 아시아인들 스스로 해결해야 한다"는 닉슨 독트린과 그에 따른 주한미군 제7사단의 철수 그리고 계속되는 북한의 도발이었다.

2010년 가을 어느날 필자는 구미에 있는 유수 방산(防産)업체로 정밀타격무기 체계, 감시정찰 체계, 지휘통신 체계 등을 만드는 LIG넥스원을 방문했다. 당시는 대통령 직속 국방선진화추진위원회의 군구조개선 소위원회 위원장 자격으로 군부대와 방산업체를 둘러보고 있던 중이었다. 가난했던 한국을 기억하는 필자로서는 넥스원이 만든 함대함 유도무기인 해성 미사일, 지대공 유도무기인 신궁과 천궁, 잠수함이 사용하는 청상어·백상어·홍상어, 넥스원이 개발 중인 첨단 레이더와 교전통제 체계 등을 둘러보면서 북받쳐 오르는 감격을 억누르기 힘들었다. 미군이 준 무기와 미군의 전쟁교리에 의존하여 6·25전쟁을 치렀던 대한민국이 어느 틈에 이토록 발전하여 첨단 유도무기들을 생산·수출하고 있으니 만감이 교차할 수밖에 없었다. 그러다가, 뜻밖의 장소에서 박정희라는 이름과 마주쳤다. 기업 연혁 브리핑에서 넥스원이 자주국방 의지에 불타던 박정희 대통령의 뜻에 따라 1976년 '금성정밀공업'이라는 이름으로 창립된 회사라는 사실을 알게 된 것이었다. 이후 금성정밀공업은 LG정밀, LG이노텍스 등으로 개명되었고, 2004년 LIG그룹이 LG그룹에서 분리되면서 LIG넥스원으로 재출발하여 오늘날 굴지의 방산업체로 성장했다.

중화학공업을 통해 방위산업 육성에 올인하다

대한민국에 있어 1960년대는 무척이나 암울했던 시기였다. 찢어지는 가난 속에 북한의 도발이 끊이지 않았다. 박정희는 북한 특수부대의 청와대 기습 시도, 울진·삼척 무장공비 침투 사건, 미 푸에블로호 납치 사건 등을 겪으면서 국민이 안심하고 경제발전에 애쓸 수 있는 방안에 부심했다. 1968년 김신조 일당의 청와대 기습 시도는 박정희 대통령에게 이대로 있어서는 안 된다는 강한 강박감을 심어 주었다. 그 직후 박정희는 한미간 국방장관회담을 정례화할 것을 요청했고, 제1차 연례 국방장관회담(SCM)에서 M-16 자동소총을 생산하는 군수공장을 한국에 유치한다는 합의를 끌어냄으로써 방위산업 시대를 열었다. 박정희 정부가 250만 명 규모의 예비군을 창설한 것도 그 직후인 1969년 2월이었다. 박정희 대통령은 "싸우면서 건설하자"를 좌우명으로 삼고 '부국강병(富國强兵)'을 외쳤다.

박정희는 현실을 직시했다. 가난하고 낙후한 한국이 혼자 힘으로 안보를 지켜낼 수 없음을 알고 한미동맹을 적극 활용했고, 그러면서도 중화학공업이 자주국방을 위한 전제이자 밑거름이라는 사실을 깨닫고 중화학공업 육성에 정열을 바쳤다. 또한, 외화 가득과 미국으로부터의 무기 및 기술 획득을 위해 베트남전 파병을 결심했으며, 1970년대에 들어가서는 자주국방을 실현하기 위한 포석들을 놓기 시작했다. 이런 맥락에서 보면, 현실주의적 안보관을 가졌던 박정희가 닉슨 독트린으로 동맹의 안보보장이 힘들어졌다고 판단하고 한국군 현대화를 위한 최대한의 협조를 미국에 요구한 것이나, 그것으로도 충분하지 않다는 판단하에 독자 핵무장을 준비한 것은 충분히 이해할만하다.

핵세계와 핵질서를 공부한 핵학도가 아닌 박정희 대통령은 미국이 그토록 심하게 반대할 것임을 예상하지 못했다. 미국의 압력으로 박정희의 핵개발은 좌초되었지만, 1978년 한미연합사(ROK-U.S. Combined Forces Command: CFC) 창설은 기왕에 핵보유가 좌절된 이상 한국의 안보를 보장할 가장 확실한 장치를 만들어야 하겠다는 박정희의 집념이 만들어낸 결과물이었다. 오늘날 한국의 좌파들은 연합사를 해체하지 못해 안달이지만, 연합사는 유사시 한미군이 함께 대응하는 체제로서 미군의 증원과 방위공약 이행을 가장 확실하게 보장하는 장치이다.

1973년 1월 12일 연두기자회견에서는 '중화학공업 정책 선언'이 발표되었다. 이 선언에는 전해인 1972년 10월에 선포된 유신체제의 정통성을 보강해줄 경제적 실적을 창출하기 위한 측면도 있었지만, 본질적으로는 한국의 산업구조와 수출지향형 산업화 전략을 더욱 증강하여 수출대국의 입지를 닦아나가면서 동시에 자주국방을 향한 방위산업을 일구겠다는 박정희의 의지가 담긴 것이었다. 경제안정과 성장에 관한 긴급조치(1972. 8.), 기업공개촉진법 제정(1972.12.), 조세감면규제법 개정(1974. 12.), 외자도입법 개정(1973. 3.), 수출산업설비금융규정(1973. 2), 국민투자기금법 제정(1973. 12.), 산업기지건설촉진법(1973. 12.), 중화학공업 추진을 위한 기업경영 시책(1973. 11.), 중화학공업추진위원회 설치(1973. 5.) 등 이 무렵에 마련된 관련 법제도 및 장치들은 헤아릴 수 없을 만큼 많다. 1970년대 박정희 대통령이 닦은 산업기반 위에 한국은 1980년대에 철강·조선·석유화학·자동차·전자 등의 분야에서 세계적인 경쟁력을 갖게 되었으며, 이것이 한국의 경제기적을 이루어낸 원동력이었음을 부인할 수 없다.

박정희의 계획은 크게 빗나가지 않았다. 박정희는 세계시장에서 당당히 싸울 수 있는 대기업을 육성했고, 이들 대기업들을 중심으로 중화학공업을 일구어 냈으며, 중화학공업을 기반으로 방위산업을 키워나갔다. 그 과정에서 돌출한 미국의 닉슨 독트린은 박정희의 자주국방 의지를 더욱 불타게 만들었을 뿐 아니라, 박정희의 핵개발 집념을 자극했다. 박정희는 1970년 4월 25일 '방위산업 추진에 관한 구상'을 발표했다. 민간업체의 산업능력을 최대한 활용하고 군 연구기관이 방위산업 사업들을 관리한다는 것이 골자였다. 같은 맥락에서 박정희는 '기계공업육성방안'도 발표했다. 이런 지침들에 따라 박정희는 대기업들에 방위산업 참여를 독려했고, 1970년 8월 6일 각군 산하에 흩어져 있던 군 연구기관들을 통합하여 국방과학연구소(ADD)를 설립했다. 이후 국방과학연구소는 박정희의 뜻에 따라 155mm곡사포·박격포·500MD 헬기·장갑차·실포탄 등의 생산에 착수했다. LIG넥스원은 이런 시대적 배경에서 박정희의 자주국방 노력이 만들어낸 산물이었다. 이후 대기업들이 방산기업들을 하나 둘 창설하기 시작했고, 오늘날 한국의 방산업체들은 항공기·잠수함·군함·미사일·탱크·장갑차 등 만들지 못하는 무기가 없을 정도로 다양한 무기체계들을 생산하고 있다.

드디어 핵개발에 뛰어들다

1968년 미국 대통령에 당선된 닉슨은 이듬해인 1969년 7월 25일 아시아인의 방위는 아시아인 스스로가 해결해야 한다는 취지의 닉슨 독트린을 발표하고 주한 미군의 제7사단과 제2사단을 철수하겠다는 계획을 발표했다. 미국은 국립묘지 현충문 폭파 사건이 터진 지 2주일만인 1970년 7월 제2사단의 철수 방침을 한국정부에 정식으로 통보했다. 북한의 도발이 극성을 부리던 시기 통보된 이 방침은 한국 국민을 오싹하게 만들었고, 박정희 대통령의 위기의식을 크게 자극했다. 미 정부의 일방적 통보에 박정희 정부는 '동맹조약 위배'라고 반발하면서 재고를 요구했지만, 수용되지 않았다.

1970년 박정희는 김학렬 당시 경제기획원장관에게 4대 핵공장을 건설할 것을 지시했다. 김학렬 장관은 중공업 육성이라는 위장 명분을 사용하면서 일본에 자금지원, 미국과 유럽에 기술지원을 요청했으나 이들 나라들이 선뜻 지원에 나서지 않았다. 박정희는 중화학공업 육성과 방위산업 육성을 동시에 추진하면서 핵개발을 염두에 둔 행보를 이어나갔고, 김정렴 비서실장과 오원철 경제수석을 핵심참모로 활용했다. 오원철은 1971년 11월부로 제2경제수석으로 임명되어 중화학공업과 방위산업을 동시에 관장하게 되었지만, 사실은 핵개발을 궁리하는 책임자가 된 것이다.

닉슨 대통령은 1971년 초 제7사단의 철수를 강행했다. 이후 워터게이트 사건(1972~1974)으로 탄핵위기에 몰려 대통령직에서 하야했고, 후임 제럴드 포드 행정부가 제2사단 철수 계획을 폐기하고 제7사단 철수에 대한 대가로 군사원조 제공, 연례안보협의회(한미 국방장관 회담) 개최, 방위산업 지원 등을 약속했지만, 박정희는 1972년부터 비밀리에 핵무기 개발에 착수한 상태였다. 미사일 개발도 병행했다. 가난한 나라의 지도자 박정희가 안보불안을 근본적으로 해소하기 위해 넘어야 할 수 많은 산들과 건너야 할 수 많은 계곡들이 도사리는 핵세계로 뛰어든 것이었다.

닉슨 독트린과 미 제7사단 철수에 이은 1973년 미군의 베트남 철수 및 이후의 베트남 공산화는 박정희 대통령으로 하여금 동맹에 대한 신뢰를 잃게 했고 핵개발 의지를 더욱 불타게 만들었다. 1970년대 오일쇼크, 1974년 문세광의 총격에 의한 육영수 여사 서거 사건, 미국의 무상군사원조가 아니면 국방비를 꾸릴 수도 없었던 재정상태 등 수많은 장애물들이 있었지만, 박정희의 핵개발 야심을 좌절시키지는 못했다. 박정희는 대대적인 과학육성 정책과 함께 한국과학기술연구소(KIST), 국방과학연구소(ADD) 등 국내 연구기관들을 동원해 핵무기 기술을 확보하기 위한 극비 프로젝트를 가동했다. 플루토늄 획득을 위한 재처리 기술 확보를 위해 비밀스럽게 국내 연구역량을 취합하고 해외에 있는 한국인 두뇌들을 국내로 불러들였다.

한국정부는 재처리 기술 확보를 위해 1972년부터 최형섭 당시 과학기술처 장관을 앞세워 프랑스와 협상을 벌였다. 1974년 4월 12일 프랑스의 국영 재처리 회사인 SGN(Saint Gobin Nouvelles)과 한국원자력연구소 사이에 '핵연료 재처리 공장 설계 및 기술용역 도입계약'이 체결되었고, 한국 정부는 즉시 승인했다. 동년 9월 22일에는 한국, 프랑스 그리고 국제원자력기구(IAEA) 등 3자 간에 안전조치협정도 체결되었다. 이는 추후 건설될 재처리 시설이 핵무기비확산조약(NPT)이 규정하는 핵사찰 의무를 준수하고, 향후 한국이 프랑스가 건설해주는 재처리 시설과 동일한 시설을 건설하지 않는다는 약속이었다. 1975년 1월 15일에는 한국원자력연구소와 프랑스의 핵연료

시험제조회사(CERCA)간에 핵연료 제조장비 및 기술도입 계약이 체결되었다.

프랑스의 지원으로 재처리 시설을 건설하려 했던 사실에 비추어 박정희가 제1세대 핵무기인 원자탄 중에서 일단 플루토늄탄을 시도했음을 짐작할 수 있다. 제2장에서 설명한 대로 원자탄은 플루토늄으로도 만들 수 있고 고농축우라늄으로도 만들 수 있는데, 이 중에서 플루토늄 쪽을 먼저 시도한 것이다. 하지만, 세계의 핵보유국들 중 플루토늄탄과 우라늄탄 어느 한 가지만 보유하는 경우는 없다. 모든 중국음식점이 자장면도 팔고 짬뽕도 팔듯, 핵보유국이라면 성격과 관리방법이 다른 두 가지 원자탄 모두를 추구하는 것이 당연하다.

박정희도 예외는 아니었다. 1974년 박정희는 국내 우라늄광을 찾도록 지시했고, 당시 국립지질광물연구소는 충북 괴산 지역에 우라늄이 매장되어 있음을 밝혔다. 하지만, 품위(원광 1t당 우라늄 함량)가 0.048로 경제성이 부족했다. 세계적으로는 0.1 이상이어야 경제성을 인정받으며, 일본은 0.05 이상이 되어야 채굴을 허가한다. 우라늄 탐사 노력은 1980년대에도 이어져서 대전-옥천-보은-금산 일대에 1억t 가량의 우라늄이 매장된 것으로 추정되었으나, 역시 품위가 0.035 이어서 개발이 이루어지지 않았다.

앞장에서 설명한 대로 우라늄은 원자로의 연료로 쓰이며 원자로에서 타고 난 폐연료봉으로부터 플루토늄을 분리해낼 수 있다. 즉, 플루토늄도 우라늄에서 만들어진다. 한국은 미국, 호주, 캐나다 등에서 우라늄을 수입해 사용하지만, 사찰대상이어서 평화용 이외의 용처로 사용하기가 어렵다. 때문에 박정희 대통령도 자유롭게 핵무기를 만들기 위해서는 자국산 우라늄이 필요하다고 판단했을 것이다. 자국산 우라늄으로 농축과정만 거치면 곧바로 핵무기의 원료를 만들 수 있기 때문에 우라늄탄을 만드는 경로가 플루토늄탄에 비해 짧고 간편하다. 어쨌든 한국산 우라늄을 생산하고자 하는 박정희의 야심은 좌절되었다.

첫 국산미사일 발사 성공에 눈시울을 붉히다

핵폭탄의 주요 투발수단인 미사일 개발도 극비리에 진행되었다. 핵폭탄과 미사일은 바늘과 실 같은 존재다. 아무리 좋은 실이 있어도 바늘에 꿰어져야 바느질을 할 수 있듯, 핵폭탄은 미사일이든 항공기든 투발수단에 탑재되어야 핵무기가 된다. 박정희가 최초로 사정거리 200km의 국산 탄도미사일 개발을 계획한 것은 1971년 12월이었고, 국방과학연구소에 지대지 미사일 개발을 지시한 것은 1973년 4월이었다. 1976년 말까지 장거리 지대지 미사일을 개발하라는 비밀 명령이었다. 1974년에는 '대전기계창'이라는 위장 명칭을 단 유도탄 연구소를 세웠다. 겨우 소총을 만들기 시작한 국방과학연구소에는 비상이 걸렸고, 허둥지둥 재미 과학자들을 합류시키고 해외두뇌 유치도 서둘렀다. 미사일 기술을 배우기 위해 미국 군수업체 맥도넬 더글러스사(1997년 보잉사에 합병)와 교섭을 시작했다. 기술기반이라고는 아무 것도 없는 상태에서 대통령의 명령을 수행해야 했기 때문에 허둥댈 수밖에 없었다.

국방과학연구소는 미국의 전투기 제작업체인 노스롭사(Northrop, 현 노스롭 그루만), 맥도넬 더글러스사 등에 연수생들을 보냈다. 미사일 관련 기술을 배우기 위해서였다. 자동차 하청업체를 통해 미사일 날개를 만들었고, 로켓엔진을 실험하다가 산불도 냈다. 박정희 정부는 처음엔 하푼 미사일을 구입하려 했으나, 미국이 판매를 거부함에 따라 제3국 미사일을 물색, 프랑스제 엑조세로 가닥을 잡았다. 프랑스는 엑조세를 판매하는 대가로 한국이 프랑스제 에어버스(A-300) 여객기를 구매할 것을 요구했는데, 이 기종은 오늘날에도 대한항공의 국내선 여객기로 사용되고 있다.

그렇게 해서 만든 시제품을 100여 명의 참여 연구원들이 보는 앞에서 시험 발사했지만 실패하고 말았다. 연구진은 좌절하지 않았다. 1978년 9월 26일 국방과학연구소는 충남 안흥 해변에서 자체 개발한 '백곰(NHK-1)'으로 명명된 미사일을 시험 발사했다. 미국제 미사일 나이키 허큘러스(NH)를 모방한 것이었다. 2단 고체연료를 사용하고 관성항법 유도장치를 장착한 사거리 200km의 지대지 미사일이었다. 박정희 대통령은 긴장한 얼굴로 시험발사를 참관했다. 백곰 미사일은 시원하게 창공을 가르면서 날아올랐고 잠시 후 군산 앞바다에 설치된 표적에 명중했다는 소식이 전해졌다. 숨죽이며 지켜보던 연구원들은 얼싸안고 울었고, 박정희 대통령도 손수건을 꺼내 눈물을 닦았다. 대한민국이 세계 일곱 번째로 지대지 미사일을 생산하는 나라가 되는 순간이었다. 주변 사람들은 박정희 대통령이 그때만큼 자부심이 가득한 얼굴 표정을 지은 적이 없었다고 했다.

한국은 미사일 개발 과정에서도 많은 장애물들을 만나야 했다. 한국의 미사일 개발을 눈치챈 미국이 압박을 가중시켰고, 유럽국가들로부터 미사일 기술을 도입하려는 시도를 훼방했으며, 백곰 미사일에 핵탄두를 탑재하려는 박정희의 의도를 간파했다. 미국은 백곰 미사일 발사 성공을 전후로 하는 시기에 존 워컴 주한미군 사령관을 통해 탄도미사일 개발을 중단하라고 종용했고, 한국정부에 권고서한까지 보냈다. 미국의 압박을 견디지 못한 한국정부는 1979년 7월 노재현 국방장관이 워컴 사령관에게 "한국 미사일의 사정거리를 180km 이내로 제한하겠다"는 내용의 서한을 보내는 방식으로 미사일 개발의 자율규제를 약속했다. 180km로 정한 것은 서해 공해상과 휴전선에서 평양을 공격할 수 있는 거리였기 때문이었다. 그것이 두고 두고 한국의 미사일 주권을 제약해온 최초의 '한미 미사일각서(ROK-U.S. Missile Accord)'였다.

이 각서는 2001년 김대중 정부동안 개정되어 사정거리가 300km로 연장되고 2012년 이명박 정부에 이르러 재개정을 통해 사정거리 800km를 확보했으나 탄두중량은 여전히 500kg으로 제한되어 있었다. 2017년 11월 7일 서울에서 열린 문재인-트럼프 정상회담에서 탄두중량이 해제됨으로써 한국은 보다 강력한 대북억제용 미사일을 생산할 수 있는 길이 열렸지만, 미사일 개발과 우주개발에 대한 제약은 아직도 완전히 풀리지 않았으며 북한과의 엄청난 미사일 격차는 그대로 남아 있다. 1980년대부터 본격적인 미사일 개발에 착수하여 중거리탄도탄(IRBM), 대륙간탄도탄(ICBM), 잠수함발사탄도미사일(SLBM) 등을 보유, 미사일 강대국으로 등장한 북한에 비하면 한국의 탄도미사일 실력은 20년 정도 뒤떨어진 상태이다. 박정희 대통령이 추진했던 미사일 사업이 중단없이 지속되었다면 그러한 격차는 존재하지 않을 것이다.

미국의 압력으로 핵개발을 접다

미국은 한국이 재처리 시설을 확보하기 위해 프랑스와 협상한 사실을 알아차리고 압박을 가했다. 1975년에는 공개적으로 청와대에 핵개발 문제를 거론하면서 외교적 공세를 폈다. 리처드 스나이더 (Richard Sneider) 주한 미 대사와 필립 하비브(Philip Habib) 국무부 차관보는 한국이 핵개발을 중단하지 않으면 기술정보, 기술연수, 관련 융자 등을 전면 취소할 것이며 한국의 원자력발전소 건설과 관련한 지지를 철회하겠다고 위협했고, 나중에는 한국이 핵개발을 강행하면 핵우산을 철회하고 한미관계를 전면 재검토하겠다고 윽박질렀다.

박정희 대통령은 1975년 6월 12일자 워싱턴포스트지(紙)와의 인터뷰에서 "한국은 핵무기 능력을 가지고 있지만 당장은 개발하지 않는다"라고 말함으로써 미국의 압력을 회피해보려 했지만, 미국의 압력은 막무가내였다. 1975년 8월 스나이더 대사는 최형섭 과기처 장관에게 "재처리 시설을 포기하지 않으면 한미 원자력협력도 군사원조도 없다"고 위협하기에 이르렀다. 미국은 프랑스에 대해서도 압력을 가했고, 1976년 1월 26일 프랑스는 자국의 기술로 한국에 재처리 시설을 건립하기로 한 계약을 취소했다. 결국, 1975년 8월 27일 박정희 대통령은 방한한 제임스 슐레진저(James Schlesinger) 미 국방장관과의 회담을 통해 핵개발 포기를 전달하게 된다. 이 회담에서 슐레진 저 국방장관은 한국에 대한 변함없는 지지를 표명한 제럴드 포드 대통령의 약속을 전달하고, 박정희 대통령은 핵무기 개발을 포기한다는 비밀각서를 미국에 전달하게 된다. 따라서, 적어도 한미 간의 공식문서 상으로는 박정희의 핵개발은 1975년도에 종말을 고한 것으로 되어 있다.

하지만 1975년 이후에도 박정희 대통령이 핵개발에 대한 미련을 버리지 않았던 징후들은 곳곳에서 포착된다. 1976년 미국 대선에서 당선된 지미 카터 대통령이 취임과 함께 1982년 7월까지 한국에서 모든 지상군을 철수하고 공군과 해군만 잔류시키는 3단계 철수계획을 발표했다. 이 결정은 집행되는 과정에서 한국의 반발은 물론 미 의회와 국방부의 반대에 직면했으며, 1977년 당시 주한미군사령관 참모장이었던 싱글러브 소장은 강한 반대의사를 표방했다가 강제 예편을 당했다. 한국의 반발과 미 군부의 반대는 카터의 철수계획을 중단시켰고, 1979년 카터 대통령의 방한과 함께 백지화되었으며, 그 직전인 1978년에는 한미연합사가 창설되었다.

카터 대통령의 미군 철수 계획은 1975년 핵개발 포기 각서 이후에도 핵개발에 대한 미련을 접지 않고 있던 박정희의 마음을 다시 뜨겁게 달구었다. 박정희 대통령은 1977년 국방부 초도순시를 마치고 돌아와서 최측근들에게 "1980년까지 핵무기 개발과 함께 전투기와 고도전자무기를 제외한 모든 무기들의 국산화와 양산화를 이룩하라"고 엄명했다. 그런가 하면, 최측근들에게 "1981년 10월 1일 국군의 날 기념식 때 핵무기를 공개하고 은퇴를 선언할 것"이라는 말을 1979년까지 계속했던 것으로 알려지고 있다. 1979년 서거 직전에 박정희 대통령이 농축용 우라늄 분말인 옐로케이크를 보관하고 있었다는 설도 있다. 어쨌든, 박정희 대통령은 최후까지 재처리와 농축이라는 두 가지 핵개발 경로를 모두 염두에 두고 있었던 것으로 보인다. 때문에 1975년 한국이 미국에 '핵개발 포기 각서'를 써준 이후에도 그리고 1978년 미국이 안보 보장을 더욱 확실하게 해달라는 한국의 요구를 수용하여 한미연합사가 창설된 이후에도 박정희의 핵집념은 여전히 살아있었던 것으로 보는 것이 옳다.

1976년 12월 1일 설립된 핵연료개발공단은 박정희의 핵개발 집념이 1975년 이후에도 지속되었음을 나타내는 또 하나의 증거였다. 이 회사는 박정희의 명령으로 플루토늄 생산을 염두에 두고 설립되었다. 앞 장에서 설명한대로 제1세대 핵폭탄에는 플루토늄탄과 우라늄 탄이 있지만, 핵무기 개발을 상당기간 동안 비밀에 부쳐야 하는 약소 국의 경우 플루토늄탄을 먼저 시도하기가 쉽다. 우라늄탄의 원료인 고농축우라늄을 얻기 위해서는 농축 과정만 거치면 되기 때문에 핵 무기 생산경로가 비교적 간편하다. 하지만 농축공장을 지어서 3~5% 이상의 농축, 그러니까 경수로 원자로에 연료로 사용할 수 있는 수준 의 농축도를 넘는 농축활동을 한 것이 알려지는 순간 군사용 시설이 라는 사실이 명백해진다. 이에 비해, 플루토늄을 얻기 위해서는 일단 농축된 우라늄을 원자로에서 연소시켜야 하고 연소된 폐연료봉을 다 시 재처리 공장에 보내 화학처리 방식에 의해 플루토늄을 분리해내 야 한다. 즉, 핵폭탄 제조공정이 길고 복잡하다고 할 수 있다. 그럼에 도 우라늄 연료를 원자로에 연소시키는 과정, 폐연료봉을 수거하는 과정, 재처리를 통해 고준위방사능 폐기물을 감축하는 과정 등은 원자력을 평화적으로 사용하는 과정과 중복되기 때문에 핵무기 사업을 은폐하기가 용이하고 의혹이 발각되더라도 변명할 구실이 많다. 박정희 정부가 플루토늄탄을 먼저 시도하기로 결정한 배경에도 이런 이유가 있었을 것이며, 그래서 1974년 프랑스와 재처리 시설 건설계약을 체결할 때에도 국제원자력기구(IAEA)의 사찰을 수용하겠다는 핵안전조치협정(Nuclear safeguard Agreement)에도 서명했었다.

미국은 한국의 재처리 시설 도입에 의혹의 눈길을 쏟았다. 재처리 공장은 양면성을 가진 시설이다. 타고 난 폐연료봉을 재처리하여 방사성폐기물을 감축하여 친환경적으로 처리하는 것과 일차 연소에서 타다 남은 우라늄을 수거하여 다시 핵연료로 사용하는 자원재활용 등은 재처리가 가지는 평화적 용도이며, 그 과정에서 플루토늄을 추출하는 것은 핵무기를 만들기 위한 군사적 용도이다. 한국은 당연히 재처리를 통해 우라늄 자원을 재활용하고 폐연료를 친환경적으로 처리하려 한다고 주장했지만, 미국은 한국이 수거된 잔여 우라늄으로 핵연료로 만들 수 있는 시설을 가지고 있지 않았기 때문에 의혹의 시선을 보내고 있었다. 이 의혹을 따돌리기 위해서는 핵연료봉 제조시설을 갖추는 것이 필요했고, 추후 건설될 경수로와 중수로를 가동하기 위해서라도 그럴 필요가 있었다. 즉, 핵연료봉을 수입하기보다는 우라늄을 들여와서 연료봉이라도 국내에서 제조하는 것이 외화절약이나 에너지 안보를 위해서도 유리했다. 중수로 가동을 통해 고순도 플루토늄을 생산하기 위해서는 더욱 그랬다.

문제는 플루토늄을 생산하기 위해서는 반드시 국내에서 폐연료봉을 처리할 수 있어야 한다는 사실이었다. 이를 정당화하기 위해서는 폐연료봉에서 잔여 우라늄을 수거하기 위해 재처리 시설이 필요하다는 논리를 앞세워야 했고, 수거된 우라늄으로 다시 핵연료봉을 만드는 시설도 필요했던 것이다. 박정희 대통령은 정확하게 이런 수순들을 밟아나가고 있었고, 그래서 1974년 프랑스와 재처리 공장 건설을 위한 계약을 체결한 데 이어 1975년 초에 핵연료 제조시설 건설을 위한 계약도 체결한 것이다. 한국핵연료공단의 설립은 한국정부가 미국에 핵개발 포기 각서를 써주기 이전에 시작된 사업이었지만, 포기 각서 이후에 출범한 회사이다. 박정희는 핵개발 포기 각서 이후에도 미래의 핵보유 대한민국에 대한 미련을 접지 않았고, 박정희의 야심은 숨이 멎을 때까지 지속되었다.

경상북도 경주에 있는 월성 원자력발전소는 한국정부가 오원철 당시 제2경제수석을 앞세워 캐나다와 협상을 벌인 결과물이었고, 박정희의 사그라들지 않은 핵집념을 의미하는 또 하나의 증거물이다. 현재 월성단지 내에는 6기의 상업용 원전이 가동되고 있는데, 1·2·3·4호기는 캐나다가 개발한 캔두형 가압중수로이다. 발전용량이 68만kW인 1호기는 1977년에 착공되어 1983년에 기동을 시작했다. 2·3·4호기는 모두 발전용량 70만kW급으로 1990년대에 가동되었다. 박정희 정부는 월성1호기 건설을 위해 1973년에 타당성 조사를 마쳤고, 1975년 1월에 캐나다원자력공사(AECL)를 계약자로 선정했다. 중수로는 미국형 경수로와는 달리 농축되지 않은 우라늄을 연료로 사용하며 배출되는 사용후핵연료의 양이 많고 그것을 재처리하면 많은 양의 고순도 플루토늄을 얻을 수 있다. 말하자면, 경수로에 비해 플루토늄 핵무기를 생산하는 데 매우 유리한 원자로인 것이다. 미국이 감기에 걸리면 한국이 재치기를 해야 하는 시대에, 그리고 미국이 한국의 핵개발 시도에 대해 엄청난 압박을 가하고 있던 시기에 박정희 대통령은 먼 장래를 내다보면서 중수로 도입을 강행했던 것이다.

박정희의 지칠 줄 모르는 핵개발 의지를 눈치챈 미국의 카터 대통령은 박정희 서거 직전까지 신경전을 이어갔고, 이 신경전은 1979년 카터 대통령의 방한 때 절정으로 치달았다. 당시 카터 행정부는 한국이 건설하려는 중수로가 핵개발을 염두에 둔 것이라는 의구심을 품고 있었다. 이를 항의하기 위해 카터 대통령은 방한기간 동안 한국정부가 마련한 숙소를 거부하고 미군부대에서 머물렀으며 야당 정치인들을 만나기도 했다. 카터의 방한 4개월 뒤 박정희 대통령은 김재규 중앙정보부장의 흉탄에 서거했고, 박정희의 핵개발은 역사의 강물 속으로 떠내려갔다. 미사일 개발사업도 중단되었다.

그러는 중에도 한반도의 북쪽에서 진행되는 핵개발 사업은 결코 중단된 적이 없다. 그때까지 북한의 핵문제가 수면 위로 올라오지는 않았지만 김일성의 원대한 핵보유 계획은 영변에 건설되는 핵연구단지를 중심으로 줄기차게 진행되고 있었다. 그 결과 오늘날 북한은 여섯 차례의 핵실험을 통해 원자탄·수소탄·증폭분열탄 등을 과시한 세계 아홉 번째의 핵보유국으로 자리매김되었고, 남북 간에는 '핵보유국 대 비핵국'이라는 현격한 비대칭 관계가 존재하게 되었다. 박정희의 핵개발 사업이 중단없이 지속되었더라면 이런 격차는 존재하지 않을 것이다.

전두환, 핵·미사일 사업을 해체하다

한국이 백곰 미사일 시험발사에 성공하고 한달 후 10·26 사태가 터졌다. 박정희 대통령이 김재규의 흉탄에 서거한 것이다. 김재규의 박정희 시해 동기에 대해서는 이런 저런 말들이 많았지만 아무 것도 밝혀지지 않았다. 김재규와 차지철 경호실장 간의 불화가 문제였다는 설도 있고, 미국이 핵개발 미련을 버리지 않는 박정희를 제거하기 위해 김재규를 사주했다는 설도 있었지만 미국은 이런 의혹을 전면 부인했다. 어쨌든 박정희 대통령의 서거로 대한민국의 핵개발 스토리는 종말을 고했다. 김재규는 체포되어 재판을 받으면서 "유신의 심장을 쏘았다"라고 말했지만, 실제로는 '핵개발의 심장'을 쏜 것이다. 이후 한국은 정치폭풍 속으로 빨려 들어가게 되고, 우여곡절 속에 탄생한 전두환 정부는 모든 핵개발 및 미사일 개발 관련 사업들을 폐지하고 관련 인력들을 해산해버렸다. 말하자면, 박정희의 서거와 함께 종말을 고한 핵미사일 개발 사업이 전두환 신군부에 의해 확인 사살을 당한 것이다.

전두환은 로널드 레이건 미 대통령의 공식 초청으로 1981년 1월 28일부터 11일 동안 미국을 방문했다. 정상회담을 통해 레이건 대통령은 주한미군 철수 계획을 백지화했고, 이후 전두환 정부는 박정희가 추진해오던 핵개발 사업을 전면 중단하고 국방과학연구소의 미사일 사업도 해체했다. 1982년 말 국방과학연구소의 전 직원에게 사표를 내게 하고는 800여 명을 해고했다. 전직원의 3분의 1을 잘라낸 것이다. 이와 함께, '핵' 또는 '원자력'이라는 명칭에 대한 씨말리기 작업이 진행되었다. 1959년 설립된 한국원자력연구소(KAERI)는 '한국 에너지연구소'로 개칭되었고 한국핵연료도 '한국원전원료'로 이름이 바뀌었다. 군에서의 화생방(火生放) 관련 조직이나 훈련도 '화생방(火生 防)'으로 바뀌었다. 한국원자력연구소는 1989년에 가서야 원래의 이 름을 되찾았다.

추측컨대, 박정희 대통령의 서거 이후 군사정변과 광주사태를 거 치고 통일주체국민회의의 간접선거를 통해 대통령이 된 전두환으로 서는 미국으로부터 정권의 정당성을 인정받는 것이 무엇보다 시급했 을 것이다. 레이건 대통령이 주한미군 철수계획을 백지화하고 전두 환 정부를 파트너로 인정해주는 대가로 한국이 철저하게 핵개발을 포 기하도록 강요했을 것으로, 그리고 전두환이 그러한 요구에 순응한 것으로 보는 것은 일종의 합리적 추론이다. 미사일 사업이 부활된 것 은 1983년 미얀마 아웅산 테러사건 이후였다. 전두환 대통령은 이 사 태를 겪으면서 북한이 두려워할 강력한 미사일이 필요하다고 생각했 고, 국방과학연구소는 다시 연구원들을 채용하여 미사일 사업을 재 개했다. 그리하여 오늘날 '현무' 시리즈로 불리는 미사일들이 탄생 할 수 있었다.

다시 박정희의 핵개발을 회상한다

박정희에게 있어 핵개발은 가난하고 취약한 한국을 북한의 위협으 로부터 확실하게 지키기 위한 궁극 처방이었고, 그 과정에서 그는 국가 지도자로서의 사명감과 애국심 그리고 집념과 불굴의 의지를 보여주었다. 흉탄에 쓰러져 죽는 순간까지 그랬다. 아쉬웠던 것은 핵무장이라는 목표가 당시의 핵질서 구도하에서 가능하지 않다는 점을 내다보지 못했던 점이다. 만약 필자가 당시에 박정희 대통령을 보필하는 자리에 있었다면 핵무기 보유는 자제하되 농축과 재처리는 반드시 확보해야 한다고 간언했을 것이다. 즉, 군사적 핵주권을 보류하고 '평화적 핵주권'을 확보해야 한다고 건의했을 것이다.

필자는 핵학도로서 '조폭의 질서'와 다름없이 살벌한 핵세계의 질서를 배웠고, 1974년 인도의 첫 핵실험 이후 미국의 반확산 정책이 강경해지는 과정을 목도했다. 이후에도 이라크, 북한, 이란 등이 차례로 핵개발 의혹을 뿌리면서 미국의 반확산 기조가 더욱 강경해지는 과정도 확인했었다. 물론, 한국이 동맹 없이도 생존하고 번영할 수 있는 나라라면 이야기는 많이 달라지겠지만, 동맹을 잃으면 모든 것을 잃는 것이나 다름이 없는 처지에서 동맹 자체를 포기해야 가능한 선택을 해서는 안 되는 것이었다.

만약, 박정희 대통령이 핵무장이 아닌 '농축과 재처리를 통한 핵무장 잠재력'만을 추구했더라면, 그것이 수반할 미국의 반대는 충분히 감내했을 것이다. 박정희의 소신과 의지를 감안한다면 그러고도 남았을 것이다. 그랬다면 노태우 정부의 바보 선언, 즉 농축과 재처리를 안 하겠다는 선언도 존재할 수 없을 것이며, 한국이 북한의 핵·미사일 무력 앞에 사시나무처럼 떨면서 동맹에 더욱 심하게 의존하는 처지로 전락하지 않았을 것이다. 그 점이 아쉽다. 그랬다면 김재규의 총에 시해되는 일이 없었을지도 모르며, 유신이라는 장기

집권 체제하에서도 대한민국의 고속 성장은 몇년 더 지속되었을지 모른다.

　박정희와 같은 지도자는 박정희가 마지막이었다. 박정희에 비하면 이후의 지도자들은 대부분 보통 사람들이었고, 국가의 운명보다는 권력의 흥망에 따라 일희일비하는 평범한 정치인들이었으며, 권좌에서 내려온 후를 대비하면서 돈을 챙기려 시도한 사람들이었다. 정당하지 않은 과정을 통해 집권한 전두환 대통령에게도 나름대로의 공과(功過)가 있겠지만, 미국으로부터 정권의 정당성을 인정받고자 전임 대통령이 추구했던 안보사업들을 중단시키는 과정에서 박정희의 애국심을 찾을 수는 없었다.

　노태우 대통령은 북한의 핵보유 의지를 제대로 읽어내지 못했고, 그것을 읽어낼 전문가들을 주위에 포진시키지도 않았다. 원활한 한미관계를 위해 미국이 시키는 대로 고분고분 농축과 재처리마저 포기해버린 보통사람이었다. 그래서 북핵 문제가 가시화되고 한국이 북핵의 인질로 전락할 수 있음이 예상되는 시점에도 정권의 안전을 위해 핵외교의 지렛대이자 원자력 산업의 중추기술인 미래의 선택을 포기해버린 것이다.

　김영삼 대통령은 핵문제나 안보문제보다는 합종연횡의 정치를 즐기고 군의 정치개입을 예방한다며 '하나회' 등 군의 사조직을 때려잡는 데 수완을 발휘한 정치인이었다. 군의 사조직 척결은 여러 가지로 유의미한 조치였지만, 혹자들은 '쿠데타를 할 수 없는 군대'를 만들기 위한 작업이었던 것으로 기억한다. 김대중·노무현 대통령은 대북유화정책으로 북한의 핵개발을 중단시킬 수 있다고 믿었을 만큼 순진했고, 그 순진성이 좌파세력이 진보정치권 내에 기생할 수 있도록 길을 열어 주었다. 이명박·박근혜 대통령은 김대중·노무현의 대북 유화정책을 청산하고 '원칙있는 대북정책'을 추구했지만, 이미 핵괴물로 성장한 북한을 굴복시킬 만한 결기를 발휘할 수 없는 상태에서 정치·언론·사법·교육 등 이미 제도권 내 요로에 안착하여 세력을 키운 좌파들에 의해 세차게 흔들려야 했다.

한국의 대통령들이 이런 세월을 보내오는 동안에도 북한은 핵무기를 위시한 대량살상무기들을 개발하는 데 여념이 없었다. 세계 아홉 번째의 핵보유국, 세계 최대 화학무기 강대국, 세계 2~3위의 생물무기 강대국, 세계 5~6위의 미사일 강대국, 해킹 강대국 등이 세계 최빈국의 하나인 북한이 누리고 있는 모순적 지위들이다. 북한 입장에서 보면 '선택과 집중' 전략이 주효한 것이다. 그럼에도 한국은 북한을 강압할 힘도 중국을 설득할 힘도 없으며, 북한은 잊을만 하면 핵공격을 시사하며 '서울 불바다'와 '청와대 초토화'를 협박한다. 중국은 북핵을 만류해달라는 한국의 간청을 경청하기보다는 오히려 북핵을 비호하면서 사드 보복을 통해 한국 길들이기에 나서고, 북핵이 엄중해질수록 동맹과 핵우산에 대한 한국의 안보 의존도는 심화되고 있다. 이런 것들이 오늘날 한국의 현실이지만, 정치권은 여전히 권력의 흥망성쇠에 함몰된 채 사사건건 분열하고 있다. 지하에서 박정희 대통령이 이런 모습을 본다면 뭐라고 할까?

4장

한반도에 드리운
북핵의 그림자

한반도에 드리운
북핵의 그림자

    한국사회의 뿌리 깊은 보혁(保革)갈등은 북핵 문제를 이해함에 있어서도 질곡을 초래해왔다. 웬만큼 배운 사람들조차 진영논리의 포로가 되어 자신이 속한 진영, 정당, 단체 등이 주장하는 내용에서 벗어나기를 꺼린다. 그 과정에서 팩트와 논리가 왜곡되고 궤변들이 양산되어 왔으며, 불필요한 보혁논쟁이 확대 재생산되는 악순환이 되풀이되어 왔다. 가장 전형적인 사례는 북핵의 책임을 놓고 벌이는 보혁논쟁이다. 진보진영은 한국과 미국의 보수정권들이 북한을 막다른 골목으로 몰아갔기 때문에 북한이 자위 차원에서 핵개발에 나설 수밖에 없었다는 주장을 고수하며, 진보적 성향의 인사들 중에는 1989년 영변의 핵연구단지에서 플루토늄 생산시설들이 국제사회의 정보망에 포착된 시점을 북핵 문제의 시작점으로 보면서 1970년대 박정희 정부의 핵개발 시도가 북한의 핵개발을 자극한 원인 중의 하나라는 논리를 펴는 사람도 있다. 보수진영은 오늘날의 북핵 문제는 김대중·노무현 정권의 '퍼주기'가 북한에 핵개발을 위한 시간과 자금을 제공한 결과라는 주장을 그치지 않는다. 진보의 오류와 보수의 아집이 벌이는 부질없는 말싸움은 지금도 계속되고 있다.

진보의 오류와 보수의 아집

애초부터 북한에서 핵개발을 결정하고 지시하는 정책결정자들은 한국의 진보정권이 햇볕정책을 펼친다고 고두감읍(叩頭感泣)하는 위인들이 아니다. 반대로 보수정권이 압박을 가한다고 해서 겁을 먹고 죽기 살기로 하던 일을 멈출 만큼 허약한 인간들도 아니다. 지구상에서 가장 비합리·비인간적 폭압정권을 유지해야 하는 북한 지배층의 입장에서 보면 핵개발에 매달려야 하는 절실한 이유들이 많으며, 이 과정에서 한국의 대북정책이 북한의 핵개발에 미친 영향은 별로 크지 않다. 굳이 팩트 한 가지를 들자면 햇볕정책과 무분별한 대북 현금지원이 북한의 핵개발을 도운 측면이 있다는 것 정도일 뿐, 대북 유화정책 그 자체가 북핵의 원인은 아니다. 1953년 6·25 전쟁이 끝나면서부터 김일성에 의해 계획되고 이후 3대에 걸친 유훈사업으로 추진해온 북한의 핵개발에 대해 진보 정부의 '퍼주기'가 북핵의 원인이었다는 주장은 터무니가 없다.

진영논리에 갇힌 주장들과 부질없는 보혁논쟁들을 정리하기 위해서는 다시 한번 북핵의 역사를 되짚어 볼 수밖에 없다. 북한의 핵개발 역사를 처음부터 끝까지 객관적으로 치밀하게 음미해본 사람이라면 박정희의 핵개발과 관련하여 적어도 두 가지 팩트를 확인하는 것이 어렵지 않다. 첫째, 박정희의 핵개발에 훨씬 앞서 북한의 핵개발이 시작되었으므로 1970년대 박정희의 핵개발 시도가 북한을 자극하여 핵개발을 추진했다는 주장은 궤변이다. 둘째, 오랜 핵개발 집념을 불태운 북한이 오늘날 세계 아홉 번째의 핵보유국이자 미사일 강대국 겸 화생무기 강대국이 되었음을 감안할 때, 1970년대 박정희의 핵개발은 먼 훗날의 국가안보까지 내다본 시도였음이 분명하다.

김일성의 恨으로 시작된 북한의 핵개발 사업

6·25 전쟁은 전쟁을 도발했던 김일성에게 많은 한(恨)을 남겼다. 북한군은 1950년 6월 25일 성공적인 기습남침을 통해 사흘 만인 6월 28일의 서울을 점령한 후 파죽지세로 남진하여 한 달 만에 낙동강 이남의 경상도를 제외한 남한 국토의 90%를 점령했다. 승리를 목전에 둔 김일성은 경북 수안보에 차려진 인민군 전선사령부를 방문하여 8월 15일까지 부산을 점령하고 적화통일을 완수할 것을 명령했다. 그럼에도 북한군은 유엔군과 한국군의 완강한 저항에 부딪혀 낙동강 전선을 돌파하지 못했다. 이후 9월 15일 유엔군이 인천에 상륙하면서 북한군은 패퇴했고, 유엔군과 한국군이 압록강까지 북진함에 따라 조선민주주의인민공화국의 운명이 풍전등화(風前燈火)가 되

었을 때 김일성은 압록강 너머로 피신했다. 이후 중공군이 참전한 1950년 겨울을 분수령으로 전세는 다시 뒤집혔고, 밀고 밀리는 혈투 끝에 1953년 7월 27일 정전(停戰)협정으로 6·25 전쟁의 총성은 멎었다. 적화통일을 코앞에 둔 상태에서 미국의 참전으로 좌절했던 김일성의 뇌리 속에 어떤 한과 아쉬움이 남았을지 추측하는 것은 어려운 일이 아니다.

김일성은 6·25 정전 직후부터 공군력 증강과 핵개발에 골몰했다. 김일성은 미 공군의 역할과 미국의 핵보유를 적화통일을 가로 막았던 최대의 장애물로 기억했다. 북한군이 낙동강 전선에 도달했을 때, 한국에 남은 것은 왜관-마산-포항으로 이어지는 방어선뿐이었다. 한국군은 왜관에서 동해안으로 이어지는 방어선을, 미군은 왜관에서 진해만에 이르는 서쪽 방어선을 맡아 사투를 벌였다. 8월 15일까지 부산을 점령하라는 명령을 받은 북한군은 8월 초부터 12개 보병사단과 1개 전차사단을 투입하여 낙동강 방어선을 돌파하려 했으나 한국군과 유엔군의 완강한 저항에 부딪쳤다.

대구 북방에서 백선엽 장군이 이끄는 한국군 제1사단과 워커 미 8군사령관 휘하의 유엔군이 8월 3일부터 29일까지 26일간 1개 전차사단을 포함한 5개 북한군 사단을 물리친 다부동 전투는 전사(戰史)에 길이 빛나는 승전이었는데, 여기에는 미 공군의 역할이 결정적이었다. 다부동 전투가 한창이던 8월 16일 유엔군사령관 맥아더 장군이 B-29 폭격기 98대를 출격시켜 왜관 전면에 포진해 있던 북한군 주둔지에 융단폭격을 가해 초토화시킨 것은 낙동강 전투의 대미였다. 노르망디 상륙작전 이후 최대 규모의 공중폭격이었다. 김일성에게 있어 막강한 미 공군력은 넘을 수 없는 벽이었다.

맥아더 장군은 명장(名將)이었다. 그는 다부동 전투 와중에도 미 제10군단, 미 해병 제1사단, 한국군 제17보병연대, 한국군 해병 제1연대 등 7만 5000명의 병력을 상륙군으로 편성하여 '크로마이트 작전(Operation Chromite)'으로 명명된 인천상륙작전을 준비했고, 참모들의 반대를 뿌리치고 작전을 결행했다. 1950년 9월 15일 새벽 상륙군을 실은 261척의 함정들이 인천 앞바다에 나타나면서부터 전세는 바뀌기 시작했다. 보급로가 차단된 북한군은 패주하기 시작했고, 한국군과 유엔군은 9월 28일 서울을 수복하고 10월 1일 38선을 돌파하여 10월 19일 평양을 점령했으며, 11월 21일에는 혜산진을 점령하고 압록강에 도달하여 자유민주 통일을 눈앞에 두었다. 하지만 중공군이 참전하면서 통일의 희망은 무산되고 한국군과 유엔군은 다시 후퇴해야 했다.

미 공군력이 김일성에게 한을 남긴 이유는 그게 전부가 아니다. 소련이 제공한 미그기들로 구성된 북한 공군은 당시 세계 최강의 F-86 세이버 전투기들에 의해 전멸했고, 최강의 B-29 전략폭격기들은 곳곳에서 북한군의 보급로를 차단하고 남진을 좌절시켰다. 제공권(制空權)을 장악한 미 공군이 북한군이 보유한 모든 함정을 파괴함에 따라 1953년 7월 27일 정전협정이 서명되던 순간 북한에는 단 한 척의 함정도 없었고, 북한을 포함한 한반도 둘레의 모든 섬들은 유엔군과 한국 해병대가 점령하고 있었다. 백령도와 연평도를 포함한 서해 5도만이 한국령이 된 이유는 정전협정 시 유엔군이 관리상의 어려움을 이유로 그보다 더 북쪽에 위치한 도서들을 북한에 넘겨주었기 때문이다. 언감생심(焉敢生心) 중에 공짜로 섬들을 넘겨받았던 북한은 나중에 해군력을 재건하면서 서해 북방한계선(NLL)을 침범하고 무력도발을 저질렀으며, 인근 해역에 대한 영유권을 주장하기 시작했다.[1] 이런 과정을 거치면서 김일성은 정전과 함께 강력한 공군력 건설을 지시했고, 오늘날 북한 공군이 820여 대의 전투기를 보유하여 한국 공군의 두 배가 넘는 것은 이 때문이다. 물론, 이후 북한 경제의 몰락과 한국 경제의 눈부신 발전으로 북한 공군은 노후한 군사력으로 전락하여 양적으로만 비대할 뿐 질적으로는 한국 공군의 적수가 되지 못한다.

핵과 관련한 김일성의 한은 더욱 깊다. 김일성은 북한군이 1950년 7월 낙동강 전선에서 '해방전쟁 마감'을 위한 일전을 준비할 무렵 소련에 지상전투용 군사장비들을 제공해 줄 것을 요구했지만 소련이 거절한 것에 대해 큰 아쉬움을 표했다고 한다. 김일성은 소련이 거절한 주된 이유가 미국의 핵무기 때문인 것으로 생각했다. 1950년은 소련이 최초 핵실험을 한 이듬해로 본격적인 핵군사력을 가지지 못한 상

---

1. 북한은 해군력이 미미했던 1973년까지 서해 5도와 북한 사이의 바다에 설정한 북방한계선(NLL)을 준수했으나, 1973년 10월부터 NLL을 침범하기 시작하여, 제1연평해전(1999) 직후인 황해도와 경기도 해안 사이의 중간선 이북의 바다를 북한의 영해로 주장하는 '조선 서해 해상분계선'을 발표했고, 2000년 3월 23일 '서해 5개 도서 통항질서'라는 것을 발표하여 서해 5도를 출입하는 한국 선박들은 자신들이 지정한 수로만을 이용해야 한다고 선언했다. 이후 제2연평해전(2002), 대청해전(2009), 천안함 폭침(2010), 연평도 포격(2010) 등 무수한 도발이 이어졌으며, 한국군은 안보선이자 생명선인 NLL을 지키기 위해 분전했다. 북한이 주장하는 분계선을 받아들인다면 5개 도서의 주민 9000여 명은 생계의 터전을 잃게 되고, 한국은 제주도 면적의 4.5배에 달하는 약 8000km²의 배타적경제수역과 연간 2만 5000t의 어획고(약 1300억 원)을 상실하며, 항공기 및 선박의 우회 운항으로 인한 연 수백억 원의 손실을 입게 된다. 또한, 국력의 절반을 포용하는 수도권의 측방이 해상으로부터의 위협에 노출될 것이며 인천항과 인천국제공항도 취약해진다.

태여서 그랬을 수도 있고, 스탈린이 중국의 부상을 경계하여 미중(美中) 간 소모전을 유도하기 위해 북한군의 조기 승리를 원하지 않았을 수도 있다.[2] 어쨌든, 6·25 전쟁 과정에서 소련의 역할은 그다지 두드러지지 않았다. 소련의 통치자 스탈린은 김일성의 전쟁계획을 승인하고 북한군에 탱크와 미그기들을 제공했고 소수의 소련 조종사들이 북한공군 마크를 단 미그기를 몰면서 북한을 지원했지만 전쟁의 향방을 판가름할 만큼의 결정적 지원은 제공하지 않았다. 북한군이 패주하여 압록강까지 밀렸을 때 대규모 참전을 통해 북한을 구한 것도 모택동의 중국이었다.

중국도 중부지역에서 전선이 교착되자 북한을 대신하여 해방전쟁을 지속하기보다는 유엔군과의 정전협상을 택했다. 당시 중국은 핵보유국이 아니었고, 맥아더 사령관은 트루먼 대통령에게 중국을 굴복시키기 위해 만주에 핵탄을 투하할 것을 건의하고 있었다. 요컨대, 김일성이 보기에 미국의 핵무기는 소련의 대규모 참전을 억제하고 중국에 정전을 강요한 일등공신이었고, 적화통일을 무산시킨 '원흉'이었다. 김일성은 핵무기가 굉장한 파괴력을 가진 군사적 무기일 뿐 아니라 엄청난 억제효과와 강압효과를 발휘하는 정치·외교적 수단이라는 사실을 절감했다. 언젠가 적화통일 대업을 감행하기 위해서는 미국의 개입을 차단해야 하므로 핵무기가 반드시 필요하다고 생각했

---

2. 이는 이세기 전 통일부장관의 분석이다. 이 분석이 사실이라면 6·25 남침 직후 유엔안보리가 유엔군 파견 결의를 채택할 당시에 소련이 기권함으로써 유엔군 파병을 가능하도록 해준 이유가 설명될 수 있다. 이세기, 『6·25 전쟁과 중국: 스탈린의 마오쩌둥 제압전략을 중심으로』 (2015) 참조.

고, 수령독재 체제를 유지하기 위해서도 핵보유가 필요하다는 사실을 절감했다.

한을 품은 김일성은 전쟁이 끝나던 해인 1953년에 소련과 원자력 협력협정을 체결했고, 1954년에는 소련에 핵무기를 넘겨줄 것을 요청했다. 소련이 이를 거부하자[3] 김일성은 독자 핵보유를 향한 행보를 시작했고 소련은 여전히 이를 위한 기술적 동반자였다. 김일성의 의지에 따라 북한은 1950년대 중반부터 핵과학자 양성을 시작했고, 1960년대에 영변과 박천에 원자력연구소를 설립하고 1963년에 소련으로부터 IRT-2000 연구로를 제공받았으며, 1970년대에는 영변핵연구단지 건설을 진행하여 1980년대에 부분 가동을 시작했다. 영변에 건설된 5MW 연구로는 1986년에, 재처리 시설은 1989년에 부분 가동을 시작했다.

탈북자들의 증언에 따르면 김일성은 군부와 내각에 핵개발을 위한 자금을 최우선적으로 배정할 것을 지시했기 때문에 인민들이 굶주리는 중에도 핵개발 사업은 활발하게 추진되었으며,[4] 국제적으로는 고립의 길을 걸었지만 마다가스카르의 디디에 라치라카 대통령, 쿠바의 피델 카스트로 국가평의회 의장, 리비아의 무아마르 카다피 국가

---

3. 1990년대 초반부터 필자와 빈번한 대화를 했던 카네기재단의 셀리그 해리슨(Selig Harrison) 박사의 증언 내용이다. 해리슨 박사는 출처를 밝힐 수는 없지만 북한이 소련에 핵무기를 요구한 것과 거부당한 것은 사실이라고 했다.

4. 북한의 외교관으로 활동하다가 1991년 탈북하여 국가안보전략연구원에서 부원장을 지낸 고영환은 1987년 마다가스카르 대통령이 북한을 방문했을 때 김일성과 동행했다고 했다. 그는 황주 비행장으로 가는 차량 내에서 김일성이 "핵무기 개발사업이 상당히 진척되어 있으며, 핵무기를 완성하면 미국이 함부로 개입하지 못할 것"이라고 말하는 것을 직접 들었다고 증언하고 있다.

원수 그리고 루마니아의 차우셰스쿠 대통령 등 극단적 사회주의 국가 원수들과 절친 관계를 유지하면서 동류합오(同流合汚: 나쁜 무리들과 어울려 못된 짓을 저지름)를 즐겼다. 이렇듯 김일성은 북한의 절대 권력자이자 핵개발 사업을 구상한 창시자 겸 설계자로서 1994년 사망하기 이전까지 북한의 핵개발을 위한 각종 인프라를 구축했다.

핵무기 개발은 유훈사업이자 최대 국책사업

김일성의 뜻에 따라 북한이 핵과학자를 양성하고 각종 핵인프라를 구축하면서 소련이 제공한 연구로 IRT-2000을 가동했음에도 국제사회의 주목을 받지 않았다. 이 원자로는 1963년 6월 소련이 제공하여 1967년에 가동한 출력 2MW 연구로로서 10% 농축우라늄을 사용했으며, 후일 북한이 자력으로 8MW로 늘려 1996년까지 가동했다.[5] 1970년대에는 영변핵연구단지 건설을 진행하여 1986년에 5MW 연구로가 가동되고 1989년부터 '방사화학실험실'로 불린 재처리 시설이 부분가동을 시작했다. 은밀하게 추진되어오던 북한의 핵개발이 국제적 이슈로 가시화된 것은 1989년 프랑스의 SPOT-2 상업위성이 촬영한 영변핵연구단지 모습이 공개된 이후부터였다. 이때부터 북핵 문제는 엄중한 국제이슈가 되어 대화와 설득 그리고

---

5. 이 원자로의 자세한 운영자료를 확보한다면 1992년 이전 북한의 플루토늄 생산능력을 파악하는 데 도움이 될 수 있을 것이지만, 이 원자로의 자세한 가동 내용은 베일에 가려져 있다.

대치와 위기라는 우여곡절들을 겪게 되지만, 핵무력 건설은 북한 정권이 최우선권을 부여한 국가사업이자 유훈사업으로 중단 없이 지속되었다. 1994년 김일성의 사망 이후 권력을 세습한 김정일은 핵무력 건설에 더욱 박차를 가하여 2006년 및 2009년에 두 차례의 핵실험을 실시했으며, 동시에 스커드·노동·무수단·대포동 등 다양한 투발수단들을 개발하여 북한을 사실상의 핵보유국으로 변신시키는 데 성공했다.

2011년 김정일의 사망 이후 집권한 김정은은 선대들이 닦아놓은 기반 위에서 핵무장을 더욱 가속화시킴으로써 북핵 문제는 한반도는 물론 동북아와 세계의 평화와 안정을 위협하는 새로운 게임체인저(game changer)로 부상 중이다. 김정은 정권은 세계의 반대를 무릅쓰고 2013년에서 2017년까지 네 차례의 핵실험을 강행하면서 핵탄두의 소형화·경량화·다종화·표준화를 진전시켰으며, 빈번하게 미사일 시험발사를 강행했다. 2016년 1월 6일 제4차 핵실험 직후 평양정권은 '수소탄 실험 성공'을 선언했고, 2016년 9월 9일 제5차 핵실험 직후에는 '핵탄두 표준화의 성공'을 천명했으며, 2017년 9월3일 최대 규모의 제6차 핵실험을 실시하고는 '수소탄 보유국'을 선포했다. 2015년부터 김정은 정권은 무수단(사거리 3000~4000km) 및 로동 미사일(사거리 1300km)의 고각(高角) 발사를 통해 이들 미사일들이 일본이나 아시아의 미군기지들뿐아니라 한국도 타격할 수 있음을 과시했고, 잠수함발사탄도미사일(SLBM) 개발에도 상당한 진척을 이루었으며, 2017년에도 여러 차례의 중거리탄도탄(IRBM) 발사와 함께 세 차례의 대륙간탄도탄(ICBM)급 미사일을 발사하면서 미국 본토를 타격할 수 있는 능력을 과시했다.

1990년대 초반 북한의 핵개발을 확인한 국제사회는 대화를 통한 핵해결을 모색하게 되었고, 1991년 이래 미북(美北)간 양자대화가 간헐적으로 개최되었다. 이와 별도로 2003년에서 2008년까지 남북한과 미·일·중·러가 참여하는 6자회담도 개최되었다. 하지만, 북한이 대화를 국제사회의 반북여론을 희석시키고 시간을 버는 기회로 악용함에 따라 대화는 실패로 마감되었으며, 이후 김정은 정권은 일체의 비핵화 대화를 거부하고 있다. 2006년 이래 2017년 말 현재까지 유엔안보리가 11개의 대북제재 결의를 채택하고 미국, 일본, 유럽연합(EU) 등이 추가적인 독자제재를 실행하고 있지만, 북한을 핵대화로 끌어내는 데 성공하지 못하고 있다. 2016년 이래 채택된 안보리결의 2270호, 2321호, 2356호, 2371호, 2375호, 2397호 등은 북한의 핵미사일 활동, 광물수출, 석유류 수입, 교역, 금융 등을 광범위하게 금지·제한하는 강력한 제재들이지만, 중국이 공식적으로는 대북제재에 참여하면서도 뒤로는 북한 정권의 생존을 도우면서 치명적인 대북제재(crippling sanction)를 거부하는 이중플레이를 고수함에 따라 북한은 여전히 핵무력 고도화를 지속하고 있다.

사기극으로 끝난 비핵화공동선언과 제네바핵합의

1990년을 전후하여 북핵 문제가 본격적인 국제문제로 부상하면서 이를 해소하기 위한 대화 노력이 진행되었다. 북한은 1990년 독일

통일을 전후한 시기 동구(東歐) 공산권 국가들의 몰락, 소련의 해체 등을 목도하면서 불안감을 느끼고 남북대화에 나섰는데, 산물로 도출된 것이 '남북 사이의 화해와 불가침 및 교류·협력에 관한 합의서(기본합의서)'와 한반도 비핵화 공동선언이었다. 당시 한국의 노태우 정부는 북핵 문제를 해결한다는 명분하에 1991년 11월 8일 농축과 재처리를 포기하는 '비핵화선언'을 발표했고, 이어서 북한과의 협상을 통해 1990년 12월 31일 남북한 모두가 핵보유 포기 및 농축·재처리 포기에 합의한 한반도 비핵화 공동선언에 서명했다. 북한은 1991년 2월 이를 비준했다. 미북간에도 북한의 핵개발을 포기시키기 위한 양자 대화가 진행되었다.

하지만, 비핵화 공동선언은 북한이 비핵화를 할 생각으로 서명한 합의서가 아니었다. 비핵화 공동선언의 합의에 따라 구성된 남북한 핵통제공동위원회는 남북간 상호사찰을 위한 조건과 방법을 놓고 심한 이견을 보인 끝에 결렬되었다. 비핵화 공동선언에 따라 재개된 대북 핵사찰도 북한이 국제원자력기구(IAEA) 사찰관들에게 플루토늄 생산 사실을 축소 보고하고 사찰관들이 방문하기를 원하는 핵시설들에 대한 접근을 거부함에 따라 중단되었다. 1993년 3월 12일 북한은 NPT 탈퇴를 선언하고 사찰관들을 추방했으며, 북한군에 '준전시 상태'를 선포했다. 한국에 '서울 불바다'를 위협하면서 한반도의 긴장은 다시 고조되었고, 모든 남북대화도 중단되었다. 이것이 1993~1994년 동안의 제1차 핵위기였다.

미국이 이 위기를 해소하기 위해 북한과의 대화에 나섬에 따라 미북 고위급회담이 시작되었는데, 이를 통해 1993년 6월 북한은 NPT

탈퇴를 유보했다. 이후 지속된 미북 고위급회담과 실무협상은 1994년 10월 21일 미북 제네바핵합의(Agreed Framework)를 도출하는 데 성공했다. 미국의 로버트 갈루치(Robert Gallucci) 국무부 북핵 특사와 북한의 강석주 외교부 제1부상이 서명한 이 합의에 따라 북한이 영변의 5MW 흑연감속로 및 재처리 시설의 활동을 동결하고 평안북도 태천에서 건설 중이던 200MW 원자로의 건설을 중단하는 대신 미국은 신포에 1000MW 급 경수로 원자로 2기를 건설해주고 완공 시까지 매년 중유 50만t을 제공하기로 했다.

이로써 미국은 북한의 플루토늄 생산 활동을 동결하는 데 성공했다. 1995년 3월 9일 경수로 건설을 담당할 국제컨소시엄으로 한국·미국·일본 등이 주도하는 한반도에너지개발기구(KEDO)가 설립되었고, 1995년 12월 15일 KEDO-북한간 '경수로 공급협정'을 체결함으로써 대북 경수로 사업을 위한 법적 토대가 정비되었다. 한국의 김영삼 정부는 총 공사비 46억 달러의 70%를 부담하겠다고 약속했고 일본이 10%를, 나머지는 다른 참여국들이 부담하는 것으로 합의했으며, 1996년에는 유럽연합(EU), 호주, 캐나다, 뉴질랜드 등도 회원국으로 참여했다.

이후의 과정은 순탄하지 못했다. 북한이 1998년 우주개발용 위성발사를 빙자한 장거리미사일을 발사를 강행하고 미국이 북한의 금창리 터널이 핵관련 시설이라는 의혹을 제기하면서 일촉즉발의 긴장이 조성되었다. 이 위기는 미국이 60만t의 식량을 제공하고 북한이 미국 사찰팀의 현장조사를 허용하는 것으로 일단락되었다. 그러나 이후 북한이 농축기술 확보를 위해 파키스탄과 비밀 접촉을 시도한 정황이 드러나면서[6] 미국은 중유제공을 지연시켰고, 2002년 10월 북한을 방문한 제임스 켈리(James Kelly) 미 국무부 차관보가 북한이 농축 활동을 하고 있다는 의혹을 제기했다. 북한이 이에 반발하여 NPT 탈퇴, 핵동결 해제 및 영변 5MW 원자로 재가동, 플루토늄 생산 재개 등의 조치를 취하고 미국의 결정에 따라 KEDO가 경수로 공사를 중단함으로써 제네바핵합의 체제는 붕괴되고 제2차 핵위기가 조성되었다.

3개월 전 통고로 탈퇴가 가능하도록 한 NPT 제10조에 따라 북한은 탈퇴를 선언한 2003년 1월 10일부터 3개월이 경과한 2003년 4월 10일부로 NPT를 탈퇴한 비회원국이 되었다. KEDO는 2005년 11월 경수로 사업을 중단했으며, 2006년 1월 8일 모든 인력이 북한에서 철수했다. 한국은 경수로 건설 기초공사를 위해 KEDO를 통해 약 1조 4000억 원의 예산을 지출했지만, 제네바핵합의 체제의 붕괴와 함께 모두 날린 셈이 되었고 결국 건설장비들을 현장에 남겨둔 채 철수해야 했다.

결과적으로, 제네바핵합의는 협상을 주도하고 서명자로 참여했던 로버트 갈루치 같은 외교관들의 명성을 높이는 데에는 기여했지만, 북한에는 국제비판을 무마해주고 핵개발을 위한 시간을 벌어주었다.

---

6. 파키스탄 핵무기 및 미사일 개발의 주역이었던 압둘 카디르 칸(Abdul Qadeer Khan) 박사는 1990년대 중반부터 농축기술 및 시설의 대북 수출이 추진되어 1990년대 후반부터 본격적인 선적이 이루어졌다고 증언했으며, P-1 및 P-2형 원심분리기, 대형 농축공장 건설을 위한 장비목록과 설계도 등도 북한에 제공된 것으로 추정되었다. 뉴욕타임스(New York Times), 2004년 3월 16일자 및 4월 13일자. 로스앤젤레스타임스(L.A. Times), 2004년 2월 24일자 등 참조.

한국은 미국과 북한이 벌이는 협상을 구경만 하다가 그들이 합의한 경수로 공사에 돈만 대주고 떼이는 처지가 되었다. 전형적인 코리아 패싱(Korea passing)의 사례였다.

북한의 이중전략에 놀아난 6자회담

6자회담은 제2차 핵위기를 극복하기 위해 남북한과 주변 4개국이 참여하는 다자(多者)대화로 출발했지만, 위기와 좌절로 점철되었다. 6 자회담은 2003년 8월 제1차 회담에서부터 2008년 12월 제6차 회담의 두 번째 수석대표회의에 이르기까지 총 12차례 회합을 끝으로 마감되었다. 이 기간 중 기록한 성과로는 북한이 모든 핵프로그램의 폐기를 약속한 2005년의 9·19 공동성명, 북한이 핵시설에 대한 '폐쇄·봉인·불능화'를 약속한 2007년의 2·13 합의, 2·13 합의를 재확인하고 불능화 및 신고의 완료시한을 정한 2007년의 10·3 합의 등을 들 수 있다. 북한이 핵문제를 '조미(朝美) 간의 문제'로 규정하고 한국과의 양자대화를 거부함에 따라 6자회담은 미국과 북한간의 양자 접촉에서 합의한 내용을 전체회담이 추인하는 형식으로 진행되었다.

핵대화가 고저(高低)를 오가는 동안 한국과 국제사회는 일희일비(一喜一悲)를 거듭했지만, 전체적으로 6자회담은 실패한 다자대화였다. 6자회담은 2005년 2월 북한의 핵보유 선언을 막지 못했고, 2005년 9·19 공동선언은 북한의 2006년 7월의 미사일 시위와 2006년 10월의 첫 핵실험을 저지하지 못했으며, 2008년 6자회담의 최종 결렬 이후 북한은 NPT에 대해 아무런 의무도 지지 않는 비회원국 신분으로 더욱 노골적으로 핵무력 고도화에 나서고 있다.

6자회담이 만들어 낸 세 차례의 합의

2005년 9·19 공동성명(joint statement)은 6자회담이 생산한 첫 번째 의미 있는 성과였으며, 북한이 2005년 2월 10일 '핵보유'를 선언한 이후에 북한으로부터 비핵화 약속을 받아낸 것이어서 의미가 컸다. 공동성명 제1조에서 북한은 '모든 핵무기 및 현존 핵프로그램의 포기'와 '조속한 시일 내 NPT 및 안전조치협정(safeguard agreement)에의 복귀'를 약속했고, 미국은 "재래 및 핵군사력으로 북한을 공격하지 않을 것"을 약속했다. 남북한은 한반도 비핵화 공동선언의 준수와 이행을 약속했고, 북한을 제외한 5개국은 적절한 시기에 대북 경수로 제공을 다시 논의하기로 합의했다. 제2조에서 미국과 북한은 관계정상화 조치를 노력해나가기로 했다. 제3조에서 5개국은 대북 에너지 지원 용의를 밝혔으며, 한국은 200만kW 대북송전 제안을 재확인했다. 200만kW 대북 송전 건은 2005년 6월 17일 평양을 방문한 정동영 당시 통일부 장관이 김정일을 만나 제안한 것이며, 한국이 9·19 공동성명을 통해 이를 재확인해준 것이었다. 9·19 공동발표문은 법적 구속력을 가진 문서는 아니었지만 북한이 처음으로 핵포기를 약속하고 핵해결의 목표와 방향을 제시했다는 점에서 의미를 가진 것으로 평가되었다.

그러나 이후 속개된 6자회담에서 북한은 "핵포기에 앞선 여건 조성을 위해 미국이 대북 적대정책을 먼저 포기해야 한다"는 입장을 고수했고, 돈세탁 혐의로 동결한 방코델타아시아은행(BDA)의 북한구좌를 해제하라고 요구했다. 방코델타아시아은행 건은 미국이 9·19 공동발표문 직전인 2005년 9월 15일 마카오 주재 BDA가 북한 위폐 유통 및 불법자금 세탁에 관련된 것으로 발표하고 동 은행을 '우선적 돈세탁 우려 대상'으로 지정하면서 이 은행이 북한과의 거래를 차단한 사건을 말한다. 북한이 이 사건을 문제 삼으면서 2006년 10월 9일 첫 핵실험을 강행함에 따라 9·19 공동발표문은 사문화되었다. 북핵 문제는 원점으로 되돌아갔고, 한국이 약속했던 200만kW의 대북 송전도 실행되지 못했다.

2007년 2·13 합의는 6자회담이 기록한 두 번째의 유의미한 성과였다. 북한의 첫 핵실험 이후 미북 양자대화에서 도출된 이 합의에서 북한은 모든 핵시설의 폐쇄(shutdown)·봉인(sealing)·불능화(disablement)에 합의했고, 이를 위해 핵시설을 IAEA에 신고하고 IAEA 사찰요원의 복귀를 허용하기로 합의했다. 즉, 북한이 '폐쇄 및 봉인', '불능화 및 신고', '검증 및 핵폐기' 등 3단계 조치를 거쳐 핵을 포기하기로 한 것이다. 여타국들은 불능화 기간 동안 누계 100만t의 중유에 상당하는 경제·에너지 지원을 제공하기로 약속했고, 특히 미국은 대북관계 정상화를 위한 양자대화, 테러지원국 해제, 대적성국교역법 적용 종료 등을 노력하기로 했다. 이와 함께 '한반도 비핵화', '북·미관계 정상화', '북·일관계 정상화', '경제·에너지 협력', '동북아 평화·안보 체제' 등을 다룰 5개 실무그룹 회의를 개최하기로 합의했고, 대북지원 참여를 약속한 별도의 합의의사록도 채택되었다. 합의문에는 포함되지 않았지만,

2007년 1월 베를린에서 열린 미북 양자대화에서 미국은 BDA의 동결 구좌 중 상당부분을 30일 내 해제하기로 약속했고, 2007년 6월 동결을 해제했다. 북한은 2007년 7월에 영변 원자로의 가동을 중단했다.

2007년 10·3 합의는 6자회담이 기록한 세 번째의 성과였다. 10·3 합의란 2·13 합의 이후 낙관적인 분위기에서 속개된 6자회담이 도출한 '9·19 공동성명 이행을 위한 제2단계 조치에 대한 합의문'을 말한다. 이 합의에서 북한은 '모든 핵프로그램에 대한 완전하고 정확한 신고'와 '영변의 5MW 원자로, 재처리 시설, 핵연료봉 제조공장 등의 불능화를 2007년 내에 완료할 것'을 약속했고, '핵물질 및 노하우의 이전 금지'를 약속함으로써 미국의 핵확산 우려를 해소했다. 이 때에는 북한이 장거리 투발수단을 보유하지 않은 시기였기 때문에 미국의 최대 우려는 북핵이 테러세력에 넘어가 자신들을 겨냥하는 테러에 사용되는 것이었고, 2006년 북한의 첫 핵실험 이후 미국 내에서 이 가능성을 우려하는 목소리가 커지던 중이었다. 미국은 '핵불능화를 위한 자금지원', '미북 관계정상화를 위한 외교노력', '테러지원국 지정 해제와 대적성국 교역법 적용 종료 노력' 등을 약속했다. 여타국은 2·13 합의에서 약속했던 중유 100만t 지원을 그에 상당하는 경제·에너지·인도적 지원으로 대체할 수 있도록 해 달라는 북한의 요구를 수락했다. 이렇듯 10·3 합의는 '폐쇄 및 봉인', '불능화 및 신고', '검증 및 핵폐기' 등 3단계 조치를 거쳐 북핵문제를 해결하기로 한 2·13 합의를 재확인한 것이었다. 10·3합의 이후 신고와 불능화와 관련한 상세사항들을 협의하기 위해 미국 사찰팀이 북한을 들락거렸고, 이 과정에서 미국이 안전상의 이유로 5MW원자로의 연료봉 제거 시점을 2008년 3월까지 연기해 주는 등 양국관계는 긴밀해보였다. 북한은 10·3 합의에 따라 11월부터 폐연료봉을 인출하여 수조에 보관하는 작업에 착수했다.

하지만 곧이어 악재(惡材)들이 발생했다. 북한은 2·13 합의와 10·3 합의에서 약속한 핵시설 신고를 2007년 말까지 이행하지 않았고, 2007년 11월이 되면서 미국은 북한-시리아 핵협력 의혹을 제기했다. 미국은 북한이 과거에 러시아로부터 수입한 알루미늄관을 농축에 사용했을 가능성에 대해서도 민감한 반응을 보였다. 북한이 수입한 150t의 농축용 고강도 알루미늄관 2800개를 만들 수 있는 분량이었다. 북한은 농축이 아닌 미사일 등 재래식 무기제조에 사용했다고 주장했지만, 북한이 미사일 제조에 사용된 것이라면서 2007년 11월에 미국 사찰팀에 보여준 알루미늄관에서 농축 우라늄의 흔적이 발견되면서 의혹은 증폭되었다. 미 의회와 정부에서 북한을 테러지원국 명단에서 해제해서는 안 된다는 경계론이 표출되기 시작했고, 북한도 폐연료봉 인출 속도를 늦추는 우보(牛步)작전으로 맞섰다. 세계 전문가들이 당시까지 북한이 생산한 플루토늄을 50kg 내외로 추정하는 중에 북한이 30kg라고 밝힌 것도 정직성 의혹을 증폭시켰다. 미국은 플루토늄에 대한 정직한 신고, 비밀 농축프로그램 존재여부 규명, 북한-시리아 핵협력설 규명 등 세 가지를 10·3 합의 이행의 검증을 위한 전제조건으로 내걸었다.

이 교착상태를 타개하기 위해 2008년 4월 9일 미국의 크리스토퍼 힐(Christopher Hill) 차관보와 북한의 김계관 외무성 부상은 싱가포르에서 회동했다. 여기서 미국은 농축 프로그램 및 북한-시리아 핵협력설 규명을 보류하고 5MW 원자로, 재처리 시설, 핵연료봉 제조공장 등 세 곳 핵시설에 대한 불능화 조치와 플루토늄 신고에 대한 약속만을 받아내기로 했고 북한에 대한 테러지원국 해제 방침을 시사했다. 세 개 핵심 핵시설의 가동이 중지되는 것은 플루토늄 생산주기의 동결을 의미하는 것이기 때문에 적지 않은 성과로 평가되었다.[7] 북한은 6월 27일 플루토늄 신고서를 6자회담 의장국인 중국에 제출하고 플루토늄 생산량을 37kg으로 신고했다. 6월 28일에는 외신기자들을 초정한 가운데 5MW 원자로의 냉각탑을 폭파하자, 부시 행정부는 '핵불능화를 위한 자금지원'을 약속한 10·3 합의에 의거하여 200만 달러를 지불했고 테러지원국 해제 방침을 시사했다.

이후 2008년 7월 10~12일 베이징에서 속개된 6자회담 수석대표 회의는 7·12 언론발표문을 도출했다. 이 발표문은 한반도 비핵화를 검증하기 위한 검증체제 수립, 북한의 불능화 완료 노력, 여타국들의 대북 에너지 지원 노력 등을 재확인한 것인데, 6자회담이 미북 양자회담에서 합의된 내용을 추인하는 식으로 운영되고 있음을 재확인시

---

7. 이들 세 개 핵심시설들은 북한 핵개발의 주역으로 우여곡절의 역사를 가지고 있다. 핵연료봉 제조공장은 1987년 완공 이후 북한이 다량 보유한 천연우라늄으로 핵연료봉을 제조하는 데 사용되었으며, 5MW 흑연감속로는 1986년 10월 가동되어 1994년 제네바합의에 따라 1994년 6월부터 2002년 말까지 가동이 중단되었다가 2003년 이후 재가동되었으나 2007년 2·13 합의에 따라 다시 가동이 중단되었다. 2008년 4월 협상 당시에는 10·3 합의에 따라 2007년 11월부터 폐연료봉을 인출하여 수조에 보관하는 작업을 진행하고 있던 중이었다. 재처리 시설은 1989년 부분가동 이후 폐연료봉을 해체하여 플루토늄을 추출하는 데 사용되었으며, 북한은 추출된 플루토늄을 정련(electro-refining), 합금화(alloying), 형상화(casting) 등의 과정을 통해 핵무기용 플루토늄 금속을 생산했다. 5MW 원자로는 2013년 8월 재가동했으며, 전문가들은 북한이 플루토늄 생산뿐 아니라 수소탄의 원료인 삼중수소를 생산하기 위해 원자로를 재가동한 것으로 추측했다.

켜 준 계기이기도 했다.

이후에도 우여곡절은 반복되었다. 2008년 8월 26일 북한은 "미국이 우리를 테러지원국 명단에서 해제하지 않았으므로 핵시설 불능화를 중단하고 핵시설을 원상복구할 것"이라는 성명을 발표하여 파란을 일으켰다. 문제의 핵심은 검증이었다. 북한의 플루토늄 신고 직전에 미국은 "45일간 검증할 것"을 밝혔는데, 북한은 이를 의례적 절차로 이해하고 신고 후 45일이 되는 8월 12일부로 테러지원국에서 해제될 것으로 기대했다. 그러나 미국이 제시한 검증의 강도는 북한이 생각했던 것보다 훨씬 더 까다로웠다. 미북 양국은 검증의 대상, 강도, 방법, 시기 등을 놓고 첨예한 다툼을 벌였다. 북한은 불능화 조치가 취해지고 있는 세 곳 핵시설만을 대상으로 하는 저강도 검증을 주장했고, 미국은 영변 이외의 의심시설들을 대상으로 포함시키는 고강도 검증을 원했다. 이 교착상태로 테러지원국 해제는 지연되었고, 이것이 북한이 8월 26일 미국의 '약속 위배'를 주장하고 '불능화 조치 중단'을 선언한 직접적인 원인이었다.

불능화 중단 사태를 수습하기 위해 힐 차관보는 2008년 10월 1~3일 평양을 방문했고, 11일에는 "신고된 시설에만 접근하고 미신고 시설은 상호 동의하에 접근하며, 시료채취, 핵감식 등 과학적 절차에 의한 검증을 추진한다"라는 잠정합의를 얻었다고 발표했다. 직후 미국 정부는 북한을 테러지원국에서 해제했다. 힐 차관보의 발표 직후 한국과 미국에서는 힐 대표가 합의문건을 공개하지 않고 구두로만 밝힌 것을 놓고 신빙성을 우려하는 목소리가 제기되었는데, 결국 이 발표는 또 한 번의 미봉으로 판명되었다. 북한이 문건으로 시료채취에 합의했는지도 불분명했고, "미신고 시설에 대해서는 상호동의하에 접근한다"라는 내용에 많은 미합의 사항들이 포함되어 있었던 것이다. 미국이 원했던 불시사찰이나 액체핵폐기물 저장소에 대한 사찰 같은 것이 잠정합의에 포함되지 않았던 것이다.

잠정합의 후 한 달이 지난 11월 12일 북한은 '시료채취 합의'를 전면 부인했다. 이날 북한 외무성은 성명을 통해 "검증방법에 대해서는 현장방문, 문건 확인, 기술자들과의 인터뷰에 한정되며 이 정도 합의해준 것은 최대한의 선의"라고 밝히면서 "한 글자라도 더 요구하면 주권침해 행위로 전쟁을 불러올 것"이라고 발표했다. 이후에도 검증 문제를 둘러싼 이견은 해소되지 않았고, 2008년 12월 8~10일에 개최된 6자회담 수석대표회의에서 또 한 번 IAEA의 검증 역할, 미신고 시설에 대한 접근방법 등을 포함한 검증방식에 대한 격론이 있었으나, 합의를 도출하지 못했다. 미국에서는 '북한 피로증'을 호소하는 목소리가 높아졌고, 12월 12일 미국 정부는 "북한이 검증절차 합의에 거부함에 따라 대북 중유지원을 중단한다"고 발표했고, 나머지 5개국도 양해한다는 입장을 표명했다. 6자회담 체제는 붕괴되었고, 2009년 5월 북한은 제2차 핵실험을 강행했다. 북핵 문제는 다시 원점으로 회귀했다.

2·29 합의의 잉크가 마르기도 전에 미사일 발사

2008년 11월 부시 대통령의 일방주의적 대외정책을 비판하고 '외교와 협상 그리고 국제협력 중시'를 공약하고 대선에 나섰던 오바마 후보가 미국의 제44대 대통령으로 당선된 이후에도 북한의 핵무력 고도화는 간단없이 진전되었다. 오바마 행정부가 핵대화를 시도함에 따라 스티븐 보즈워스(Stephen Bosworth) 미 대북정책 특별대표가 대통령 특사 자격으로 북한을 방문한 것은 2009년 12월이었다. 6자회담 재개 및 9·19 공동성명 이행을 촉구한 보즈워스 대표에 대해 북한이 "북미 평화협정 체결 및 북미관계 정상화가 우선"이라는 반론을 제기함으로써 대화는 즉각 결렬되었고, 오바마 행정부는 '전략적 인내(strategic patience)' 기조에 돌입했다. 그로부터 1년 7개월이 지난 2011년 7월에는 김계관 북한 외무성 제1부상이 미국을 방문하여 보즈워스 특별대표와 미북 고위급회담을 가졌고, 곧이어 10월에도 스위스 제네바에서 제2차 고위급회담을 개최했다. 하지만 이 대화도 북한의 비핵화와 관련하여 아무런 합의도 도출하지 못했다. 김정은 정권 출범 직후인 2012년 2월에는 김계관 제1부상과 글린 데이비스(Glyn Davies) 대북정책 특별대표가 베이징에서 제3차 고위급회담을 가졌는데, 여기서 도출된 것이 2·29 합의였다.

이 합의를 통해 북한은 핵실험 및 미사일 발사를 유예하고 농축을 포함한 영변의 핵활동 중단, IAEA의 핵사찰 복귀 등을 약속했고 미국은 24만t의 영양지원을 약속했다. 2012년 3월 리용호 북한 외무상이 워싱턴을 방문하고 리근 외무성 미국국장이 로버트 킹(Robert King) 미 북한 인권특사와 만나 영양지원에 대한 협의에 나서면서 6자회담 재개에 대한 기대감도 살아났다. 하지만 이후 김정은 정권은 '평화적 우주개발권'을 내세우고 "지구관측위성 광명성 3호를 발사할 것"이라고 선언했다. 미국이 '탄도미사일 발사의 금지를 촉구한 안보리 결의 1718호와 탄도미사일 기술을 이용한 모든 발사를 금지한 1874호에 위배된다'는 입장을 밝히고 위성발사를 만류했지만, 4월 13일 북한은 발사를 강행했고 2·29 합의는 파기되었다. 이후 오바마 행정부가 '전략적 인내'를 지속하는 가운데, 북한의 핵개발은 지속되었다. 김정은 정권은 2017년 말까지 네 차례의 핵실험을 강행했으며, 2006년 이래 유엔안보리가 채택한 열한 개의 대북제재 결의를 비웃으면서 핵무력 고도화를 강행하고 있다. 이런 과정을 지켜본 한국의 일부 전문가들은 오바마의 '전략적 인내'라는 것이 사실상 아무 것도 하지 않고 어정쩡하게 기다리는 전략이었다고 회상한다.

북핵 대화에 대한 평가

북핵 해결을 위한 미북 양자대화 및 6자회담의 실패에 대해 한국에서는 크게 두 개의 시각이 존재한다. 한국에서는 오랫동안 대북관, 통일관, 안보관 등에 있어 이상주의적 진보론과 현실주의적 보수론이라는 대립되는 두 시각이 존재해왔는데, 진보론은 '동족 겸 안보위협'이라는 북한의 두 얼굴 중에서 '동족'을 중시하며 통일보다는 북한정권을 포용하고 화해 협력함으로써 남북이 상생하는 것을 중시하는 편이다. 통일과 관련해서도 진보론자들은 북한을 잘살도록 돕는 것이 자연스럽게 평화통일로 가는 길이라는 '선통합 후통일론'을 선호한다. 또한 진보론은 동맹보다는 남북관계를 중시하고 북핵의 위험성을 상대적으로 낮게 평가하면서 제재와 군사적 억제보다 '대화와 설득, 포용을 통한 해결'을 주장하는 편이며, 한국에 사드(THAAD)를 배치하는 문제에 대해서도 반대론 내지는 신중론을 펼치는 경향을 보인다. 진보정부라 할 수 있는 김대중·노무현 정부(1998~2007) 동안 한국 정부의 대북정책은 대체로 이러한 유화적 기조 위에서 수행되었다.[8]

비슷한 맥락에서 진보론자들은 대체로 북핵 대화 실패의 주된 원인을 북한보다는 미국의 일방주의적 대북압박에서 찾으며, 북핵 문제가 악화된 원인도 미국 정부와 보수정부라 할 수 있는 이명박·박근혜 정부(2008~2016)의 경직된 대북정책에서 찾는 편이다. 제네바핵합의가 파기된 것에 대해서도 한국의 진보론자들은, 북한은 클린턴 정부 시절인 1994년 제네바핵합의를 통해 비핵화를 결심하고 이행 중이었지만 2002년에 출범한 부시 행정부가 대북 중유지원을 약속대로 이행하지 않고 북한의 농축활동에 대해 지나친 의혹을 제기하는 등

---

8. 한국에서 김대중 정부(1998~2002) 및 노무현 정부(2003~2007) 동안의 대북 유화정책은 통상 '햇볕정책'으로 불린다. 이 기간 동안 햇볕정책을 주도했던 지식인으로는 정세현(국정원장 특보·통일부 장관), 임동원(외교안보연구원 원장·통일부 장관·국정원장), 이종석(2000년 남북정상회담 김대중 대통령 특별수행원·국가안전보장회의 사무차장·통일부 장관), 백종천(세종연구소 소장·청와대 안보실장), 송민순(외교부 장관), 서주석(당시 대통령 외교안보수석·현 국방차관) 등을 들 수 있다. 문재인 정부에 들어와서 이런 기조를 펼치는 대표적인 지식인으로는 문정인 연세대 교수, 김용현 동국대 교수, 양무진 경남대 북한대학원대학교 교수, 임을출 경남대 극동문제연구소 교수 등이 있다. 정확하게 일치하지는 않지만, 비슷한 맥락에서 미국에도 대북 유화적 자세와 대화로 북핵을 해결해야 한다는 대화파 지식인들이 있으며, 대표적인 인물로는 1994년 제네바합의를 주도했던 로버트 갈루치(Robert Gallucci) 존스홉킨스대 한미연구소장, 로스알라모스국립연구소 소장을 지낸 지그프리드 헤커(Siegfried Hecker) 스탠포드대 연구교수, 로버트 칼린(Robert Carlin) 스탠포드대 연구원, 조엘 우트(Joel Wit) 존스홉킨스대 한미연구소 연구원 등이 있다. 칼린 교수는 30차례 이상 북한을 방문한 전문가로서 북한의 입장을 대변하는 역할을 하고 있다.

압박으로 전환했기 때문인 것으로 주장한다.[9] 6자회담의 실패에 대해서도 비슷한 논지를 편다. 6자회담이 2005년 9·19 공동성명을 통해 핵해결을 위한 획기적인 계기를 마련했지만, 미국이 북한이 요구하는 대북 적대정책 청산을 이행하지 않고 오히려 BDA의 북한구좌를 동결하는 조치를 통해 북한을 자극했기 때문에 북한이 2006년 7월 5일 대규모 미사일 발사시위와 2006년 10월 9일 제1차 핵실험을 실시한 것으로 보는 편이다.

이에 비해 보수론은 북한의 두 얼굴 중에서 '동족'보다는 '안보위협'이라는 측면을 중시하며 통일과 상생을 구분한다. 즉, 북한 정권을 포용하고 화해 협력하는 것은 남북 상생을 위해 필요하지만 헌법 제4조가 명시하고 있는 '자유민주적 기본질서에 입각한 평화통일'을 성취하기 위해서는 북한의 변화가 필수적이라는 입장을 취한다. 또한 상생을 위해 북한 정권을 포용하는 것은 필요하지만, 이는 북한 정권의 권위와 정당성을 높여주는 일이기 때문에 북한체제의 소멸을 전제로 하는 자유민주주의 통일로 가는 길과는 상충되는 성격을 포함하는 것으로 이해한다. 보수론은 안보현실을 의식하여 한미(韓美)동맹을 중시하며, 북핵에 대해서도 김대중·노무현 정부가 '햇볕정책'을 펼치

---

9. 예를 들어, 2007년 5월 4일 경남대 극동문제연구소 토론회에서 이종석 전 통일부 장관은 "북한의 고농축우라늄 문제와 관련하여 미국으로부터 확정적인 증거나 정보를 받은 적이 없다. 미국 측에 농축 문제에 집착해서 북한을 몰아붙이면 위험하다고 여러 번 말했는데, 결국 내 말대로 되어서 북한이 핵실험까지 했다"고 발언했다. 송민순 전 외교부 장관도 2016년에 출판한 회고록 『빙하는 움직인다』를 통해 부시 행정부의 강경한 대북정책으로 인해 제네바핵합의 체계가 파기된 것으로 판단하고 "제네바합의가 파기되지 않았더라면 한반도 정세가 크게 개선되었을 것"으로 아쉬워하고 있다.

는 동안 북한이 이를 악용하고 핵개발을 지속했다는 사실을 들어 무조건적인 대북포용에 반대하고 제재와 억제의 불가피성을 인정한다.

보수론자들은 북핵 대화 실패의 주된 원인을 핵보유를 통해 체제 생존을 모색하면서 한반도 적화통일의 여건을 조성하기를 원하는 북한 정권의 체제 딜레마와 호전성에서 찾는다. 보수론자들은 한국 정부가 유화정책을 펴든 강경정책을 펴든 이와는 무관하게 자신들의 핵개발 계획을 일관되게 추진해왔다는 점에서 북핵 문제의 원인을 한미 정부의 강경한 대북정책에서 찾는 것에 동의하지 않는다. 보수론자들은 제네바핵합의 파기의 원인도 북한의 기만행위에서 찾는다. 미국이 중유제공을 지연시킨 이유는 북한이 1994년 제네바핵합의에 서명한 직후부터 농축기술을 전수받기 위해 파키스탄과 비밀접촉을 가지는 등 합의를 위배하는 행동을 보였기 때문인 것으로 본다. 6자회담의 실패에 대해서도 비슷한 논지를 편다. 미국이 돈세탁 의혹이 있는 BDA 구좌를 동결한 것은 특별한 일이 아니며, 오히려 북한이 2500만 달러에 지나지 않는 이 구좌에 대한 동결을 제1차 핵실험을 정당화시키는 빌미로 삼은 것으로 판단한다.

전체적으로 볼 때, 북한의 핵실험이 거듭되고 핵위협의 강도가 커지는 데 비례하여 진보론적 주장들은 설득력을 상실하고 있다. 북한이 1994년 제네바핵합의를 통해 플루토늄 생산 시설들을 동결하기로 합의한 직후부터 농축을 준비한 것은 핵개발 의지를 감추고 세계를 기만한 것이며, 북한이 3년 간격으로 1~4차 핵실험을 실시하고 4차 핵실험 이후 8개월 만에 5차 핵실험을, 다시 일 년 만에 6차 핵실험을 실시하는 연속성을 보여줄 수 있었던 것은 북한이 6자회담이 진행되는 동안에도 뒤로는 핵개발을 멈추지 않는 '대화 따로, 핵개발 따로'라는 이중전략(two-track strategy)을 구사해왔기 때문이다. 북한은 6 자회담 동안에도 쉼 없이 풍계리 핵실험장을 파고 있었다. 그렇게 하지 않았다면 이후의 반복적인 핵실험은 불가능했을 것이다. 2005년 9·19 공동성명 이후 북한이 미국이 BDA 구좌에 대한 제재를 풀지 않으면 핵폐기 논의를 유보하겠다고 위협한 것은 2006년 7월 5일의 미사일 시위와 10월 9일의 핵실험을 예정한 상태에서 명분을 찾았던 것으로 보인다.

북한이 2·13 합의를 통해 '폐쇄 및 봉인', '불능화 및 신고', '검증 및 핵폐기' 등 3단계를 거쳐 북핵문제를 해결하기로 한 것은 '핵포기'라는 의제를 여러 개의 소의제로 쪼개어 하나하나를 놓고 지루한 협상을 벌이는 '의제 쪼개기(agenda slicing)' 협상전술을 펼친 것이라 할 수 있다. 북한이 2·13 합의와 10·3 합의를 통해 핵포기를 약속한 이후에 모든 핵시설이 아닌 5MW 원자로, 재처리 시설, 핵연료봉 제조공장 등 세 곳만을 동결하겠다고 주장한 것도 원론에서 합의한 후 각론에서 딴전을 부리는 공산주의자들의 전형적인 협상전술이었다.

결국, 큰 그림에서 보면 북한은 국제사회의 비난여론을 희석시키고 핵개발 시간을 버는 중간적 조치(modus vivendi)로 6자회담을 활용한 것이다. 9·19 공동성명, 2·13 합의, 10·3 합의 등 6자회담이 기록한 성과들은 북한의 핵개발 과정에 있어 이보 전진을 위한 일보 후퇴였으며, 그 과정에서 북한은 벼랑 끝 외교(brinkmanship), 의제 추가(agenda addition), 의제 쪼개기(agenda slicing), 꼬리 자르기(salami tactics), 강탈적 요구, 지연 등 다양한 협상전술을 유감없이 구사했다.

대북 제재와 중국의 이중플레이

6자회담 기간 중인 2006년 7월 5일 북한이 대포동 2호 미사일 1 기, 로동 미사일 2기, 스커드 미사일 4기 등 일곱 기의 미사일을 동 해를 향해 발사하자 7월 15일 유엔안보리는 이를 규탄하는 결의 제 1695호를 채택했다. 2006년 10월 9일 북한이 제1차 핵실험을 실시 하자 10월 14일 유엔안보리는 유엔헌장 제7장 41조에 의거하여 결 의 제1718호를 통과시켰다. 이후에도 북한이 미사일을 쏘고 핵실 험을 지속함에 따라 안보리의 대북 결의는 반복되었다. 2006~2017 년 사이에 채택된 안보리 결의는 1695호, 1718호, 1874호, 2087호, 2094호, 2270호, 2321호, 2356호, 2371호, 2375호, 2397호 등 11개 에 달하지만, 김정은 정권 이후 핵개발 마이웨이는 지금도 지속되 고 있다.

안보리 결의 2270호는 북한의 대량살상무기(WMD) 관련 수출입, 대외교역, 금융 및 재정 등 광범위한 분야에 걸친 초강력 제재를 명 시했는데, 여기에는 무기 거래 금지, 광물 수출 금지, 해상 및 항공운 송 통제 등이 포함되었다. 그럼에도 2270호에는 구멍들이 많았다. 중 국의 요청에 의해 북한의 광물 수출을 금지하면서도 '핵·미사일 개 발과 무관한 민생용 수출'은 제외했고, 항공유를 제외한 석유 수입은 금지하지 않았으며, 역시 북한의 중요한 외화수입원인 해외 인력송 출을 금지하지 않았다. 그 결과 중국의 북한산 석탄수입은 줄어들지 않았다. 이후에도 안보리의 대북제재 결의는 이어졌는데, 그 현황은 다음과 같다.

표1) 2006~2017년 유엔안보리 대북제재 결의 현황

	결의	채택일	원인/배경	주요 내용
1	1695	2006. 7. 15.	미사일 7기 발사 (2006. 7. 5.)	북 미사일 활동중지 회원국 감시/재정지원 금지 권고
2	1718	2006. 10. 14.	1차 핵실험 (2006. 10. 9.)	핵/무기/사치품 거래 중지(결정) 유엔헌장 제7장41조 의거 추가 핵실험 및 미사일 발사 금지 촉구
3	1874	2009. 6. 12.	2차 핵실험 (2009. 5. 25.)	추가 핵실험 및 탄도미사일 기술 사용 금지 NPT/사찰/회담 복귀 촉구
4	2087	2013. 1. 22.	은하3호 발사 (2012. 12. 12.)	핵·미사일 활동 금지 기관/개인 제재 대회원국 캐치올(Catch-all) 촉구
5	2094	2013. 3. 7.	3차 핵실험 (2013. 2. 12.)	차단/금지 확대 제재 확대 대회원국 권고/촉구를 의무로 전환
6	2270	2016. 3. 2.	4차 핵실험 (2016. 1. 6.)	무기/광물 운송 금지 확대 캐치올 강화 벌크캐쉬 금지 석탄/철광 수출 금지(민생 제외) 항공유 금수(일부 예외)
7	2321	2016. 11. 30.	5차 핵실험 (2016. 9. 9.) 북중 광물거래 지속	석탄수출 상한선 (4억 90만 달러 또는 750만t) 금지광물 확대
8	2356	2017. 6. 2.	미사일발사 반복	미사일 관련 단체/개인 추가 제재
9	2371	2017. 8. 5.	IRBM 발사, ICBM(화성-14) 발사 (2017. 7. 4./7. 28.) 북중교역 지속	해산물 수출(연 3억 달러) 금지, 합작금지 해외인력 추가송출 금지
10	2375	2017. 9. 11.	6차 핵실험 (2017. 9. 3.) 북중교역 지속	섬유수출(연 2억 5000만 달러) 금지 원유수입 400만 배럴 동결 석유정제품 수입 450만 배럴에서 200만 배럴로 축소
11	2397	2017. 12. 22.	ICBM(화성-15) 발사 (2017. 11. 29.) 북중교역 지속	석유정제품 수입 50만 배럴로 축소 해외노동자 2년 내 귀환 수출 금지 확대 해상차단 강화

여기에 더하여 미국, 일본, 호주, 유럽연합(EU) 등 주요 국가들이 독자적으로 금융·무역 등 여러 분야에 있어서 대북제재 조치들을 발동했고, 중국과 러시아도 형식적이기는 하지만 독자적인 제재 조치들을 취했다. 한국도 2016년 3월 8일자로 대북 금융제재, 해운통제, 수출입 통제, 해외 북한식당 등 북한 영리시설 이용 자제, 북한 입항 선박에 대한 180일 이내 한국 입항 금지 등을 골자로 하는 독자적 대북제재 조치를 취했다.

이렇듯 유엔 및 개별 국가들의 대북제재가 강도를 더해가고 있지만, 아직도 북한이 굴복할 기미는 없다. 문제는 북한의 최대 교역국이자 최대 인력 진출국이며 북한의 금융기관의 대부분의 해외지사가 집중된 중국이 이중플레이를 지속해왔다는 점이다. 즉, 공식적으로는 대북제재에 참여하면서도 비공식적으로는 북한 정권의 생존을 돕는 이중성을 보이면서 예외조항들을 이용하여 중국 기업들의 대북 교역을 방조하고 석유공급도 계속해왔다. 중국은 '북핵 반대'라는 공식입장과 함께 "북한의 정권과 체제를 불안정하게 만드는 어떠한 조치에도 반대한다"는 상충되는 메시지를 동시에 발하는 것도 잊지 않는다. 주목해야 하는 것은 중국-러시아 전략적 제휴(strategic collaboration)가 미국 및 미일(美日)동맹의 중국 포위 전략에 맞서는 신냉전 구도에서 비롯되는 구조적인 현상이어서 쉽게 바뀌지 않을 것이라는 사실이다. 향후 중국이 얼마나 강력하게 북한을 압박해 줄 것인가 하는 것을 결정하는 최대 변수는 당연히 미국일 것이나, 신냉전 구도에서 중국은 동맹국인 북한의 궤멸을 원하지 않는다. 이런 상황을 '중북(中北) 전략적 공모(strategic collusion)'라 칭함은 지나치지 않을 것이며, 북한은 중국이 깜빡거려주는 청신호를 쳐다보면서 핵무력 고도화를 지속하고 있다.

북핵에 대한 군사적 억제: 한국형 3축 체제

날로 엄중해지는 북핵 위협으로부터 국가와 국민을 지키기 위해 그리고 언제든 현실로 다가올 수 있는 동맹의 약화나 코리아 패싱에 대비하여 한국군이 꾸준하게 독자 대응능력을 키워나가야 함은 당연지사이다. 한국군이 독자적인 북핵 억제전략을 갖추기 위해서는 선제(pre-emption), 방어(defense), 응징(retaliation), 방호(Protection) 등 네 분야에서의 역량을 함양해야 한다.

선제란 북한의 핵발사 징후를 미리 포착하여 발사대를 떠나기 전에 파괴하는 것이고, 방어란 발사된 핵미사일을 요격하여 격추시키는 것이며, 응징이란 북한의 핵발사 직후 또는 적절한 시점에 취하는 물리적 징벌조치이다. 방호는 핵공격을 받은 상황에서 피해를 최소화하기 위한 대피소 운영과 함께 각종 비상계획들을 수행하는 것으로 해당 정부부처와 지자체들이 함께 발휘해야 하는 역량이지만, 핵대피 시설이나 핵민방위 체계가 전무하다시피 한 한국에 있어 천문학적인 예산이 소요되는 핵방호 체계의 구축은 중장기적인 과제일 수밖에 없다. 때문에 현재 한국군이 추구하는 억제체제는 '선제와 방어 그리고 응징'에 기반한 '한국형 3축 체제'이다. 3축 체제가 공식화되기까지의 과정은 결코 순탄하지 않았다.

2006년 북한의 제1차 핵실험 이후부터 한국군은 유효고도가 15~ 20km에 불과한 미국제 패트리어트(PAC-2) 미사일로 북한의 미사일을 요격하는 방어체계를 논의하고 있었다. 그러나 김대중·노무현 정부 는 중국과 국내 반대를 의식하여 "미국의 탄도미사일방어체계(BMD) 에 통합되지 않고 독자적으로만 운영할 것"이라고 공언했다. 미국제 미사일을 사용하고 미국의 감시정찰 능력에 의존하면서 그렇게 말하 는 것은 어색한 일이지만, 어쨌든 공식 입장은 그랬다. 한국형미사일 방어(KAMD) 체제의 구축이 공개적으로 추진된 것은 2008년 이명박 정부 출범 이후부터였고, 한국군은 PAC-2 미사일과 이스라엘제 그 린파인 레이더를 확보하여 종말단계의 하층에서 북한 미사일을 요격 하는 체계를 갖추었다.

2013년 박근혜 정부가 출범한 이후 북한이 제3차 핵실험을 실시하 자 한미 양국은 주한미군에 고고도미사일요격체계인 사드(THAAD)를 배치하는 문제를 검토했고, 결국 2017년 초 사드 1개 포대가 성주지 역에 배치됨으로써 한국은 2중 방어막 체계를 가지게 되었다. 국민을 좀 더 안전하게 지키기 위해 배치되는 사드를 둘러싼 극심한 국론분 열과 좌우 대결이 벌어지는 상황에서, 그리고 중국의 사드 보복을 의 식해야 하는 상황에서, 향후 사드의 추가 배치 필요성이 제기될 때 한 국군이 이를 실행할 수 있을지는 지극히 의문스럽다.

북한의 제3차 핵실험 직후 국방부는 기존의 방어 노력에 더하여 필 요시 북한의 미사일을 발사 전에 선제 타격하기 위한 킬체인(Kill-Chain) 을 구축하겠다고 발표했다. 이를 위해 감시·정찰(ISR), 지휘·통제·통 신·컴퓨터(C4), 정밀타격 수단(PGM) 등의 분야에서 고첨단 장비들을 확보하겠다는 계획도 공개했다. 그러나 전문가들은 선제역량이 이론적으로 매우 필요하다고 인정하면서도 타당성에 있어 많은 문제점이 있음을 직감한다.

완전한 선제역량이란 이론적으로 존재하기 어렵고, 얼마나 많은 돈과 시간을 투자해야 믿을 만한 선제역량을 갖출 것인가 또는 어느 정도의 역량이 믿을 만한 역량인가에 있어 사실상 상한선이 존재하지 않기 때문이기도 하지만, 단 한 기의 군사위성도 가지지 않은 한국에 있어 너무나 요원한 목표이기 때문이다.

이런 과정을 거쳐 한국군이 선제 및 방어체제 구축에 나서게 되었지만, 응징에 대해서는 북한의 제5차 핵실험 이전까지 언급하지 않았다. 2015년 4월 20일 발표한 '2016~2020 국방중기계획'을 통해 향후 5년 동안 KAMD와 킬체인에 8조 7000억 원을 투입하고 2020년대 중반까지 도합 17조 원의 예산을 투입할 것이라고 밝혔지만, 이때에도 응징 전략은 언급하지 않았다. 이대로라면 한국군의 독자적 억제체제에는 '응징' 요소가 빠진 채 응징 부분을 전적으로 미 핵우산에 의존하는 체제로 가게 될 판이었다. 즉, 선제와 방어 역량의 구축이 요원한 상태에서 미 핵우산의 신뢰성이 약화되면 한국은 심각한 위험에 처할 수 있다.

하지만 2016년 9월 9일 북한이 제5차 핵실험을 강행하자, 국방부는 임호영 당시 합참 전략기획본부장의 브리핑을 통해 참았던 오줌보를 터뜨리듯 한국군도 미 핵우산과 별개로 독자적인 응징 역량을 추구할 것이며 "북한의 핵공격 시 북한의 전쟁지도부를 직접 겨냥해 응징보복을 실행할 것"이라고 발표했다.

이어서 9월 12일 새누리당 원유철 의원이 주최한 국회 '핵포럼'에서 한민구 국방장관은 대량응징보복(KMPR: Korean Massive Punishment & Retaliation) 개념을 포함한 강화된 억제전략을 '한국형 3축 체제'라는 이름으로 공개했다. 즉, 선제(Kill Chain)와 방어(KMAD)에 대량응징보복(KMPR)을 추가하여 '3축 체제'로 칭한 것이며, 응징보복에는 북한의 핵도발 시 지휘부를 궤멸시키는 참수작전도 포함되어 있음을 확인시켜 주었다. 이날 브리핑은 핵포럼 멤버인 국회의원 20여 명과 필자를 포함한 전문가 수 명이 참가한 가운데 개최되었는데, 평소부터 응징이 억제전략의 주축이 되어야 한다고 믿어왔고 2010년 대통령직속 국방선진화추진위 군구조개선 소위원장으로 국방개혁 업무를 수행하면서 국방부에 동맹전략에 더하여 한국군의 독자적 응징전략 수립과 한국형 '3축 체제'를 건의했던 필자에게는 만감이 교차하는 순간이었다.[10]

---

10. 김태우, "능동적 억제전략하 3축 체제 구축", 「국방선진화추진위원회 보고」 2010. 12. 6.; "북한 핵미사일과 적극적 억제", 2013. 9. 26. 안보전략연구원 세미나 발표문; "핵위협하 국지도발 대비 대응전략 발전방향", 2013. 3. 22. 한국군사문제연구소·한국해양전략연구소(KIMS)·해병대연구소 공동세미나 발표문; "능동적 억제전략과 해군의 역할", 2010. 11. 18. 제65주년 해군창설 기념 세미나 발표문; "응징, 방어 그리고 선제(Deterring the North Korean Bomb: Retaliation, Defense & Preemption)", "2015. 8. 28. 국가안보전략연구원-헤리티지재단 공동주최 국제학술회의; "북한의 핵미사일 위협과 한국의 대응", 한국해양안보포럼-충남대 2016 국내학술세미나(2016. 8. 29.) 발표문; "북한의 제5차 핵실험과 한국형 3축 체제", 육군사관학교 개교 70주년 기념 통일세미나(2016. 9. 30.) 발표문; "북핵억제를 위한 연합대비 태세 강화", 2015. 2. 5. 여의도연구원/새누리당 국책자문위원회 국방정책발전 세미나 발표문; "북핵대응, 한국형미사일방어와 킬체인만으론 안 된다", 한국경제신문 2015. 1. 30. 시론; "응징, 방어 그리고 선제(Deterring the North Korean Bomb: Retaliation, Defense & Preemption)",: "선제-방어-방호-응징' 전단계 군사적 억제가 핵심", 중앙선데이 2016. 1. 10.; "북한의 핵·미사일 위협과 한국의 생존전략" 등이 필자가 응징전략의 중요성을 부각시키기 위해 발표한 글들이다.

자고로 응징역량이란 대치하는 두 국가간의 충돌을 막는 핵심적인 억제요소이다. 어느 한쪽만이 다른 쪽을 공격할 수 있는 일방적 취약성(unilateral vulnerability) 상태에서 억제란 근본적으로 가능하지 않다. 바꾸어 말하면, 대치하는 두 국가간에 억제가 이루어지기 위해서는 서로가 서로에게 취약한 상호 취약성(Mutual Vulnerability)이 확보되어야 하며, 이는 상호간 응징보복 역량에 의해 가능해진다. 이는 핵억제의 고전적 진리로서 미소(美蘇) 냉전동안 상호간 응징역량에 기반을 둔 상호확실파괴(MAD: Mutually Assured Destruction) 전략이 핵전쟁을 억제한 핵심 요인이었다는 사실에서도 뒷받침되고 있다. 이런 맥락에서 볼 때, 한국군이 대북억제의 핵심인 응징 부분을 미 핵우산에 의존한 채 선제와 방어에만 집착했던 것은 전략적 오류라 할 수 있으며, 뒤늦게나마 독자적 대량응징보복체계의 구축에 나선 것은 다행스러운 일이다. 독자적 응징능력의 함양이 미 핵우산에 대한 의존도를 줄이는 길이기도 하지만, 동맹의 약화에도 대비하는 미래지향적인 선택이기 때문이다.

한국형 3축 체제의 문제점과 과제

필자의 눈에는 한국형 3축 체제를 구축함에 있어 두드러진 세 가지 문제점이 눈에 띈다.

첫째, 3축 체제의 구축에는 다양한 기술적·재정적·정치적·시간적 한계들이 있고, 이 중 많은 부분은 극복하기 어려운 것들이다. 제1축인 킬체인을 구축하기 위해서는 타격수단과 감시·정찰·탐지·추적 수단들을 구비해야 하는데, 말만큼 쉽지 않다. 주요 타격수단인 미사일의 경우 탄도미사일은 속도는 빠르지만 정확성이 떨어지고 순항미사일은 정확성은 우수하지만 시간이 많이 걸리기 때문에 시한성 긴급표적(TCT: Time Critical Targets)을 타격하는 데 제한이 불가피하다. 항공기의 경우 시간이 걸리는 데다 상대국의 방공망을 돌파해야 하는 부담이 수반되며, 스텔스 항공기는 방공망 돌파는 용이하지만 엄청난 비용으로 인해 충분한 숫자를 확보하기가 어렵다. 북한 핵무기의 동태를 파악하기 위해 운용해야 하는 감시·정찰·탐지·추적 수단들을 모두가 고첨단·고비용 자산들이어서 소요비용은 사실상 무한정이며, 단 한 기의 군사위성도 보유하지 않은 한국으로서는 요원한 일이다. 다수의 군사위성들을 확보한다고 하더라도 위성이 북한지역을 지나가는 것은 하루 1~2회 뿐이어서 북한 전역을 샅샅이 보기 위해서는 최소 200기의 위성이 필요하며, 설령 그만한 숫자를 확보한다 하더라도 터널 속에 있는 이동발사대들을 추적할 수 없다. 신뢰성이 높은 킬체인 체제를 구축했다 하더라도 군통수권자가 북한의 핵공격 가능성을 100% 확신하여 전면전 위험성을 무릅쓰면서 선제공격을 명령하기란 쉽지 않다.

방어의 경우에도 비슷한 문제점들이 존재한다. 한국이 보유한 레이더들이 다양한 속도와 모드로 고각 또는 저각으로 발사되는 북한 모든 미사일들을 모두 탐지·추적할 수 있는 것이 아니며, 현재 한국군이 보유한 개량형 PAC-2 미사일이나 미군이 운용하는 사드(THAAD)는 북한이 보유한 발사대와 미사일 숫자를 고려하면 턱없이 미흡하다. 북한이 잠수함발사탄도미사일(SLBM)을 실전 배치하면 아예 방어가 불가능할 수 있다. 방어를 위한 자산들도 대부분 고첨단·고비용이어서 재정적 소요 또한 막대하다. 요격 과정을 일관 지휘·통제하는 신뢰성이 높은 작전통제소(TMO)를 갖춘다는 것도 쉬운 과제가 아니다. 독자 개발에 성공한 중거리지대공미사일(M-SAM)은 요격고도가 패트리어트(PAC)와 비슷하여 다층 방어용이 아니고, 개발 중인 M-SAM이 전력화되려면 아직도 많은 세월이 필요하며, 그런 무기체계들이 배치된다고 해서 완벽한 방어가 보장되는 것도 아니다.

응징의 경우, 타격목표물을 식별하고 타격을 유도하는 과정은 킬체인의 작동과정과 유사하기 때문에 킬체인을 위해 확보하는 감시·정찰·탐지 자산들을 사용할 수 있으나, 여기에도 많은 어려움이 존재한다. 일단 탄도미사일, 순항미사일, 벙커버스터, 스텔스 항공기, 특수전 부대 등 다양한 타격수단들을 충분히 확보한다면 북한의 노출된 전략목표들—이를테면 레이더, 핵무기 저장고, 군수공장, 발전소 등—을 타격하는 것은 가능하지만, 지하에 은신한 적 지휘부나 군사시설을 타격하는 것은 쉽지 않다.

둘째, 제한된 예산으로 북핵 억제체계를 구축하기 위해서는 예산의 효율적 사용이 절대적이지만, 이와 관련한 문제점도 눈에 띈다. 문재인 정부는 임기동안 3축 체제 구축을 완료한다는 목표 하에 총 57조 원을 투입한다는 계획을 세웠고, 이런 취지에서 2018년도 국방예산을 전년도 대비 6.9% 증액하고 특히 무기체계 구입에 사용되는 방위력개선비를 10% 이상 올렸다.

예산의 내역을 보면, 킬체인에 가장 많은 예산을 배정하고 KMPR

에 가장 적은 예산을 배정하는 것으로 되어 있다. 하지만, 이런 예산 배정에는 재고해야 할 부분들이 있다. 과거에 비해 국방비 증액의 폭을 높였다고는 하지만, 이 정도의 증액으로 계획한 3축 체제 구축이 가능할지도 의문이고 KMPR 부분에 가장 적은 예산을 배정하는 것은 납득하기 어렵다. 전술한 바와 같이 킬체인과 KAMD는 기술적·재정적·정치적 타당성에 많은 한계점을 가진다. 하지만 KMPR은 상대의 공격에 대응하는 것이므로 정치적 타당성에 문제가 없고 상대적으로 적은 비용으로 많은 응징수단들을 확보할 수 있으며, 그중에는 고첨단을 요구하지 않는 무기들도 포함된다. 즉, 상대방 지휘부에 정밀보복을 가하기 위해서는 고첨단·고비용 장비들이 필요하지만 광범위한 피해를 가하기 위한 대량파괴용 무기는 고도의 정밀성을 요하지 않으며 대량생산을 통해 단가를 줄일 수 있는 여지가 많다. 또한 재래무기는 사용이 용이하기 때문에 재래무기에 의한 응징은 북한이 보기에 신뢰성이 높다.

KMPR은 비용대비 억제효과도 크다. 어떤 상가단지가 주변 강도들로부터 자신들을 지키는 수단을 강구한다고 가정해보자. 강도들이 강도짓을 하려는 것을 미리 파악하여 사전에 차단하는 조치, 강도가 침입하지 못하도록 잠금장치를 강화하고 경비원을 늘리는 조치, 상가입구에 피 묻은 작두를 걸어놓아 강도짓을 하다가 잡히면 어떻게 된다는 것을 보여주는 조치 등 세 가지 중에서 어느 것이 가장 타당성이 높고 가장 저렴하면서도 억제효과가 클 것인가를 따져보면 알수 있는 일이다.

정부와 국방부는 선제, 방어, 응징 중에 비용대비 억제효과가 큰 응징에 가장 많은 예산을 배분하는 방안을 검토해야 마땅할 것이다. 손자병법에 "백 번 싸워 백 번 이기는 것은 최선이 아니며 싸우지 않고 적을 굴복시키는 것이 최선이다(百戰百勝 非善之善者也 不戰而屈人之兵 善之善者也)"라는 가르침이 있다. 한국이 3축 체제를 구축하는 것은 싸우지 않고 이기기 위함이며, 필자는 그중에서도 응징전략이 비용-효과 면에서 가장 우수한 방안이라 믿고 있다.

셋째, 정치인들이 3축 체제를 만병통치약으로 알고 이것만 구축되면 문제가 없다는 식으로 말하는 것은 금물이다. 3축 체제는 어차피 꾸준히 구축해나가야 할 안보사업이지만, 간단하게 구축되는 것도 아니고 구축을 했다고 해서 충분하다는 보장도 없으며, 한국의 재정능력으로는 전문가들이 생각하는 수준에 도달하기까지 장구한 시간이 걸린다. 그런데도 "국방비를 증액했으니 3축 체제를 구축할 수 있다", "북핵은 염려하지 않아도 된다", "전시작전통제권을 환수해도 문제가 없다" 등의 말을 하고 다니는 것은 국민을 호도하는 것이 될 수 있으며 안보를 위태롭게 할 수 있다.

동맹차원에서의 억제 강화

북한의 핵무력 고도화가 진척되면서 한미동맹 차원에서의 대북 억제태세도 강화되어 왔다. 북한이 제1차 핵실험을 실시했던 2006년 한미 양국은 제38차 국방장관회담(SCM)을 통해 "북한의 핵공격 시 미국은 핵무기뿐 아니라 여타 다양한 무력수단을 동원하여 응징한다"

는 의미를 가진 '확대억제(extended deterrence)' 개념을 정립했고,[11] 제2차 핵실험이 실시되었던 2009년 제41차 SCM을 통해 보다 구체화했다. 제3차 핵실험이 실시되었던 2013년 제45차 SCM에서는 양국 국방장관이 '맞춤형 억제전략' 문서에 서명했고, 2014년 제46차 SCM에서는 '4D 작전개념'을 정립했다. 맞춤형 억제란 북한의 대량살상무기(WMD) 위협을 위협 단계, 사용임박 단계, 사용단계 등으로 세분하고 단계별로 한미 양국이 외교적·군사적 대응조치를 취한다는 것이다. '4D'란 탐지(detect), 방어(defense), 교란(disrupt), 파괴(destroy)를 말하는 것으로 북한의 공격 징후를 탐지하여 미사일 기반시설을 파괴함으로써 공격행위 자체를 교란·무산시킨다는 의미를 가진다. 결국, 4D 개념이란 '맞춤형 억제'를 위한 작전차원으로 구체화하기 위해 협의발전 중인 것으로 보면 된다.

또한, 미국은 맞춤형 억제와 확대억제를 이행하는 의지를 과시하기 위해 북한이 핵실험을 실시할 때마다 전략자산들을 한국에 전개하고 있다. 미국은 북한의 2013년 제3차 핵실험 직후 B-52 전략폭격기들을 한반도에 전개했으며, 2016년 제4차 핵실험 직후에는 버지니

---

11. 한미 양국이 기존의 '핵우산(nuclear umbrella)'이라는 표현이 있음에도 유사한 의미의 '확대억제(extended deterrence)'라는 표현을 사용하기 시작한 것은 '핵우산'이라는 표현이 북한의 핵도발 시 미국의 응징수단이 핵무기에 국한된다는 오해를 받을 소지가 있어 '핵무기를 포함한 모든 군사수단이 응징수단으로 동원됨'을 강조하기 위함이었다. 한편, 한국 국방부는 'extended deterrence'를 '확장억제'로 번역하고 있으나, 필자는 부적절한 표현으로 판단하여 '확대억제'라는 표현을 고수한다. 기본적으로 'extended deterrence'는 미국이 외부의 침략을 받았을 때 응징한다는 억제원칙을 동맹국에 확대 적용하는 것이므로 그리고 응징 수단이 핵무기뿐 아니라 여타 수단들로 확대된다는 의미이므로, 공간을 넓힌다는 의미로 사용되는 '확장'보다는 '확대'가 올바른 번역일 것이다.

아급 핵추진 잠수함 노스캐롤라이나함과 세계 최강의 전투기인 F-22 랩터 4대를 한국에 전개했다.

제5차 핵실험 직후에는 두 차례에 걸쳐 B-1 랜서 전략폭격기를 전개했다. B-1은 1998년 제2차 걸프전을 위시하여 이라크, 아프가니스탄, 리비아, 시리아 등에 투입되어 맹위를 떨친 전략폭격기로 유사시 24기의 B-61 및 B-83 핵폭탄을 위시한 60t의 폭탄을 탑재하고 괌에서 이륙하여 음속 1.2배의 속도로 두 시간 반 만에 한반도에 도착할 수 있다. 제5차 핵실험 직후인 2016년 10월에는 서해와 남해에서 핵추진 항모 로널드 레이건호를 비롯한 50여 척의 양국 함정들과 항공기들이 동원된 연합해군훈련 '2016 불굴의 의지'를 실시했다. 트럼프 대통령의 한국 방문과 문재인 대통령과의 정상회담이 개최된 2017년 11월 초에는 로널드 레이건함, 시어도어 루즈벨트함, 니미츠함 등 핵추진 항공모함들을 필두로 하는 세 개의 항모전단이 동해에서 한미 연합훈련을 전개하는 사상 최대 규모의 무력시위를 벌였고, 12월 4~8일에는 스텔스기, 전자전기, 전략폭격기 등을 포함한 230대의 항공기가 동원된 역대 최대 규모의 한미 공군훈련 '비질런트 에이스(Vigilant Ace)'도 실시되었다.

그럼에도 동맹 차원에서의 북핵 억제에 여전히 많은 과제들이 남아있다. 북한이 미국을 직접 위협하는 사태에 이름에 따라 미국이 과연 스스로 핵공격을 받을 위협을 무릅쓰면서까지 한국을 지켜주겠는가라는 질문들이 제기되고 있는 데다, 2017년 취임한 트럼프 대통령이 미국 우선주의와 경제 내셔널리즘을 내세워 동맹의 신뢰성에 대한 우려는 더욱 깊어지고 있다. 작전 차원에서는 한국군이 독자적으로 추진하는 한국형 3축 체제를 한미 연합차원에서 협의 중인 4D 전략과 유기적으로 결합해야 하는 과제가 남아 있다. 한반도 유사시 한미군이 단일 지휘체계 아래서 작전을 수행하게 되어 있는 현 전시작전통지권 체제하에서 한국형 3축 체제와 4D 전략이 따로 놀게 된다면 난감한 일이 아닐 수 없기 때문이다. 이런 문제들은 현재 한미억제전략위원회(DSC)를 통해 정리해야 할 과제로 남아 있다. 이런 이유로 필자를 포함한 일부 전문가들은 한미동맹 조약에 '유사시 자동 개입' 조항을 삽입하는 개정, 미 전술핵의 한반도 재배치 등 동맹차원에서도 보다 획기적인 억제력 강화가 필요한 것으로 판단하고 있다.

게임체인저로 부상한 북핵과 한국인들의 4대 핵악몽

현재 북핵은 아무도 어떻게 할 수 없는 괴물이자 세계와 동북아 그리고 한반도에 엄청난 파장을 미치는 새로운 게임체인저(game changer)로 부상 중이다. 세계 차원에서 북한의 핵게임은 핵질서를 흔들면서 안보리 결의들을 우롱하고 유엔의 권능을 무력화시키고 있으며, 동북아 차원에서는 신냉전 대결을 악화시키고 있다. 북한이 핵실험을 하거나 미사일을 발사할 때마다 북핵을 비호하는 중러와 이에 반대하는 미국간의 갈등이 불거지면서 신냉전 구도가 심화되고 있으며, 한반도에서 경제적 우위를 가진 한국을 압도하고 남북관계를 지배하는 비대칭 지렛대(asymmetric leverage)가 되고 있다.

이러한 상황에서 한국인들은 한국 죽이기(Korea killing), 한국 겁주기(Korea scaring), 한국 때리기(Korea bashing), 한국 배제하기(Korea passing)라는 네 가지 핵악몽에 시달려야 한다. 한국 죽이기라 함은 핵을 사용한 군사적 공격 위험성을 말하는 것으로 한국인들은 북한의 핵공격으로 인해 어느 순간 결단(nuclear annihilation)이 날 수 있다는 공포에 시달려야 함을 의미한다. 북한이 실제로 핵을 사용할 가능성이 어느 정도인가라는 질문에 '높지는 않다'고 하는 것이 정답이겠지만, 그럼에도 세계에서 핵공격을 받을 가능성이 가장 높은 나라가 한국이라는 사실도 부인할 수 없기 때문이다. 한국 겁주기라고 함은 핵을 이용한 심리적 공격을 말하는 것으로 북한이 핵무기를 실제로 사용하지는 않지만 그것을 이용하여 한국 정부와 국민 그리고 군을 위축시키는 심리적 수단이 된다는 뜻이다(이 부분은 제2장에서 핵무기의 '정치·외교적 효용성'과 '핵그림자 효과'를 설명하면서 기술했다). 유감스럽게도 한반도에는 북핵의 그림자가 이미 짙게 드리워져 있다. 한국이 단호하게 그리고 현명하게 대처하지 못한다면, 핵노예가 되어 끌려 다녀야 할지 모르며 결국에는 북한이 원하는 '평화적 주체통일'의 길로 들어설 것이다.

북한이 핵무기를 고도화할수록 중국이 한국에 대한 사드 보복을 강화하는 것도 한국에는 딜레마이자 악몽이다. 이 또한 신냉전 구도에서 비롯되기 때문에 향후에도 반복될 것이다. 미국과의 패권경쟁을 의식하여 미국의 군사력이 가깝게 다가오는 것에 대해 알레르기 반응을 보이는 중국이 만만한 한국을 때리고 있는 것이다. 코리아 패싱이란 미국이 한국의 이익과 입장을 고려하지 않은 채 자신들이 편한 대로 결정해버리는 것을 말한다. 미국이 확전을 두려워하는 한국의 입장을 고려하지 않고 성급한 대북 군사행동을 취하거나 반대로 북한과의 빅딜을 통해 한국의 의사에 반해 평화협정을 맺거나 주한미군을 철수시키는 것이 그 예이다. 북한이 미국을 지치게 만드는 것, 한미 정부간의 대북기조 엇박자로 미국이 피로증을 느끼는 것, 미국 국민이 한국과의 동맹관계에 싫증을 느끼는 것 등 코리아 패싱을 초래하는 원인은 다양하겠지만, 근본적인 원인은 국력의 부족일 것이다. 미국이 어떤 비용을 지불하더라도 한국과의 동맹을 지키는 것이 자신들에게 필요하다고 판단한다면 코리아 패싱은 없을 것이기 때문이다. 지금 또 한 번의 코리아 패싱이 나라의 운명을 바꿀 수 있다. 1950년 1월 한국을 미국의 방어선에서 제외한다는 내용의 에치슨 라인이 선포된 지 5개월 후 북한은 전면 남침을 감행했었다. 이런 악몽들은 아직도 진행형이다.

시대착오적인 중국의 한국 때리기

중국의 사드 보복은 북한의 제4차 핵실험 직후인 2016년 2월 7일 한미 양국이 주한미군에 사드(THAAD)를 배치할 것을 결정한 이후부터였다. 처음에는 한국 연예인 중국 TV 출연 금지, 한류행사 금지, 한국 드라마 방영 제한 등으로 시작되어 정부 및 민간차원 대화 제한, 한국인 비자발급 절차 강화 등으로 확대되었고, 나중에는 한국 상품에 대한 반덤핑 규제 및 검역 강화, 한국산 배터리 탑재 중국의 전기

자동차들에 대한 보조금 폐지, 전세기 한국 운항 금지, 한국산 화장품 수입 금지, 한국 단체여행 전면 금지 등으로 확대되었다. 사드 부지를 제공한 롯데그룹은 중국 내 매장들의 절반 이상을 폐점했고, 길거리에서는 한국산 자동차들이 벽돌 세례를 받기도 했다. 하지만, 중국의 이런 한국 때리기는 비논리적·비사실적·일방적·차별적이며 한미동맹에 대한 간섭이자 주권을 침해하는 행위이다.

첫째, 문제의 근원은 북한의 핵 및 미사일 위협이기 때문에 그에 대한 대응으로 배치하는 사드를 시비하는 것은 논리에 맞지 않다. 둘째, 사드는 북한 미사일로부터 한국과 주한미군을 보호하기 위해 배치하는 파괴살상용 탄두를 탑재하지 않은 방어무기일 뿐이며, 중국이 이를 두고 중국안보 위협을 운운하는 것은 사실에 부합되지 않는다. 셋째, 자신들은 수백 개의 핵무기를 보유한 핵강국이며 수십 개의 군사위성을 보유하고 한반도와 일본은 물론 서태평양까지 망라하는 장거리 레이더들을 운용하면서 사드 레이더를 시비하는 것은 지나치게 일방적이다. 한국에 배치된 사격통제 레이더(TPY-2 TM)는 이스라엘과 일본에 배치된 것과 같은 조기경보용 전진배치모드(forward-based mode)가 아닌 적 미사일을 식별·추적하는 종말모드(terminal mode)로, 유효 탐지거리는 800~1000km에 불과하다. 넷째, 일본에는 미군의 장거리 전진배치용 레이더 두 기가 배치되어 있지만 중국은 이것에 대해 시비한 적이 없다. 이런 차별성은 과거 한반도를 지배했던 종주권을 의식한 시대착오적 생각에서 비롯되는 것으로 보인다.

다섯째, 미국이 한국에 미군을 주둔시키고 군사장비들을 반입하거나 철수하는 것은 두 주권국 간에 서명된 한미동맹 조약(1954)과 주한

미군지위협정(1967)에 따른 일인데,[12] 중국이 어떤 것은 되고 어떤 것은 안 된다고 간섭하는 것은 한국과 미국의 주권을 침해하는 것이다. 미국은 중동에서 발사되는 탄도미사일로부터 나토(NATO) 동맹국들을 보호한다는 명분하에 유럽에 미사일방어 체계를 구축하고 있다. 미국은 2012년 터키에 탐지거리가 1800km 이상인 X-밴드 조기경보 레이더를 배치했고, 스페인에는 이지스 구축함들을 배치했다. 2016년에는 루마니아에 미사일방어 기지를 가동했고, 폴란드에는 2018년 가동을 목표로 기지를 건설 중이며, 독일에는 지휘통제센터를 건설할 계획이다. 러시아는 이를 나토의 동진(東進)으로 간주하여 핵군사력의 현대화를 서두르고 나토 국가들을 위협하는 신형 단거리 미사일을 배치하는 등 반발하고 있다. 러시아는 2013년 최신형 단거리 미사일 이스칸데르(사거리 500km)를 서부 국경지대 및 역외영토인 칼라린그라드에 배치했으며, 보레이급 최신형 핵잠수함(2만 4000t급)과 새로운 대륙간탄도미사일 '불라바'를 개발하는 등 핵군사력의 현대화를 서두르고 있다. 이렇듯 미국, 러시아간에도 신냉전이 진행 중이지만, 러시아가 미국의 미사일방어 체계를 수용했다는 이유로 해당 국가들에 경제제재를 가했다는 소리는 들어보지 못했다. 독일, 스페인, 터키, 폴란드 등에 대해 불매운동을 벌이거나 자국민의 단체여행을 금지했다는 얘기를 들어본 적이 없다.

---

12. 한미상호방위조약 제4조: 상호합의에 의하여 미합중국의 육군, 해군, 공군을 대한민국의 영토 내와 그 부근에 배치하는 권리를 대한민국은 이를 허여(許與)하고 미합중국은 이를 수락한다.
주한미군지위협정(SOFA) 제2조 제1항: 미합중국은 상호방위조약 제4조에 따라 대한민국 안의 시설과 구역의 사용을 공여 받는다.

2017년 11월과 12월에 개최된 문재인-시진핑 정상회담을 계기로 중국이 사드 보복을 완화하고 관계 회복을 모색하는 징후들을 보였지만, 중국의 행패는 앞으로도 계속 문제가 될 것이다. 중국은 과거 한반도에 대한 종주권과 대미 견제를 의식하면서 대국주의 횡포를 강화할 것이 뻔하다. 한국이 분열된 모습을 보일수록 중국은 더욱 오만한 강대국으로 다가올 것이다. 때문에 중국의 한국 길들이기에 대해서는 한국도 보유한 지렛대들을 활용하여 맞대응에 나서야 하며, 한국의 무제한적 인내와 양보가 중국의 더 강한 한국 때리기를 초래한다는 점을 유념해야 한다. 한국의 안보주권을 침해하는 부분에 대해서는 단호하게 대응하는 것 이외 다른 방도가 없다.

北의 대미 협박은 코리아 패싱을 끌어내기 위한 '계산된 狂氣'

많은 한국인들은 미북간 군사충돌이 북한의 대남 공격을 유발하여 제2의 6·25 전쟁이 발발할 수 있다는 생각으로 전전긍긍한다. 또 어떤 사람들은 미북간의 충돌위기를 먼 산에 난 불처럼 여기기도 한다. 2017년 8월 괌을 놓고 미국과 북한이 설전을 벌일 때에도 그랬다. 이런 생각은 매우 잘못된 것이다. 미북간 군사충돌이 일어나지만 않으면 된다는 생각도 틀린 것이고, 미북간 충돌위기를 남의 일처럼 여기는 태도도 잘못된 것이다.

2017년은 북한이 제6차 핵실험을 강행한 해이기도 하지만, 중거리탄도탄(IRBM)과 대륙간탄도탄(ICBM)능력을 과시한 해이기도 하다. 북한은 5월 14일, 8월 29일 그리고 9월 15일에는 중거리탄도탄(IRBM)인 화성-12호를 발사했다. 5월 14일 발사된 미사일은 수직에 가까운 고각으로 발사되어 최고 고도 2111km와 비행거리 787km를 기록한 뒤 동해로 추락했는데, 30~45도의 정상 각도로 발사되었다면 최대 5000km의 비행거리를 기록했을 것이다. 8월 29일과 9월 15일 발사된 미사일은 일본 상공을 넘어 태평양에 떨어졌는데, 정상각으로 발사되면 3300km 거리에 있는 괌을 타격할 수 있는 것으로 평가되었다. 또한, 7월 4일과 7월 28일에는 대륙간탄도탄급 화성-14형 미사일을 발사했다. 7월 4일 고각으로 발사된 미사일은 정점고도 2802km, 비행거리 933km, 비행시간 39분 등을 기록했는데, 정상 각도로 발사되었다면 알래스카(5000km)나 하와이(7000km)에 도달할 수 있는 ICBM급으로 평가되었다. 7월 28일 발사된 미사일도 47분간 비행하면서 최고 고도 3724km와 비행거리 998km를 기록했다.

미국에서는 선제타격론이 재점화되었고, 북한은 "백악관을 초토화시킬 수 있다", "미국의 모든 도시들이 타격권 내에 들어 있다", "미국이 전쟁을 선택한다면 버릇을 고쳐주겠다" 등 거친 말들을 쏟아냈다. 특히, 8월 2일 트럼프 대통령이 북·러·이란 제재법에 서명하고 8월 5일 유엔안보리가 결의(UNSCR) 2371호를 채택한 직후의 설전(舌戰)은 점입가경이었다. 북한이 "괌에 대한 포위사격"을 위협하면서 괌과 하와이에는 북한 미사일 공격에 대비한 주민대피 훈련도 실시되었다. 험악한 분위기는 11월 29일 화성-15형 미사일을 발사했을 때에도 재현되었다. 이 미사일은 정점고도 4475km, 비행거리 950km, 비행시간

53분을 기록했는데, 정상 각도로 발사된다면 미 본토를 타격할 수 있는 것으로 평가되었다. 화성-15형 발사 후 6분 만에 한국군은 지상군의 현무-2, 해군의 해성-2 그리고 공군의 스파이스-200 미사일 등을 동원하는 지해공 합동정밀타격 훈련을 실시했으며 이어서 12월 4~8일에는 최대 규모의 한미 연합 공중훈련인 '비질런트 에이스'를 실시했다. 이 훈련에는 미국의 F-22 랩터, F-35A 등 12대의 스텔스 전투기, 최첨단 F-22, F-35A, B-1B 랜서, 전자전기 EA-18G 그라울러, 수직이착륙기인 F-35B, F-15C, F-16, 한국 공군의 F-15K, KF-16, FA-50 등 총 230대의 항공기들이 참가하여 북한 내 700개의 전략목표들을 타격하는 훈련을 벌였다. 한국인들은 금방이라도 전쟁이 일어나는 것이 아니냐며 불안에 떨어야 했다.

2500만 명의 인구에 일인당 국민소득이 2000달러도 채 되지 않는 빈소국(貧小國) 북한은 진정 최강국 미국과 한판 붙어보겠다는 것일까? 중국 고사성어에 당랑거철(螳螂拒轍)이라는 말이 있다. 사마귀 한 마리가 수레 앞에서 앞발을 곤두세우고 싸울 듯한 기세로 길을 막으니 수레가 기가 막혀 피해서 갔다는 뜻이다. 북한이 이런 식이다. 예방타격이나 선제타격을 하라고 재촉하는 것과 다를 바가 없다.[13] 하지만, 여

---

13. 예방타격(preventive strike)은 상대의 공격이 임박한 상황이 아니더라도 미리 위협을 제거해야 할 필요성이 있다고 판단될 때 실행하는 타격으로 정당성을 입증하는 데 문제가 있다. 선제타격(preemptive strike)은 먼저 타격하지 않으면 타격을 당할 수밖에 없는 상황에서 실행하는 것으로 국제법적 정당성이 인정된다. 이스라엘이 1981년 이라크의 오시라크(Osirak) 원전을 파괴하고 2007년 건설 중인 시리아의 원전을 파괴한 것은 예방타격에 해당하며, 1967년 제3차 중동전쟁 시 개전 직전 이스라엘 공군기들이 주변 아랍국의 공군기들을 기습 파괴한 것은 선제타격에 해당한다.

기에는 치밀한 북한식 계산법이 내포되어 있다. 북한이 중거리탄도탄으로 괌을 위협하는 것은 괌이 한반도 유사시 미국이 증원군을 보내는 발진기지이기 때문이다. 즉, 한반도 유사시 개입하지 말라는 것이다. 북한이 대륙간탄도탄을 만들어 미 본토를 위협하는 것도 미국의 여론을 흔들어 동맹정책을 무력화시키겠다는 것이며, 이런 전략은 일정한 성공을 거두고 있다. 2017년 8월 괌을 놓고 미북간에 긴장이 고조되었을 때 미국 국민들은 미국 정부를 향해 "한국을 돕기 위해 우리의 도시들이 핵공격 위협을 받아야 하는가"라는 질문을 던졌고, 키신저 전 국무장관은 '주한미군 철수를 전제로 한 중국과의 빅딜'을 제안했으며, 미국 조야(朝野)에서는 북한의 현 핵능력을 인정하는 선에서 더 이상의 핵실험이나 미사일 발사를 자제시키는 '핵동결 빅딜'을 제안하는 목소리들이 나왔다.

북한이 미국을 상대로 위험한 벼랑끝 게임을 벌이는 목적은 미국에 있지 않으며, 궁극적 목적은 미국의 존재와 영향력을 한반도에서 이탈시키는 데 있다. 한미동맹의 이완을 노리고 위험한 벼랑끝 전술을 구사하는 것이며, 성공 시 그 효과는 미국의 한국 배제(Korea passing)로 나타날 것이다. 그 경우, 미국은 한국의 일방적 취약성을 무시하고 일방적으로 북한과 핵동결 빅딜을 성사시키거나 최악의 경우 북한과의 평화협정을 모색할 수도 있다. 이런 것을 두고 전략이론은 '합리적 광기(Rational Irrationality)' 게임이라고 부르고 있다. 즉, 미친 척 오기를 부리지만 실제로는 그것을 통해 얻어낼 수 있는 반대급부를 계산하는 냉정함을 발휘하는 '계산된 광기(狂氣)'인 것이다.

당연히 북한은 미국과 핵전쟁을 할 의사를 가진 것이 아니지만,

그렇다고 해서 미북간 군사충돌 가능성이 없는 것은 아니다. 북한당국이 맨정신으로 미국에 전쟁을 도발할 가능성은 없지만, 벼랑끝 게임을 벌이는 과정에서 상대의 심중을 100% 정확하게 읽는다는 보장은 없으며, 때문에 인식-오인식(perception-misperception) 사이클이나 계산착오(miscalculation)에 의해 군사적 충돌이 실제로 발생하곤 한다. 그것이 전쟁의 역사였다. 어쨌든 한국인들에게 가장 중요한 것은 미북간 충돌위험은 미국의 문제라기보다는 한국의 문제라는 사실을 알고 있어야 한다는 점이다. 북한이 미국과 일본을 위협하는 것은 한미동맹을 해체시키고 주한미군을 철수시켜 적화통일을 위한 여건을 만들고자 함이지 미국이나 일본의 영토를 탐해서 그러는 것이 아니다.

어떻게든 전쟁을 피하고 보자는 심정으로 한국 정부가 "제2의 한국전쟁은 수용할 수 없다"라고 공개적으로 외치는 것도 능사가 아니다. 그런 식의 외침은 북한으로 하여금 미국이 군사행동을 실행하려 하더라도 한국이 가로막아 줄 것이라는 기대감을 가지게 할 수 있어, 본의와는 달리 북한을 기고만장하게 만들어 도발을 계속하도록 부추기는 결과를 가져올 수 있다. 미국의 거부감을 촉발하는 측면도 있다. 미국의 조야에서는 "북한이 미국을 향해 대륙간탄도탄을 쏘더라도 미국은 한국의 허락을 받아서 대응해야 하느냐"라는 볼멘소리가 나오고 있다. 한국은 미국이 한국의 운명을 위태롭게 할 대북타협을 하는 것도 막아야 하고, 한국의 안전을 위태롭게 할 수 있는 성급한 군사행동도 만류해야 하는 입장에 있지만, 이런 것은 동맹간의 '은밀하고 깊숙한 전략대화'를 통해 조정·해결해야 할 문제이다. 그런 대화를 통해 말릴 것은 말리되 군사행동이 정녕 불가피하다면 확전의 위험성이 적은 방안들을 제시하는 것이 좋을 것이다.

이래도 "북핵은 방어용"이라고 우길 것인가

한국사회에는 북핵은 방어용으로 한국에 사용하지 않을 것이므로 걱정하지 않아도 된다고 말하는 사람들이 적지 않으며, 그 연장선에서 대북지원과 포용을 아끼지 말아야 한다는 논리를 편다. 이런 주장에는 두 단계에서 오류가 있다. 첫째, 설사 방어용이라고 하더라도 핵무기의 그림자 효과(shadow effect) 즉, 심리적 압박수단이자 정치·외교적 수단으로서의 효과를 발휘하기 때문에 사용되지 않는다고 문제가 없다고 해서는 안 된다. 둘째, 북핵은 방어용이라는 주장 자체가 엄청난 궤변이다. 정확히 말해, 북한이 핵무기 개발에 집착하는 것에는 수세적 목적과 공세적 목적들이 혼합되어 있다. 북핵의 목적들은 대내용, 대미용, 대남용, 대중용 등 다양한 방향성을 가진다.

대내적으로 보면, 핵무기는 '유일영도 체제의 존속'을 지고(至高)의 목표로 삼고 있는 북한 정권에 있어 훌륭한 선전수단이다. 북한 정권은 예나 지금이나 '체제 딜레마'에 갇혀 있다. 개혁과 개방을 허용하면 주민의 삶의 질을 높일 수 있지만 자유화와 민주화를 촉발하여 정권의 붕괴를 부추기게 되고, 반대로 압박과 봉쇄를 지속하면 고립과 가난을 면하기 어렵다. 즉, 개혁·개방은 당장 죽는 길이고, 압박과 봉쇄는 폭발의 필연성을 안고 있지만 당장은 권력과 생존을 유지하는 길이다. 이런 평양 정권에 있어 핵무기는 후광효과(halo effect)를 통해 지도자의 업적을 홍보하고 수령독재 체제의 정당성을 선전하는 훌륭한 수단이 된다. 이런 맥락에서 북핵은 체제방어용이 맞다.

미국을 향해서는 북핵은 미국의 선제공격이나 정권교체(regime change) 시도를 방지하고 체제에 대한 미국의 간섭을 배제하는 억제효과(deterring effect)를 발휘한다. 핵무기가 발휘하는 동등화 효과 또는 맞먹기 효과(equalizing effect)는 향후 대미협상 시 북한의 협상지위를 높이고 체제보장을 요구할 수 있게 해준다. 이런 점에서 북핵은 수세적인 수단이 맞다. 하지만, 북한의 대미 핵공격 위협과 벼랑끝 게임은 한미동맹을 해체하고 미국을 한반도에서 이탈시킴으로서 적화통일을 위한 여건을 조성하려는 것이므로 한국에는 국가생존과 번영을 위협하는 지극히 공세적인 성격을 가진다.

한국을 향해서는 북핵이 압도적인 경제적 우위를 가진 한국에 의한 흡수통일을 방지한다는 점에서 수세적이지만, 핵무기가 재래군사력에 있어서 한국군의 질적 우위를 무력화시키는 '저비용 고효율' 비대칭 군사력이자 심리적 수단이라는 점에서는 매우 공세적인 무기이다. 비대칭 위협은 핵무기에 국한되지 않는다. 북한이 대량으로 보유한 화학무기와 생물무기는 핵문제에 가려 언론의 주목을 받지 못하고 있을 뿐 오히려 사용 가능성이 더 높은 비대칭 위협원이다. 화생무기는 테러수단으로 사용되면 핵무기보다 훨씬 더 저렴하고 간단한 방법으로 한국을 공포의 도가니로 몰아넣을 수 있으며, 소량의 사용으로도 광범위한 지역을 심리적 공황상태에 빠뜨릴 수 있다. 이들 대량살상무기들은 실제 사용되지 않더라도 그림자 효과

(shadow effect)를 통해 한국의 정부, 국민 그리고 군을 위축시키면서 한국사회를 분열시키고 남북관계를 주도할 수 있는 수단이다. 궁극적으로 북한은 이런 효과들을 통해 한국을 압도하고 적화통일 여건을 조성하려고 한다.

북한에 있어 핵무기는 미중간 신냉전 대결을 심화하고 중국 및 중국과 전략적 제휴를 하고 있는 러시아로 하여금 북한을 버리지 못하게 하고 북중동맹을 결속시키는 효과(coupling effect)를 발휘한다. 이는 지금까지 중국과 러시아가 보여준 이중플레이로 충분히 증명되었다. 즉, 핵무기는 북중동맹을 지키는 수세적 목적을 가진다. 북한이 핵무기의 고도화를 시도할수록 북핵 처방을 둘러싼 이견이 증폭되고 중국의 한국 때리기를 촉발한다는 점에서 북핵은 한중관계를 이간시키는 공세적 외교수단이다. 이렇듯 북한이 핵무력에 집착하는 데에는 수세적 목적과 공세적 목적이 혼재하며, 한국사회가 분열되고 좌파적 이념들이 교육을 주도할수록 북핵은 대한민국의 자유민주주의 체제와 정체성을 위협하는 공세적 수단으로 다가올 것이다.

아직도 터널의 끝은 보이지 않는다

북핵 문제를 정치·외교적 문제로만 인식해도 그만인 역외국들과는 달리 한국에 있어 북핵은 당면한 생사(生死)의 문제이다. 그들이야 "안 되면 말고"라고 해버리면 그만이지만 우리는 그렇지 않다. 멀리 보면 평양 정권이 핵강국의 길을 고수하는 것은 스스로 내폭(內爆)과

외폭(外爆)의 위험성을 축적하면서 자멸이라는 포화점을 향해 다가가는 것이지만, 당장은 세계와 미국 그리고 한국을 상대로 벌이는 겁쟁이 게임(chicken game)과 벼랑끝 게임(brinkmanship game)이 성공을 거두고 있다. 이런 북핵 문제에 대응하기 위해 한국이 구사해야 하는 3대 전략은 안보(군사적 억제), 외교(제재) 그리고 대화(비핵화 협상)일 것이지만, 지금까지 이 전략들은 통하지 않았다.

동맹에 대한 의존도가 높은 가운데 한국의 군사적 억제는 북핵 위협에 턱없이 미치지 못하고, 국제사회의 대북제재는 중러의 이중플레이에 막혀 북한을 협상으로 끌어내지 못하고 있으며, 비핵화 대화는 북한이 거부하고 있다. 그렇게 시간이 흘러가는 중에 한국은 미국과 중국 사이에 낀 샌드위치 신세가 되었고, 그동안의 미숙한 대중(對中) 접근과 동맹전략으로 까닥하면 동맹을 상실하면서도 중국으로부터도 대접받지 못하는 '전략적 고아'로 전락할지 모르는 처지에 처하게 되었다.

잊을 만하면 터져 나오는 한반도 전쟁설에 대해서도 한국은 어찌할 바를 모르고 있다. 전쟁위기를 피하고 보자는 심정으로 북한이 원하는 대로 들어주면 굴욕적인 남북관계를 영속화시키고 적화통일의 길을 열어주는 것이 되며, 그렇다고 해서 참화를 각오하고 전쟁에 나설 수도 없다. 즉, 전쟁위기를 회피하기 위해 무한정 뒷걸음질을 할 수도 없고 정면 돌파를 시도할 수도 없다. 미국에 선제공격으로 북핵을 제거하라고 권할 수도 없고, 반대로 북한이 원하는 핵보유국 지위를 인정해주거나 핵동결 정도에 만족하고 북한과 평화협정을 체결하라고 요구할 수도 없다. 북한이 한미동맹 해체, 주한미군 철수 등 한국을 위태롭게 만들 요구 조건들을 들고 나올 것이 너무나 뻔하지 않는가. 핵동결이라는 것도 그렇다. 미국이야 북한이 더 이상 핵실험과 미사일 발사를 자제하는 것으로 골칫거리를 해소할 수 있지만, 한국에는 남북간 비대칭적 군사관계를 영속화하는 것이어서 한국이 수용할 수 있는 것이 아니다. 중국이 적극적으로 대북제재에 나선다면 이런 딜레마를 돌파할 수 있지만, 미국과의 세력경쟁을 의식하면서 북한 정권의 생존을 두둔하는 중국이 그렇게 할 리는 만무하다. 그렇다고 한국이 중국이나 북한을 강제할 지렛대를 가진 것도 아니다. 아직도 터널의 끝은 보이지 않는다. 이론적으로는 미국의 전술핵을 재배치하여 남북간 핵균형을 이룬다면 무한정 뒷걸음치는 것도 아니고 전쟁위기를 무릅쓰는 것도 아닌 제3의 방안이 되겠지만, 한국 정부는 이 문제에 대해서는 관심조차 보이지 않는다.

따지고 보면 오늘날 한국이 겪고 있는 어려움은 한국인의 업보이다. 지난 수십 년 동안 정부들이 독자적 해결능력을 키우기보다는 임기 내 안전에만 연연하면서 어려운 과제일수록 후임 정부에 미루는 '폭탄 돌리기'를 해온 결과이기 때문이며, 궁극적 책임은 유권자 국민에게 있기 때문이다. 일찍부터 북한의 대남야욕을 내다보면서 확실한 안보장치를 마련하고자 부심했던 박정희 대통령이 한반도에 짙게 드리운 북핵의 그림자를 바라본다면 뭐라고 할까?

북한 핵문제 주요일지

1985. 12. 12.	북한, 핵무기비확산조약(NPT) 가입
1988. 8. 31.	장거리미사일(광명성 위성) 발사
1989. 9.	프랑스 상업위성 SPOT-2 영변 핵시설 사진 공개
	북핵 국제문제로 부상(미 첩보위성 1982년부터 영변 핵시설 관측)
1991. 12. 13.	제5차 남북고위급 회담에서 남북 사이의 화해와 불가침
	및 교류·협력에 관한 합의서(기본합의서) 서명 채택
1991. 12. 31.	제5차 남북고위급회담 한반도 비핵화 공동선언 서명
	(상호 핵보유 및 농축·재처리 포기 합의)
1993~1994	제1차 북핵 위기
1993. 3. 12.	북한, 유엔안보리에 NPT 탈퇴 통보
1993. 6. 11.	북한, NPT 탈퇴 유보
1994. 10. 21.	미북 제네바핵합의(Agreed Framework) 서명
1995. 3. 9.	한반도에너지개발기구(KEDO) 설립
2000. 2.	신포 경수로 공사 착공
2002. 10.	우라늄농축 프로그램 규명 관련 미북 갈등
	제2차 북핵 위기
2003. 1. 10.	북한, NPT 탈퇴 선언(90일 후 탈퇴)
2003. 6. 1.	KEDO, 신포 경수로 사업 공식 포기
2003. 8. 27.	베이징에서 6자회담 시작
2005. 9. 15.	미국, 마카오 주재 BDA '돈세탁 우려 대상' 지정

2005. 9. 19.	6자회담, 9·19 공동성명
2006. 7. 5.	북한, 대규모 미사일 발사시위
2006. 7. 15.	안보리 결의 1695호
2006. 10. 9.	북한, 제1차 핵실험
2006. 10. 14.	안보리 결의 1718호
2007. 2. 13.	6자회담 2·13 합의
2007. 10. 3.	6자회담 10·3 합의 도출
2008. 6.	북한, 플루토늄 신고서 제출, 영변 원자로 냉각탑 폭파
2008. 7.	북한, 영변 원자로 및 재처리시설 불능화 착수
2008. 8. 26.	북한, 불능화 중단 및 핵시설 원상복구 성명
2008. 10. 11.	미북 잠정합의로 불능화 재개(이후 검증방식 합의 실패)
2008. 12. 8~11.	6자회담 결렬
2009. 4. 6.	장거리미사일(광명성2호 위성)
2009. 5. 24.	북한, 제2차 핵실험
2009. 6. 12.	안보리 결의 1874호
2012. 2. 29.	미북 2·29 합의
2012. 4. 13.	북한, 장거리미사일 발사(광명성 3호 위성) 실패
2012. 12. 12.	북한, 장거리미사일(광명성 3호 위성) 발사
2013. 1. 22.	안보리 결의 2087호
2013. 2. 12.	북한, 제3차 핵실험
2013. 3. 7.	안보리 결의 2094호
2016. 1. 6.	북한, 제4차 핵실험
2016. 1. 13.	박근혜 대통령, 사드(THAAD) 배치 제기

2016. 1. 25.	한민구 국방장관 사드 수용검토 발언
2016. 2. 7.	북한, 장거리미사일(광명성 4호 위성) 발사
2016. 2. 9.	한국 정부, 개성공단 전면 폐쇄 발표
2016. 3. 2.	안보리 결의 2270호
2016. 3. 4.	한미, 주한미군의 사드 배치를 논의하기 위한 공동실무단 구성 약정 체결
2016. 3. 8.	한국, 독자적인 대북 추가제재 발표
2016. 4. 5.	중국 상무부, 독자적 대북제재 발표
2016. 7. 8.	한국 국방부, 주한미군 사드 배치 합의 발표
2016. 9. 9.	북한, 제5차 핵실험 한국군, 북핵 응징전략(KMPR) 발표
2016. 11. 30.	안보리 결의 2321호
2016. 12.	북한, 2016년 한 해 동안 잠수함발사탄도미사일(SLBM), 중거리탄도탄(IRBM) 포함 25회 미사일 시험발사
2017. 5. 9.	문재인 정부 출범
2017. 6. 2.	안보리 결의 2356호
2017. 8. 5.	안보리 결의 2371호
2017. 9. 3.	북한, 제6차 핵실험
2017. 9. 11.	안보리 결의 2375호
2017. 11. 20.	미, 북한 테러지원국 재지정
2017. 12. 22.	안보리 결의 2397호
2017. 12.	현재 북한 IRBM, 대륙간탄도미사일(ICBM) 등 17회 미사일 발사

2018. 1. 1.	김정은, 신년사를 통해 대남 대화 제안 및
	평창 동계올림픽 참가 의사 표명
	이후 북한의 올림픽 참가, 남북 고위급회담 회담
2018. 2.	평창올림픽 중 노동당 김여정 제1부부장 및
	최고인민회의 김영남 상임위원장 특사 방남,
	김영철 노동당 부위원장 고위급대표로 방남
2018. 3. 5~6.	정의용 청와대 국가안보실장 및 서훈 국정원장
	한국 특사로 방북, 문재인 대통령 친서 전달
	'2018년 4월말 남북 정상회담',
	'군사위협 해소 및 체제안전 보장 시 비핵화 용의',
	'대화기간 중 핵실험 및 미사일 발사 중지' 등
	여섯 가지의 '확인된 북한입장' 발표
2018. 3. 9.	정의용, 서훈 특사 미국 방문. 트럼프 대통령 면담 및
	트럼프 북한 초청 내용을 담은 김정은 친서 전달
	'북한 비핵화 용의 환영', '5월 중 김정은과 만날 용의',
	'그럼에도 과거 전철 되풀이 불용' 등 트럼프 대통령의
	입장 정리 발표

2018년부터 북한의 파격적인 평화공세와 함께 남북대화와 북한의 평창 동계올림픽 참가가 이루어졌다. 필자가 본고의 마지막 교정 작업을 진행하던 3월 초 특사방북이 이루어지고 트럼프 대통령이 김정은 위원장과의 회담 용의를 밝히는 등 북핵문제가 또 다시 대화국면으로 진입할 조짐들을 나타내고 있다.

그러나, 북한의 진정성을 의심해야 할 이유들은 여전히 많다. 북한은 1990년 비핵화공동선언, 1994년 제네바핵합의, 2005년 9·19 공동성명, 2007년 2·13합의 및 10·3 합의, 2012년 2·29 합의 등 적어도 다섯 차례 이상 합의를 파기했다. 2012년 개정헌법에 스스로를 '핵보유국'으로 천명하고 2013년에는 '자위적 핵보유국 지위를 더욱 공고히 할 데에 대한 법'을 제정하는 등 내부적으로 '핵보검 고수'를 선전해왔기 때문에 체제의 특성상 북한이 핵포기로 선회하는 것이 쉽지 않다.

필자는 2018년 신년사로 시작된 북한의 평화공세가, 2017년 10월 노동당 중앙위 제7기 제2차 전원회의가 '핵보유 고수'와 '국제제재 극복'을 '2대 당면활동 방향'으로 채택한 데 이어서 나온 사실을 주목한다. 국제제재로 인해 북한경제가 한계점에 다다르는 시기에, 한국을 이용해야 할 시점에 평화공세를 펴기 시작했다는 점도 유의하고 있다. 필자 역시 이번의 대화국면으로 북핵이 폐기되고 한국이 핵악몽으로부터 벗어나기를 원하지만, 북한의 핵폐기 진정성이 확인되고 행동으로 나타나기 전까지 본고에서 펼친 논리들을 고수할 것이다.

5장

드골, 나카소네, 벤구리온, 네루 그리고 박정희

드골, 나카소네, 벤구리온, 네루
그리고 박정희

　제2장에서 설명한 바와 같이 핵무기는 보물단지이다. 핵무기는 막대한 파괴살상력을 가진 군사수단이자 '저비용 고효율' 국방을 가능하게 하는 우수한 경제적 수단이며, 실제로 사용하지 않아도 상대를 심리적으로 압박하여 행동과 결정에 영향을 미치는 강력한 정치·외교 수단이다. 세계에는 핵무기의 이런 효용성을 일찍부터 알아본 지도자들이 적지 않으며, 그들은 각자의 조국을 위해 자신들의 핵 혜안(慧眼)을 유감없이 발휘해왔다.

일찍부터 핵무기의 가치를 알아본 지도자들

　미국의 루즈벨트 대통령이 핵무기의 가치를 알아보지 못했으면 나치독일의 핵무기 개발을 경고한 아인슈타인의 편지를 무시했을 것이며, 그랬다면 맨해튼 프로젝트도 없었고 태평양 전쟁도 훨씬 더 많은 피를 흘리면서 더 오래 지속되었을 것이다. 히로시마와 나가사키에 투하된 핵무기에 놀란 소련의 후르시초프 서기장이 신속하게 미국을 따라잡으라고 지시한 것도 자신의 조국을 위해서였고, 제2차 세계대전 종전과 함께 세계질서가 미국과 소련을 중심으로 재편되는 것에 좌절하여 강대국의 위상을 되찾고자 핵개발을 결심했던 영국과 프랑스의 지도자들도 마찬가지였다. 모택동이 핵개발 경쟁에 뛰어든 것도 핵무기가 없으면 미국과 소련이 지배하는 세상에서 강대국 행세를 하기 어렵다는 사실을 내다보았기 때문이었다. 마찬가지로, 핵무기가 없으면 향후 중국으로부터 많은 시달림을 받을 것을 예상하고 일찍부터 핵실력을 닦아온 인도의 네루 수상, 이웃 강대국 인도로부터의 안보위협을 불식시키기 위해 핵개발을 추진했던 파키스탄의 부토 수상, 만델라의 흑인정부 등장이 눈앞으로 다가오자 숨기고 있던 핵무기들을 자진 해체한 남아프리카공화국의 데 클레르크 대통령 등도 나름대로의 핵정치를 통해 조국 또는 자신의 정부를 지키고자 했던 지도자들이었다.

이런 의미에서 본다면 북한의 김일성도 핵 혜안을 가진 지도자였다. 김일성은 사용되지도 않은 미국의 핵무기가 중국과 러시아를 견제하여 적화통일을 완수하지 못하게 만든 장애물이 되었다는 사실에 한을 품었고, 동시에 대내 정치적 위협으로부터 스스로를 보호하고 수령독재 체제를 이어가기 위해서도 핵무기가 필요하다는 사실을 일찍부터 내다보았다. 김일성의 이런 통찰력하에서 북한은 첨단 재래무기 분야에서 한국과 경쟁하는 것을 포기하고 '선택과 집중' 전략 하에 핵무기, 화생무기, 미사일 등의 대량살상무기를 개발하여 대성공을 거두었다. 한반도에 짙게 드리운 핵 그림자는 한국 정부와 국민 그리고 군에 묵직한 압박을 가하고 있다. 남북관계는 왜곡되고 있고, 북한의 도발을 응징해야 하는 한국군은 위축되고 있으며, 북핵 공포심은 한국의 정치문화를 바꾸고 있다.

지금도 많은 나라의 지도자들은 자신들의 조국을 위해 나름대로의 방식으로 핵정치에 뛰어 들고 있다. 강대국의 지도자들은 자신들에게 유리한 불평등한 핵질서를 만들고 지키는 데 주도적 역할을 했고, 핵독점을 유지하기 위해 다른 나라들이 핵클럽에 들어오는 것을 저지하는 핵정치를 펼쳐왔다. 또 다른 나라의 지도자들은 조국을 지켜야 한다는 신념에서 핵무기를 강대국들의 전유물로 인정한 핵무기 비확산조약(NPT) 체제를 거부하고 핵무장을 선택했으며, 당장 핵무장을 할 입장에 있지 않은 나라의 지도자들은 미래와 후세를 위해 잠재력을 키웠다. 이렇듯 수준급의 핵전문성으로 무장하고 고난도 핵정치를 펼치면서 조국에 헌신한 지도자들은 무수히 많지만, 그중에서도 프랑스의 드골, 일본의 나카소네, 이스라엘의 벤구리온과 골다 메이어, 인도의 네루 등은 필자에게 큰 감동을 준 애국 지도자들이었다. 박정희도 이 반열의 핵전문가 지도자였다.

'프랑스의 영광'을 재현하기 위해 헌신한 드골 대통령

영국과 프랑스는 제2차 세계대전의 승전국이었지만 종전과 함께 세계질서가 미국과 소련을 중심으로 재편되는 것을 지켜보면서 씁쓸해했다. 영국은 더 이상 '해가 지지 않는' 대영(大英)제국이 아니었으며, 프랑스는 더 이상 아프리카와 태평양에 광대한 영토를 가진 식민제국이 아니었다. 전쟁이 끝나면서 미국이 핵확산을 우려하여 '안면 몰수'를 택하면서 두 노대국의 자존심은 더욱 훼손되었다. 미국은 1946년 8월 '맥마흔법(McMahon Act)'으로도 불리는 원자력법(Atomic Energy Act)을 제정했다. 미국은 핵기술의 해외유출을 금지하는 이 법을 이유로 맨해튼 프로젝트에 동참했던 영국 및 프랑스와 핵무기 기술을 공유하는 것을 거부했다. 전쟁동안 루즈벨트 대통령을 만나 전쟁 후 핵협력을 약속받았던 처칠(Winston Churchill) 수상은 배신감에 몸을 떨었고, 당시 외상이던 어네스트 베빈은 "나는 미 국무장관에게 농락당했다. 나의 후임 외상들은 이런 농락을 당하지 않아야 한다. 엄청난 비용이 들더라도 우리도 핵무기를 가져야 한다"고 주장했다. 처칠에 이어 수상에 당선된 애틀리(Clement Attlee)는 "우리는 미국인들만 잘난 것이 아니라는 사실을 보여주어야 한다"고 외쳤다. 영국은 1952년 핵실험으로 핵클럽에 가입했고, 곧 이어 수소폭탄도 만들었다. 미국은 수폭까지 보유한 영국을 가족(?)으로 영입하기 위해 1958년 맥마흔법을 개정하여 영국에 대한 차별을 폐지했다. 핵을 보유하지 못했던 프랑스에 대한 차별은 거두지 않았다.

맨해튼 프로젝트에 본격적으로 동참했던 영국이나 캐나다와는 달리 프랑스의 과학자들은 핵폭탄 제조가 아닌 플루토늄 분리에 참여했다. 말하자면, 핵심적 역할을 수행한 것은 아니었다. 영국은 나치 독일에 점령당한 적이 없지만, 프랑스는 제2차 세계대전 발발과 함께 나치군에 의해 유린되었다. 샤를 드골(Charles de Gaulle) 장군은 그런 굴욕감을 온몸으로 감당했던 프랑스의 지도자였다. 드골은 전쟁동안 레지스탕스를 이끌었고 연합군의 도움으로 프랑스를 나치로부터 해방시켰으며, 1944년 해방과 함께 임시정부 주석에 취임했다. 이듬해에는 총리 겸 국방상을 올랐고 1953년 정계를 떠났다. 1958년에 다시 총리를 역임하면서 국민투표를 통해 새헌법을 공표하고 제5공화국을 출범시켜 대통령에 취임했으나, 1969년 정치개혁을 위한 국민투표에서 패하면서 대통령직을 사임했다. 드골이 집권하는 동안 프랑스는 핵개발을 완성했고 나토(NATO) 통합군에서 철수했으며, 중국을 승인하는 파격 행보를 계속했다.

드골은 조국의 영광을 위해 일생을 바친 지도자였다. 드골은 1944년 8월 25일 파리가 프랑스군이 아닌 연합군에 의해 해방되던 날 굴욕감과 수치심을 이기지 못해 눈물을 흘렸고, 종전 후에는 핵개발과 관련한 미국의 차별에 분노했으며, 나중에는 미영(美英)이 합작한 차별에 울분을 삼켜야 했다. 전쟁이 끝난 직후인 1945년 10월 드골은 수상 직속으로 원자력위원회(CEA)를 만들고 핵기술 확보에 나섰다. 핵무기를 선점한 미국과 영국은 전 세계의 우라늄 공급을 통제했고, 프랑스는 국내 우라늄광 개발로 대응했다. 이런 드골의 핵개발 집념을 더욱 뜨겁게 만든 것이 1956년 제2차 중동전쟁이었다. 쿠데타로 집권한 이집트의 나세르 대통령이 영불(英佛)이 공동 운영하던 수에즈 운하에 대한 국유화를 선언하자 영불은 긴급하게 군사작전 및 이스라엘과의 협력을 통해 원상복귀하겠다는 계획을 수립했다. 수에즈 운하 탈환작전은 순조롭게 진행되었다. 이스라엘군이 시나이로 진격하고 영불 공수부대가 운하를 점령했다. 하지만 1949년 핵보유 국이 된 소련이 개입했다. 영불이 군대를 철수하지 않으면 핵을 사용하겠다고 으름장을 놓았다. 미국은 영불에 협력하지 않았다. 한물간 세력인 영국과 프랑스를 위해 소련과 핵전쟁을 각오할 필요성을 느끼지 않았던 것이다. 영국은 핵보유국이었지만 장거리 투사력이 없어 소련의 핵공갈을 상쇄할 수단이 부재했다. 결국 영불과 이스라엘은 소련의 핵공갈에 굴복하고 군대를 철수시켰다. 이듬해인 1957년 소련은 인류 사상 최초로 인공위성 스푸트니크를 지구궤도에 올리는 개가를 올렸고, 미국과 서방세계는 소련의 대륙간탄도탄 능력에 충격을 받았다.

드골은 중동전쟁을 치루면서 미국도 자국에 이익이 되지 않으면 돕지 않는다는 사실을 깨달았고, 소련의 핵공갈에 굴복했던 프랑스의 처지를 개탄했다. 드골은 "핵을 보유하지 않으면 프랑스의 영광도 물거품이며, 더 이상 유럽의 강대국이 아닌 위성국일 뿐이다"라고 외쳤다. 드골이 이러한 의지를 밝힌 후 미영의 압박은 더욱 거세졌고, 유엔총회는 프랑스의 핵추진 포기를 종용하는 결의까지 채택했다. 이런 조치들은 드골을 더욱 불타게 만들었을 뿐이다. 1960년 2월 프랑스는 마침내 자국의 식민지인 알제리 사막에서 핵실험에 성공했다. "위대한 프랑스 만세! 오늘 이후로 프랑스는 더욱 강력하고 자랑스러운 나라가 되었다." 핵실험 성공 소식을 발표하면서 드골이 했던 말이다.

이후에도 드골의 심기를 상하게 한 일들이 이어졌다. 1960년대 중반 케네디 정부가 NATO의 핵전략으로 유연반응 전략(Flexible Response

Strategy)을 거론하기 시작했을 때의 일이다. 종전의 상호확실파괴 전략 (Mutually Assured Destruction Strategy)이 소련이 핵공격을 하면 대량 핵보복으로 소련을 멸망시키는 태세를 유지함으로써 핵전쟁 발발을 억제하는 전략이었다면, 유연반응 전략은 소련 핵공격의 규모에 맞는 수준의 핵대응을 통해 핵공격도 억제하고 인류멸망이라는 최악의 상황도 예방한다는 취지의 핵전략이다. 상호확실파괴 전략에 있어서 핵무기는 "핵무기 사용을 억제하기 위해 존재하는 무기이자 결코 사용되어서는 안 되는 무기"이지만, 유연반응 전략에 있어서의 핵무기는 "필요하면 사용할 수 있는 무기"로 개념이 바뀌었고, 그 결과 군사적 목표물을 겨냥하는 소규모 전술핵들이 대량으로 생산되었다.

드골은 미국이 유연반응 전략을 들고 나온 주된 이유를 미국 스스로를 보호하기 위한 것으로 해석했다. 즉, 소련이 파리나 본에 핵공격을 가하더라도 미국이 굳이 소련에 대한 대량 핵보복을 하지 않음으로써 소련과의 전면 핵전쟁에 말려드는 것을 방지하려 하는 것으로 해석했다. 유연반응 전략의 등장과 함께 드골은 NATO 체제 하에서의 미국의 핵우산을 불신했고, 프랑스는 1966년 3월 NATO 통합군에서 자국군을 철수시키고 명목적인 회원국으로만 남았다. NATO 사령부와 외국군을 프랑스에서 축출했고, 중국을 승인했으며, 소련 및 소련의 위성국가들에 러브콜을 보내는 제3세계 행보를 시작했다. 더 이상 미국만 바라보면서 살지 않겠다는 드골의 결기였다.

그럼에도 드골은 미국이나 서유럽 서방국들과의 관계를 적대적으로 가져갈 만큼 어리석은 지도자는 아니었고, 그의 후임들도 마찬가지였다. 프랑스군을 NATO 통합군에서 철수시켰지만 NATO에서 탈퇴하지는 않았다. 이후에도 프랑스는 코소보 전쟁에서 NATO군과 합류하여 작전에 참가했고, 아프간 전쟁에서도 유럽연합군의 일원으로 참가했다. 프랑스군은 탈퇴 후 43년만인 2009년에 NATO 통합군에 복귀했다. 이때도 사르코지 프랑스 대통령은 "NATO 통합군 복귀는 프랑스가 다른 나라에 종속되려는 것이 아니라 지도국의 반열에 올라서기 위한 것"이라는 입장을 내놓았다. 이때는 소련이 붕괴하고 미국의 과학화된 군사력이 세계의 주목을 받았던 시기였고, 중국의 부상이 가시화되면서 세계질서가 미국과 중국을 중심으로 재편되는 조짐을 보이기 시작한 시점이었다. 프랑스는 유럽의 낙후한 재래 군사력으로는 미국의 고첨단 군사력을 따라갈 수 없음을 깨달았고, 압도적인 미군의 군사력 앞에 유럽이 군사적 난쟁이로 전락하고 있음도 인지했다. 게다가 1990년 독일 통일이 프랑스를 더욱 왜소하게 만들고 말았다. 프랑스는 이런 상황에서 미군이 붙박이형 주둔군에서 신속기동군 체제로 전환되면 안보 공백이 발생할 수 있음을 우려했고 영국 및 독일과도 경쟁해야 했다. 그래서 미국과의 협력관계를 개선하기로 한 것이다.

이런 프랑스에 NATO군에 복귀할 명분을 만들어 준 것이 2009년 2월 발생한 핵잠수함 충돌 사건이었다. 영국의 트라이던트급 핵잠수함 뱅가드함과 프랑스의 핵공격잠수함 르 트리옹팡이 대서양에서 경미한 충돌을 일으켰는데, 100만 분의 1 확률의 사고가 발생한 것이다. 뱅가드함은 영국 해군이 운용하는 네 척의 핵잠 가운데 한 척으로 16기의 핵미사일 탑재하는 전략 잠수함이다. 양국군간의 공조부재가 가져온 이 사고로 프랑스군에 NATO 통합군 복귀를 위한 명분과 계기를 제공했다. 오늘날에도 프랑스는 잠수함 및 항공기용 핵무기 300여 개를 보유한 핵강국으로 남아 있다. 프랑스 핵군사력의 핵심은 네 척의 르 트리옹팡급 전략잠수함에 배치된 240여 개의 핵무기이다. 잠수함 한 척에는 100kt 짜리 핵탄두 4~6개를 장착한 다탄두 미사일로 사정거리가 6000km 정도인 M51 핵미사일을 탑재하고 있다.

이렇듯 드골은 프랑스의 자존심과 위상을 위해 안 해본 것 없는 지도자였고, 오늘의 프랑스를 있게 한 지도자였다. 드골은 조국 프랑스의 영광을 위해 다른 모든 것을 희생했고, 막역한 친구였던 필립 페탱 원수마저 외면했다. 페탱은 제1차 세계대전 시 독일군을 물리친 전쟁영웅이었지만, 제2차 세계대전 시에는 승리할 가능성이 희박함을 느끼고 1940년 6월 22일 나치에 항복하고 휴전협정에 서명했으며, 이후 비시 정권을 수립하여 나치에 협력했다. 종전 직후인 1945년 7월 프랑스는 나치협력자들을 처단하는 재판을 통해 페탱에게 사형을 선고했다. 드골이 페탱에게 해준 것은 사형을 무기징역형으로 감형한 것이 전부였다. 페탱은 대서양의 요새감옥에 수감되었고 1951년 7월 그곳에서 숨을 거두었다.

물론, 드골이 펼쳤던 정책이나 선택이 모두 옳은 것이었다고 말할 수는 없다. 그 역시 말년에는 그가 만든 헌법이 국민투표에서 거부되면서 대통령직에서 하야하는 신세가 되었지만, 그의 모든 정책에는 강한 애국심이 묻어나 있었으며, 그의 행동을 견인한 동기는 오로지 애국심이었다. 그 어디에도 입신 출세, 권력욕, 가문의 영광 등을 추구한 흔적은 없었다. 이런 점에서 드골과 박정희는 너무나 닮았다.

드골은 1969년 정치일선에서 은퇴한 후 정부가 제안한 의전을 사양하고 자신이 군인시절을 보냈던 향리 콜롱베로 물러났고, 그곳에서 1970년 11월 9일 79세의 나이로 임종했다. 프랑스 정부는 드골이 남긴 유언장에 따라 그의 유해를 팡테옹의 국가유공자 묘지가 아닌 콜롱베의 공동묘지에 안장했다. 구국 영웅이 모셔진 농촌마을의 공동묘지는 매년 10만 명 이상이 찾는 관광명소가 되었지만, 그의 묘비에는 이름과 임종한 연도만 적혀있을 뿐 묘비명도 없다. 그럼에도 프랑스에는 샤르 드골 공항이 있고, 파리의 개선문 앞에는 드골 광장이 있다.

오늘날 사람들은 드골 대통령이 추구했던 정치사상을 '골리즘 (Gaullism)' 또는 '드골주의'라 부르는데, 이 또한 박정희가 실천했던 정치사상과 너무나 닮았다. 좀 복잡하게 말해, 우파적 성격을 띤 국가주도형 경제정책과 국가자존심과 민족자결에 기반을 둔 주체적 외교정책를 중시하는 정치사상이었고, 그 배경에는 영국과 함께 식민제국으로서 세계질서를 좌우했던 시절의 영광을 되살리겠다는 드골의 의지가 깔려 있었다. 외세로부터 독립적이면서 군사·경제·정치적으로 강력한 프랑스를 수립함으로써 위대한 프랑스의 영광을 되찾겠다는 드골식 애국주의가 곧 골리즘이었다. 프랑스는 독자 핵개발을 밀고 나갈 힘을 가진 나라였고 한국은 국제사회에 명함조차 내밀 수 없는 빈약한 나라였다는 차이점이 있지만, 카리스마에 바탕을 둔 강력한 애국주의에 있어 드골과 박정희의 너무나 닮았다. 그럼에도 한국에는 박정희 공항도 없고 박정희 광장도 없다. 서울특별시 상암동에 소재한 박정희기념도서관 부근에는 이 건물을 지칭하는 교통

안내판조차 없으며, 도서관 경내에 박정희 동상을 세우려는 박정희 기념재단 측의 계획은 번번이 관할 관공서에 의해 가로막혔다. 고약한 일이다.

나카소네의 핵전략과 불침항모론

필자는 2009년 5월 도쿄(東京)에서 열린 한·미·일 협력회의(TDNA)에 참석했다. 만찬장에 나타난 91세 노인 나카소네 야스히로를 보았고 함께 기념사진을 찍었다. 백발의 나카소네를 보면서 그의 회고록을 읽으면서 머릿속에 그려보았던 청년 나카소네를 회상해보았다. 일본인들에게 나카소네는 오늘의 일본을 있게 한 선각자이고 오늘날 일본이 보유한 핵능력을 구상하고 추구한 핵전문가 지도자였다. 필자에게 있어 나카소네는 핵문제를 전공하고 한국의 '평화적 핵주권'을 외치게 하는 동기를 제공한 인물이었다.

나카소네는 필자에게 한국도 핵보유 강대국이 될 수 있다는 헛된(?) 꿈을 가지게 만든 사람이었다. 사드(THAAD) 배치를 두고 찬반으로 나누어져 싸우는 현실을 보면 한국은 어차피 일본과는 다른 나라인데도 그리고 국가생존과 직결되는 안보문제마저도 정쟁(政爭)의 대상이 되는 '분열과 갈등의 공화국'이 대한민국인데도, 그때는 그렇게 생각했었다. 나카소네를 보고 한국도 일본만큼 큰 나라가 될 수 있다는 망상을 가졌었고, 나카소네를 바라보면서 박정희를 생각했었다. 그래서 지역갈등을 없애고 나라를 하나로 만드는 일에 도움이 된다면 인생을 던지겠다는 가당치 않는(?) 생각을 품었다가 불효자가 되고 나쁜 남편이 되었다.

나카소네는 1918년 목재상의 아들로 태어나 병약한 어린 시절과 문학을 좋아하는 고교생 시절을 보낸 후 도쿄대 법대를 졸업할 때까지 평범한 청소년이었다. 그의 어머니는 아들의 시험에 방해가 되지 않으려고 자신의 중병을 알리지 않은 채 세상을 떠났고, 나카소네는 이런 한(恨)을 안고 고등문관 시험에 합격하여 내무성 직원이 되었다. 그때까지 여느 필부와 마찬가지의 삶을 살았던 나카소네는 해군 장교로 필리핀, 인도네시아, 대만 등지에서 전쟁을 치루면서 애국자의 삶을 살기 시작했다. 그는 일본의 패전을 예상하고 슬픔에 잠겼고, 동생의 전사 소식에 절망했다. 1945년 히로시마와 나가사키 원폭을 목도하고는 통곡했다. 나카소네는 패망한 조국을 재건하겠다는 일념에 불탔고, 1947년 29세의 나이로 중의원 선거에 출마한다. 일본 국민은 "민족의 근성과 개성을 되살려 조국을 재건하겠다"는 청년 나카소네를 당선시켜 주었다.

청년 의원 나카소네에게 있어 1951년 샌프란시스코 강화조약은 애국심을 발휘할 첫 무대였다. 나카소네는 일본에 씌워진 패전의 굴레를 벗기는 데 몸을 던졌다. 나카소네 의원은 원자력개발 장기계획을 수립해야 한다면서 로비활동을 전개했고 1954년에는 미국의 눈치를 보지 않고 235억 엔의 원자력예산을 상정했다. 235억 엔은 우라늄(U-235)을 상징하는 금액으로서 나카소네가 품은 히로시마와 나가사키의 한을 반영한 것이었다. 일본은 전투기나 전차를 생산할 수 없고 군대도 가질 수 없는 패전국이었지만, 나카소네의 활약으로 최초의 원자력 예산을 가지게 되었다.

　나카소네는 원자력이 평화의 도구이자 국가잠재력의 원천이라는 이중성을 꿰뚫어보고 있었다. 나카소네는 과학기술청 장관이 되어 일본의 핵잠재력을 육성하는 데 심혈을 기울였고, 방위청 장관이 되어서는 일본 최초로 가상 핵전략을 수립하고 최첨단 방위산업을 육성했다. 제71·72·73대 내각총리대신(1981. 11.~1987. 11.)을 지내면서는 '불침항모론'을 주창했다. 핵전략을 수립한 것은 일본도 언젠가는 핵무장을 해야 할지도 모른다는 나카소네의 미래지향적 판단에 의한 것이었고, 일본을 불침항모로 만들겠다고 한 것은 부국강병을 향한 그의 야무진 야심을 드러낸 것이었다. 패망한 일본에 나카소네와 같은 지도자가 있었음은 일본의 행운이었다.

　일본은 나카소네의 핵 혜안에 힘입어 오늘날 누리고 있는 핵잠재력을 키워냈다. 일본은 미국과의 협상을 통해 농축, 재처리 등 민감한 핵시설들을 운용하도록 허용받았고, 고속증식로 운용을 명분으로 엄청난 양의 플루토늄을 비축했다. 일본은 1955년 '민주·자주·공개'라는 원자력 3원칙을 발표하고 1956년부터 매 5년마다 '핵에너지 개발 및 이용을 위한 장기계획'을 발표하면서 무서우리만큼 집요한 일관성을 가지고 핵연료사이클의 자국화 및 핵심 원자력산업 시설 및 장비의 국산화에 박차를 가했다. 1967년에는 사토 수상이 핵무기를 제조·보유·반입하지 않는다는 비핵 3원칙을 천명했는데, 이는 일본 원자력에 대한 국제사회의 군사적 의구심을 배제하기 위함이었다.

　현재 일본이 가지지 못한 핵기술이나 시설은 없다. 선두주자급의 융합기술, 고속증식로, 레이저 농축시설, 아오모리(青森)현 로카쇼무라(六ヶ所村)에 추가로 건설한 대규모 재처리 및 농축시설, 호로노베(幌延)의 최첨단 핵폐기물 비축시설 등 일본이 자국화에 성공한 최첨단 핵시설들이 일본 열도에 널려있으며, 플루토늄 비축량도 50t에 달한다. 2013년 후쿠시마 원전사고에도 불구하고 일본은 플루토늄 비축을 계속하고 있다. 일본은 일찍이 1968년에 원자력선을 건조하여 필요시 원자력잠수함을 건조할 수 있는 능력을 점검했고, 세계 최첨단의 재료·전기·전자분야 산업, 영불(英佛)에 필적하는 항공산업, 달 탐사를 눈앞에 둔 우주산업 등을 감안할 때 마음만 먹으면 순식간에 핵무기 강대국으로 변신할 수 있는 기반을 갖춘 것으로 볼 수 있다. 요컨대, 일본은 핵무기비확산조약(NPT)의 회원국으로서 핵무기 불보유 정책을 펴면서도 유사시 핵무장을 할 수 있는 기반을 모조리 갖춘 나라이다. 그것이 핵무기의 냄새를 풍기지 않으면서도 유사시 핵무기를 만들 준비를 갖춘다는 일본의 '무증후(無症候) 핵전략'이며, 나카소네는 무증후 핵전략의 창시자이자 대부였다.

나카소네의 핵전문성이 끌어낸 가장 두드러졌던 실적은 1988년에 미국과 합의한 포괄적 동의(Comprehensive Consent) 방식의 원자력협정이었다. 이를 통해 미국은 한 번의 동의로 향후 30년 동안 일본이 원하는 만큼 플루토늄을 생산·비축할 수 있도록 허용했다. 이 협정은 2018년 7월 30일부로 종료되지만 어느 쪽도 파기나 개정을 요구하지 않으면 자동 연장된다. 일본은 1988년 이전까지 미국의 눈치를 보면서 도카이(東海)에 있는 소규모 재처리 시설에서 폐연료봉의 일부를 재처리했고, 나머지 대부분은 영국과 프랑스에 위탁했었다. 하지만 1988년 이후부터는 농축과 재처리 그리고 플루토늄 비축에 아무런 제약을 받지 않는 상태가 되었다. 로카쇼무라에 세계 최대 규모의 농축공장과 재처리 시설을 건설했고, 플루토늄의 비축량도 늘려나갔다. 한국에 핵무기비확산조약의 금지대상이 아닌 농축과 재처리를 금지하는 강력한 반확산정책을 실시하는 미국이 일본에 대해서는 파격적인 특혜를 제공한 것이다. 당시 필자는 일본과 한국을 비교하면서 울분을 터뜨렸다. 일본은 이미 재처리 활동을 하고 있는데도 나카소네와 같은 지도자가 나서서 아예 무한정 농축과 재처리를 할 수 있는 길을 열었던 반면, 한국은 농축과 재처리를 하지 않고 있던 상태에서 노태우 대통령이 1991년 비핵화선언을 통해 앞으로도 하지 않겠다고 선언했기 때문이다.

필자는 한국의 평화적 핵주권론을 주장하면서 미국의 차별대우를 물고 늘어졌다. 왜 같은 동맹국인데 일본에만 특혜를 허용하느냐고 항변했다. 그러던 1990년대 초반 필자는 국제회의를 통해 지금은 고인이 된 미국의 핵전문가 셀리그 해리슨(Selig Harrison) 박사를 만났는데, 그는 모든 문제를 북한의 입장에서 해석하고 북한의 플루토늄 생산을 두둔하는 미국의 진보 전문가였다. 그는 북한의 핵보유 시도를 막기 위해서는 북한을 돕고 대화를 통해 해결해야 한다는 주장을 접지 않았고, 이에 반해 필자는 북한의 핵개발은 쉽사리 포기할 수 없는 성격의 국책사업이기에 한국도 핵무기 잠재력은 보유해야 한다는 주장으로 맞섰다. 이렇듯 해리슨 박사와 필자는 이념적 성향과 대북관이 달라 매번 만나서 다투었지만, 그러면서 가까운 친구가 되었다. 필자는 해리슨 박사에게 미국의 한국 차별을 거세게 항의했고, 해리슨 박사는 필자의 견해를 존중했다. 그는 미국에서 열리는 국제회의에 필자를 초빙하여 발표하게 기회를 제공했고,[1] 자신이 편저한 책에 미국의 한국 차별을 항의하는 논문을 게재토록 초빙했으며,[2] 한국에 올 때마다 필자를 만나 의견을 나누었다.

일본은 한국과 달랐다

이렇듯 나카소네가 닦아 놓은 기반 위에서 성사된 미일(美日) 포괄적 동의는 필자에게 한국의 평화적 핵주권을 강변할 수 있는 구실을 제공해 주었지만, 어쨌든 일본국민의 입장에서 보면 나카소네는 일본의 국익을 최대한 확보한 애국자였다. 필자는 이를 계기로 한국 정부의 안일한 핵외교를 비판했고, 한국도 농축과 재처리를 확보하는 핵외교를 펼칠 것을 주문했다. 돌이켜 보면, 그런 행보로 스스로를 외교부로부터 미움받는 사람으로 만들었을 뿐 어차피 이루지 못할 꿈이었다. 미국이 일본을 특별 대우한 것에는 세 가지 이유가 있었다.

---

1. 필자는 1993년 11월 16~18일 워싱턴의 카네기평화재단(Carnegie Endowment for International Peace)에서 열린 국제회의에서 "A Holistic Approach: A Nuclear Weapon-Free East Asia"라는 제목의 논문을 발표하고 미국의 한국 차별을 강하게 항의했다. 이 차별과 북핵 문제를 모두 불식시키기 위해 동아시아 전체가 비핵지대가 되어야 하며, 그것이 불가능하다면 한국에도 일본과 같은 수준의 핵잠재력을 허용하라고 주장했다. 하지만, 이러한 주장은 농축과 재처리를 포기한 노태우 정부의 비핵화선언과 배치되는 것이었다. 한국의 외교부는 필자의 발표를 청취하기 위해 회의장에 대사관 직원을 보냈고, 발표내용은 본국에 보고되었다. 회의를 마치고 귀국한 필자는 극심한 사직압력에 직면했고 1994년 4월 국방연구원을 떠났다.

2. Taewoo Kim, "Japanese Ambitions, U.S. Constraints, and South Korea's Nuclear Future", in Selig Harrison ed., 『Japan's Nuclear Future』(1996, Carnegie Endowment Book)

첫째, 일본은 이미 경제·기술적 대국으로서 한국과는 국제적 위상이 달랐는 데다 1980년대 미국의 레이건 대통령이 추진했던 우주방어계획(SDI: Strategic Defense Initiative 또는 Star Wars Program)은 일정 부분을 일본의 기술제휴에 의존하고 있었다. 일본은 이미 강력한 대미 지렛대를 가지고 있었던 것이다. SDI는 핵군사력을 증강하는 소련에 대항하기 위해 우주와 공중 그리고 지상에 무수한 방어수단들을 전개하여 소련의 전면 핵공격을 방어하겠다는 획기적인 핵방어 프로젝트였고, 소련의 해체와 함께 중단되었다.

둘째, 일본의 외교관들은 국익을 쟁취하기 위한 일이라면 사명감을 가지고 똘똘 뭉쳐 움직이는 사람들이다. 그들은 1951년 샌프란시스코 강화조약을 체결하면서 독도가 한국의 영토로 표기되지 않도록 사투를 벌여 성사시켰고, 1988년 미일 포괄적 동의를 성사시킬 때에도 그랬다. 한국의 외교관들에게는 기대할 수 없는 것들이었다.

셋째, 일본에는 나카소네가 있었다. 한국에도 나카소네보다 더 강력한 애국심을 가진 박정희라는 지도자가 있었지만, 한국이 가진 것은 그것뿐이었다.

우라늄을 찾아 네게브 사막을 뒤진 벤구리온

이스라엘의 수도 텔아비브에는 벤구리온 공항이 있고, 네게브 사막의 도시 베르셰바에는 벤구리온 대학이 있다. 이스라엘의 독립투사이자 건국의 아버지인 다비드 벤구리온(David Ben-Gurion: 1886~1973)에서 따온 이름이다. 벤구리온은 1886년 폴란드에서 태어난 유태인으로 시온주의 운동에 가담하여 이스라엘 건국을 꿈꾸는 애국 청년시절을 보냈고, 동유럽에서 일어난 반유태주의에 충격을 받아 팔레스타인으로 이주했으나 시오니즘 지지자라는 이유로 추방당했다. 1918년 벤구리온은 이스라엘 건국을 준비하기 위해 영국군에 입대하여 중동에서 싸웠고, 다른 유태인들에게 영국군에 입대하라고 권유했다. 이후 영국이 이스라엘 건국을 서두르지 않자 벤구리온은 영국에 저항하는 독립투사가 되었다.

1948년 5월 14일 유태인들이 꿈에 그렸던 이스라엘 건국이 실현되었지만 그 다음날 전쟁이 발발했다. 오래전 유태인들이 떠나고 난 후부터 무려 2000년 동안 '젖과 꿀이 흐르는 땅'에서 살아왔던 팔레스타인 사람들은 이스라엘의 건국과 함께 쫓겨나거나 2등 국민으로 전락했고, 주변 아랍국들은 이스라엘을 지중해로 쓸어내야 한다고 나섰다. 제1차 중동전쟁이었다. 이스라엘은 이 전쟁에서 기적 같은 승리를 이루어냈다. 이스라엘은 세계 각지에서 떠돌던 유태인들과 나치독일의 홀로코스트에서 살아남은 60만 명의 유태인들이 2만km²라는 손바닥만 한 땅에 세운 나라였지만, 정신력은 최강이었다.

독립을 선포한 다음날인 1948년 5월 15일 전쟁이 발발하면서 이스라엘은 이집트, 요르단, 시리아, 레바논, 이라크 등 5개국으로부터 동시에 공격을 받았고, 도합 9개의 아랍국이 반(反)이스라엘 전쟁에 가담했다. 당장 군대라고는 벤구리온이 이끄는 국민군이 전부였는데, 독립운동에 가담했던 단체들을 하나로 통일한 것이었다. 전쟁 발발 보름 만에 정규군(IDF)이 급조되었지만 규모는 10만 명을 넘지

못했고 장비도 열악했다. 당시 이스라엘 공군이 보유한 항공기라고
는 영국군이 제2차 세계대전에서 사용했던 탱크와 체코슬로바키아
에서 구입한 소수의 영국제 스핏파이어와 독일제 메서슈미트 그리고
미국이 사용하던 구식 폭격기 등이 전부였다. 나치 공군기였던 메서
슈미트가 이스라엘을 지키는 군용기로 사용된 것은 역사의 아이러니
였다. 해군 장비로는 유럽에서 이주하는 유태인들을 실어 나르던 선
박을 개조한 것이 전부였다. 벤구리온이 이끄는 이스라엘군은 이 장
비들을 가지고 카이로에 전략폭격을 가했고 아랍연합군의 탱크를 격
파했으며, 유엔이 지정한 경계선을 넘어 5000km²의 점령지를 확보했
다. 이스라엘은 총인구의 1%에 해당하는 6000여 명의 전사자만을 기
록하면서 전쟁을 승리로 끝냈다. 기적이었다.

제1차 중동전쟁에서 아랍연합군을 물리친 후 벤구리온은 이스라
엘의 초대(1949~1953) 및 3대(1955~1962) 수상으로 재임했다. 총리에 취
임하자마자 인광석을 채굴하기 위해 네게브 사막을 뒤지기 시작했
다. 인광석에 포함된 우라늄을 찾기 위해서였다. 벤구리온은 이스라
엘 건국을 위해 뛰어다니던 1945년 히로시마와 나가사키를 목도했었
고, 핵이 이스라엘의 생존을 위해 반드시 필요한 무기라고 확신했었
다. 벤구리온은 신명을 바쳐 핵무기 개발사업을 시작했다. 국방부의
시몬 페레스 국장에게 실무를 총괄하도록 했는데, 페레스는 후일 이
스라엘의 총리가 된다. 벤구리온의 진두지휘 아래 이스라엘은 1954
년에 중수공장을 가동하고 1957년에 네게브 사막의 디모나(Dimona)에
핵연구단지를 건설했다

벤구리온이 핵개발에 몰두하고 있던 중 발발한 1956년의 제2차 중

동전쟁은 프랑스에 핵개발 동기를 부여한 사건이었지만 이스라엘의 핵개발과도 깊은 연관성이 있다. 이집트의 나세르가 수에즈 운하의 국유화를 선언하자 영국과 프랑스는 운하를 탈환하기 위해 이스라엘에 참전을 요구했다. 1956년 10월 프랑스 수상과 국방부 장관, 이스라엘 수상과 국방부 장관이 파리 근교에서 회동을 가졌다. 이스라엘에서는 벤구리온 수상과 모세 다얀(Moshe Dayan)이 참석했다. 탈환작전은 순조로웠다. 영불 공수부대가 운하에 투하되고 이스라엘군은 시나이반도로 진격했다. 애꾸눈 모세 다얀 장군이 지휘하는 이스라엘군은 작전 개시 100시간 만에 231명의 전사자만을 기록하고 시나이반도를 점령했는데, 최단 시일 내 최소한의 피해를 기록하면서 최대의 지역을 점령한 신기록이었다. 하지만, 곧이어 소련이 개입하여 핵공갈을 가해옴에 따라 영불은 군대를 철수했고, 이스라엘군 역시 유엔비상군(UNEF)을 남긴 채 철수했다.

이스라엘-프랑스의 비밀회담에서는 또 하나의 합의가 있었다. 이스라엘이 디모나에 건설 중인 핵연구단지에 프랑스가 원자로와 재처리시설을 건설해주고 우라늄 연료를 공급하기로 합의한 것이었다. 이 때 프랑스는 자신의 핵개발에 몰두하면서 미소 냉전구도에서 벗어난 제3의 길을 모색하고 있던 중이었다. 핵협력은 급진전을 이루었다. 1960년 프랑스의 핵실험 성공 이후 프랑스-이스라엘 정부간의 핵협력은 수면 아래로 들어가지만 이미 구축된 민간차원의 핵협력은 지속되었다. 이스라엘은 디모나 핵단지에서 미국이 제공한 IRR-1 연구로(1960)와 프랑스가 제공한 IRR-2 연구로(1963)를 가동하고 농축과 재처리 능력을 확보했으며, 아르헨티나와 남아프리카공화국으로부터 옐로케이크(정제우라늄)를 구입했다.

 오늘날 이스라엘의 핵보유를 의심하는 사람은 없다. 그동안 이스라엘이 보여 온 열정, 이스라엘의 강력한 생존 본능, 기술 수준 등을 종합할 때 이스라엘이 수소폭탄을 포함한 수백 개의 핵폭탄을 보유하고 높은 수준의 관리능력으로 운영하고 있다는 것은 일종의 정설이다. 이스라엘은 강력한 공군력과 사정거리가 1000km를 넘는 미사일들을 보유하고 있어 상당한 수준의 투발능력도 가지고 있다. 1988년에는 오펙(Ofek) 위성의 실험발사에 성공하여 대륙간탄도탄(ICBM)을 제조할 능력도 과시했다. 통상 전문가들은 인공위성을 지구궤도에 올릴 수 있으면 대륙간탄도탄을 만들 능력을 가진 것으로 본다.

 이 과정에서 미국은 이스라엘의 핵보유를 묵인했다. 미국은 일찍부터 디모나 핵단지에 연구로를 제공하는 등 이스라엘의 핵개발을 훼방한 적이 없다. 물론 미국이 한국을 위시한 저개발국들에게 연구로를 제공한 것은 평화용 원자력 연구를 돕는 대신 스스로 농축이나 재처리를 해서 원폭을 만드는 시도는 하지 못하게 하기 위함이었다. 그럼에도 미국은 이스라엘의 핵무기 개발에 대해서는 이렇다 할 압력을 행사하지 않았다. 이유는 자명하다. 이스라엘은 중동에서 유일하게 미국식 정치경제 체제를 가진 서구형 민주주의 국가로서 미국이 펼치는 중동정책을 위한 '창문'이다. 미국 내에는 금융계와 언론계를 중심으로 유태인들이 막강한 영향력을 행사하고 있다. 이스라엘이 핵무기 기반시설을 갖추어나가는 동안 미국 내 유태계 기업들은 성심을 대해 모국의 핵개발을 후원했다.

 벤구리온은 이스라엘의 핵개발을 구상하고 착수했으며 이후 이스라엘의 핵시설을 건설하는 데 주도적인 역할을 한 핵전문가이자 애국 지도자였다. 벤구리온은 총리직에서 물러난 후 사막에 건설된 키부츠(Kibbutz)로 불리는 정착촌에서 농사를 짓고 꽃을 피우면서 여생을 보내다가 1973년 87세의 나이로 영면했다. "약속의 땅은 거저 주어지지 않고 거친 땅에 땀으로 일궈야 한다." 그가 남긴 말이다. 그가 살았던 집은 침실과 서재로 꾸며진 두 칸의 방이 전부인 허름한 가옥이었다. 그가 기거하던 네 평짜리 침실에는 간이침대, 책, 평생 사용했던 놋 주전자 그리고 찻잔 한 벌이 덩그러니 남았다. 그것이 그의 유산이었다. 이스라엘 정부는 생전에 그의 유언에 따라 그의 시신을 국립묘지에 안장하지 않고 모세의 광야가 내려다보이는 네게브 사막의 아인 아브닷 협곡에 묻었다.

영웅의 죽음은 검소한 법이다. 정주영도 그랬다. 필자는 전국경제인연합회에 몸 담았던 3년 동안 정주영 회장의 통역으로 근무하면서 그가 매우 검소한 분이라는 사실을 익히 알았다. 그가 돌아가시고 난 후 침실에는 낡은 침대와 빛바랜 TV 등이 덩그러니 남았다. 정 회장은 박정희 시대에 박정희와 함께 근대화에 매진했던 사람이었지만, 대기업 총수의 삶으로는 믿기지 않는 검소함을 지니고 살다가 떠났다.

박정희도 그랬다. 엄청난 권력을 쥐고 있었던 권력자가 황망하게 죽임을 당한 후 청와대 금고에서 발견된 돈은 10억 원도 되지 않았다. 후임 대통령들이 수천억 원의 비자금을 모았던 것에 비교하면 박정희는 전혀 다른 사람이었다. 그토록 갑작스러운 죽음을 당하지 않았더라면 박정희도 자신의 사후, 생가가 보이는 구미의 뒷산에 묻어달라고 했을지도 모른다.

이스라엘의 불확실 전략

이스라엘의 핵보유와 관련해서 한 가지 흥미로운 점은 이 나라가 처음부터 줄곧 '불확실 전략(Strategy of Ambiguity)'을 견지하고 있다는 사실이다. 즉, 고의로 핵보유 징후들을 풍기면서도 공식적으로는 핵보유를 시인도 부인도 하지 않고 모호한 상태로 남겨두고 있다. 당연히 핵실험이라는 가시적인 증거도 남긴 적이 없다. 이런 전략은 많은 이점들을 제공한다. 공식적으로 핵보유를 인정하지 않음으로 해서 국제제재를 받지 않으며, 특히 미국에 제재를 가할 명분을 제공하지 않음으로써 동맹을 유지하는 데에 지장이 없다. 그러면서도 핵보유 정황을 흘림으로써 상대국들의 공격을 억제하는 효과는 효과대로 누린다. 꿩 먹고 알 먹고, 도랑 치고 가재 잡는 전략이다. 이스라엘 학계에서는 테러 등 국가생존을 위협하는 사태가 발생할 때마다 핵보유 사실을 공개하여 이스라엘을 위협하는 세력들에 노골적인 경고를 보내야 한다는 주장이 제기되곤 했지만, 이스라엘 정부는 묵묵부답으로 일관한다.

이스라엘이 불확실 전략을 고수함에 따라 이스라엘의 정확한 핵보유 시점과 핵보유 내용에 대해서는 다양한 해석이 난무한다. 이스라엘이 공개적으로 핵실험을 하지 않았다는 사실 때문에 "핵실험을 하지 않고 핵무기를 보유할 수 있었는가"라는 의문이 제기되기도 했지만, 이와 관련한 정설은 "시뮬레이션을 통해 핵을 관리해왔을 것"이라는 것이다. 물론, 이스라엘이 핵실험을 했다고 보는 주장도 있다. 이런 주장은 1979년 2월 미국의 인공위성이 남극지방에서 거대한 섬광이 번쩍이는 장면을 포착한 데서 유래한다. 이를 두고 이스라엘이 남아공과 합작으로 핵실험을 한 것이라는 주장이 제기된 것이다. 이후 미 해군이 진상조사에 나섰지만 "확실한 결론이 없다"는 보고를 내고 조사를 종결했다. '짜고 친 고스톱'이었을 가능성을 배재할 수 없다.

이스라엘의 핵보유 의혹과 관련하여 또 하나 흥미로웠던 것은 '바누누 사건'이었다. 1987년 뉴욕주립대에서 박사 논문을 작성하던 필자는 자신을 '모르데차이 바누누(Mordechai Vananu)의 약혼녀'로 밝힌 여성으로부터 수기 편지를 받은 적이 있었다. 바누누의 구명을 위해 서명을 해달라는 편지였다. 디모나 연구단지에서 핵기술자로 근무했던 바누누는 1986년 영국으로 건너가 이스라엘의 핵보유를 폭로했고, 런던타임스(London Times)지(紙)는 바누누의 폭로를 바탕으로 이스라엘이 100~200개의 핵탄두를 보유하고 있다고 보도했다.

이 보도는 세계를 발칵 뒤집었고, 아랍권은 충격을 받았다. 바누누는 이스라엘 정보기관 모사드가 파견한 정보원들에게 런던에서 납치되어 본국에 송환되었으며, 국가기밀 누설죄로 18년간 복역했다. 바누누는 11년 독방생활을 포함한 18년 형기를 마치고 2004년 석방되었지만, 출국 금지와 인터넷 채팅 및 외국인과의 대화가 금지된 상태에서 경찰의 감시를 받고 있다.

필자는 바누누 사건을 이스라엘의 핵억제력에 기여한 사건으로 해석한다. 이스라엘이 핵무기를 보유하지 않았다면 누설한 국가기밀이 없는 것이므로 바누누를 처벌한 것은 결국 핵보유를 시인한 것이라 할 수 있기 때문이다. 필자는 바누누의 약혼녀로 자칭하는 사람이 어떻게 해서 필자에게 편지를 보내게 되었는지에 대해 지금도 궁금하게 생각하고 있다.

이스라엘의 女傑 골다 메이어

이스라엘의 핵보유 시점과 관련해서는 골다 메이어 수상(1898~1978)을 떠올리지 않을 수 없다. 메이어는 벤구리온과 함께 이스라엘 건국을 위해 투신했던 건국의 어머니였고, 세계 역사상 가장 강력한 여걸(女傑)이자 '철의 여인'이었다. 메이어는 소련 시절 키예프에서 출생하여 미국으로 이민 왔다가 시오니즘에 참가하면서 팔레스타인으로 이주했었고, 이스라엘 건국 후에는 노동부 장관과 외무부 장관을 거쳐 제5대 수상(1969~1974)을 역임했다. 메이어 수상의 재임시기였던 1972년 뮌헨 올림픽 동안 팔레스타인인들로 구성된 '검은 9월단'이라는 테러단체가 이스라엘 선수촌을 기습하여 선수 전원을 살해하는 사건이 발생했다. 메이어 수상은 모사드에 지구 끝까지 테러리스트들을 추적하여 살해하라고 명령했고, 모사드는 실제로 그렇게 했다. 이러한 이스라엘식 '피의 보복'이 오늘날 이스라엘을 생존하게 만들었는지도 모르며, 메이어 수상은 그 원칙을 철저하게 실천한 지도자였다.

필자는 이스라엘이 핵무기를 실전 배치한 시점을 메이어 수상 재임기간으로 추정한다. 이스라엘이 핵개발을 시작한 시점, 이스라엘의 기술 수준, 동기, 중동의 정세 등을 종합하면 그럴 것으로 생각한다. 일부 전문가들은 '6일 전쟁'으로 불리는 1967년 제3차 중동전쟁

때 이스라엘이 이미 소수의 핵폭탄을 보유했을 것으로 보고 있다. 6
일 전쟁은 이스라엘 공군이 전개한 '자위적 선제공격(pre-emptive strike)'
으로 유명해진 전쟁이었다. 이집트-시리아 연합군의 공격이 임박하
자 이스라엘 공군은 정확한 정보를 바탕으로 요르단, 이집트, 시리아
등에 대한 기습적인 선제공습을 감행하여 이틀 만에 400여 대의 아
랍 공군기를 파괴했다. 대부분은 한 번 날아보지도 못한 채 지상에
서 날벼락을 맞은 것이다. 제공권을 장악한 이스라엘군은 순식간에
시나이반도를 유린하고 골란고원, 요르단강 서안지역(West Bank), 가자
(Gaza) 지역, 동예루살렘 등을 점령했다. 일부 전문가들은 이스라엘이
대담한 선제공격을 결정한 배경에는 핵무기가 있었을 것으로 본다.

욤키푸르 전쟁(Yom Kippur War)으로 불리는 1973년 제4차 중동전쟁
은 메이어 수상이 치른 전쟁이었다. 이 전쟁에서 선공을 개시한 이집
트군과 시리아군은 초반부터 이스라엘을 몰아붙였다. 이집트군은 수
에즈 운하를 건너 교두보를 구축했고, 시리아군은 이스라엘이 점령
하고 있던 골란고원을 탈환하여 갈릴리(Galilee)를 굽어보게 되었다. 그
러나 이스라엘군은 즉각 전열을 재정비하고 다시 수에즈 운하를 넘
어 카이로에서 100km 떨어진 지점까지 육박했다. 북쪽으로는 골란
고원을 재탈환하고 다마스쿠스를 포격권에 두는 지점까지 진격했다.
이스라엘 해군은 단 한 척의 손실도 없이 34척의 아랍 선박을 침몰
시키면서 아랍의 해안접근을 차단했다. 이후 이집트와 시리아는 새
로운 반격을 시도하지 않았고, 순순히 유엔이 중재한 휴전에 응했다.

제4차 중동전쟁은 이집트와 시리아의 제3차 중동전쟁에 대한 앙갚
음 성격이 강했고, 그만큼 많이 준비한 상태에서 시작한 전쟁이었다.

때문에 이스라엘이 입은 손실도 만만치 않았다. 제4차 중동전쟁은 한국의 안보와도 무관하지 않다. 북한은 1970년대에 이집트가 제공한 스커드-B 미사일을 모태로 스스로의 미사일 능력을 개발했는데, 이집트가 북한에 미사일을 제공한 배경이 제4차 중동전쟁에서 북한의 조종사들이 이집트 공군을 도왔기 때문이라는 것이 정설이다. 어쨌든 이 전쟁에서 이스라엘군 약 3000명이 희생되었고, 러시아제 지대공미사일(SAM)로 인해 많은 공군기가 격추되었으며, 수백 대의 탱크를 상실했다. 필자는 이런 상태에서 이집트와 시리아가 예상보다 쉽게 휴전을 받아들인 이유 중의 하나로 이스라엘의 '불확실 전략'이 진가를 발휘했을 것으로 추측한다. 즉, 메이어 수상이 비밀리에 핵무기를 서둘러 실전 배치하고는 아랍국들에 이스라엘을 지중해로 쓸어 넣으려 한다면 무자비한 핵공격을 당하게 된다는 메시지를 전달했을 것으로 추측하며, 메이어 수상이 배치된 핵무기를 믿고 대담한 전쟁수행을 지시했을 것으로 본다.

일부 전문가들은 메이어 수상이 1969년 9월 미국을 방문하여 닉슨 대통령과 회담했을 때 이스라엘이 공개적 선언이나 핵실험 없이 핵을 보유하는 경우 미국은 이를 묵인한다고 합의했을 것으로 추측한다. 이 추측이 사실이라면 '불확실 전략'을 정착시킨 것이 메이어 수상일 가능성이 높다. 벤구리온과 마찬가지로 메이어 수상도 은퇴후 정부에서 제공하는 의전을 사양하고 13평에 지나지 않는 키부츠에서 생활하다가 생을 마감했다. 벤구리온과 메이어 같은 지도자들이 있었기에 오늘날 이스라엘은 작지만 아무도 건드리지 못하는 소강국(小强國)이 되었다.

핵강국 인도의 기초를 닦은 네루

자와할랄 네루(Jawaharlal Nehru, 1889~1964)는 인도의 독립투사이자 정치지도자였다. 인도의 정신적 지도자 마하트마 간디가 비폭력 평화주의적 독립투사였다면 네루는 투쟁적인 방법을 불사했던 독립투사였다. 네루는 인도의 대표적인 지식인이기도 했다. 청년시절 영국 케임브리지 대학에서 유학하여 변호사가 되었고 1921년부터는 영국의 지배하에 있던 인도를 독립시키기 위해 반영(反英) 투쟁에 나섰고, 그로 인해 아홉 번이나 투옥되었다. 1942년에는 간디와 함께 영국군 철수를 요구하다가 함께 투옥되기도 했다. 그는 영국의 제국주의적 식민통치에 강력히 대항했고, 인도의 지도자로 부상하여 나라를 이끌었으며, 1964년 5월 27일 심근경색으로 사망할 때까지 인도를 이끌었다.

박사 논문을 작성하면서 인도와 파키스탄의 핵경쟁을 연구하던 필자에게 있어 덩치는 컸지만 가난했던 신생 독립국 인도의 초기를 이끌었던 네루가 펼친 '강대국 만들기' 정책과 드러내지 않으면서도 착실하게 속실력을 닦아나간 그의 핵잠재력 키우기 전략은 감명적이었다. 필자는 네루를 연구하면서 늘 박정희의 부국강병 정책을 떠올렸다. 두 사람이 너무나 닮았다는 생각이 들었다.

인도 대륙은 1947년 영국으로부터 독립하면서 힌두교를 믿는 인도와 이슬람교를 믿는 파키스탄으로 분리되었다. 인도의 초대 수상에 취임한 네루는 지금은 비록 혼란스럽고 가난한 나라이지만 언젠가는 인도가 세계 최강국 반열에 오를 것으로 믿었고, 그 목표를 향해 매진했다. 지도자의 길을 걸으면서 네루가 가장 주목한 나라는 미국이었다. 아니, 미국이 초강대국으로 성장한 과정이었다. 미국도 영국으로부터 막 독립했을 당시에는 강대국이 될 수 있는 조건들은 갖추고 있었다. 모든 면에서 유럽국들에 뒤진 후진국이었지만 강대국이 되어야 할 운명을 타고난 슈퍼베이비(superbaby with manifest destiny)였다. 19세기 말까지 미국은 몬로 독트린(Monroe Doctrine)을 앞세우고 유럽의 간섭을 배제하면서 슈퍼베이비의 생존과 보호에 진력했다. 그리고는 앞마당 개척(Front-Yard Building)에 나섰다. 유럽의 개입을 불용하는 가운데 루이지애나(1803), 텍사스(1845), 오레곤(1846) 등으로 국토를 확장해 나갔다. 1948년에는 멕시코를 압박하여 캘리포니아, 네바다, 유타, 애리조나, 뉴멕시코 등을 편입하여 태평양 연안국이 되었으며, 1967년에는 소련으로부터 알래스카를 사들였다.

방대한 국토를 거느리게 된 미국은 여세를 몰아 하와이(1898), 필리핀(1898), 괌(1899) 등을 차례로 영토 또는 식민지로 편입하는 한편 중남미 국가들을 압도하여 북미 대륙의 맹주자리를 굳혔다. 이후 20세기 초부터 제2차 세계대전까지의 기간은 미국의 국익이 세계화(globalization of American interests)되는 기간이었다. 세계의 흐름을 좌우하는 국가가 된 것이다. 제2차 세계대전 종전과 함께 유럽국가들이 쇠퇴하면서 미국은 소련과 함께 세계를 반분(半分)하는 초강대국 지위를 획득했다.

네루는 슈퍼베이비 미국의 성장 과정에 주목했고, 미국의 지도자들이 슈퍼베이비를 보호하면서 성장시켜나간 과정을 부러워했다. 그리고는 인도를 미국에 버금가는 슈퍼베이비로 성장시키겠다고 결심한다. 네루는 이스라엘의 벤구리온과 마찬가지로 1945년 히로시마와 나가사키를 목도하면서 인도 역시 언젠가는 핵을 보유한 강대국이 되어야 한다는 생각을 굳혔다. 네루의 이러한 열망은 독립 이전부터 선진국에 유학생을 보내 핵공학을 배우게 한 사실이나, 인도의 독립이 임박했던 시기인 1946년 6월 그가 봄베이(Bombay, 현 뭄바이 Mumbai)에서 행한 연설에서 잘 드러나 있다.

"모든 나라들은 스스로를 지키기 위해 최첨단 과학적 수단들을 개발하고 사용한다. 나는 인도 역시 과학연구에 매진해야 한다고 믿으며, 인도의 과학자들이 원자력을 건설적인 목적으로 사용할 수 있기를 기대한다. 그러나 만약 인도가 외부세력으로부터 위협을 받는다면, 당연히 인도는 스스로 보유한 과학력을 총동원하여 방어해야 할 것이다."

네루는 인도의 방대한 국토와 인구, 산업 잠재력, 문화적 유산 등을 종합할 때 지도자들이 잘만 가꾸어 간다면 인도가 강대국이 될 것으로 확신했고, 필자는 이를 인도판 건국이념(India's manifest destiny)이라 불렀다. 강대국을 향한 네루의 확신과 집념은 그가 수상으로 재직하던 1954년 인도 의회에서 행한 연설에 그대로 드러나 있었다.

"미국과 소련 그리고 중국 이 세 나라를 잠시 제외하고 세계를 둘러보라. 선진국도 많고 문화적으로 우수한 나라들도 많다. 하지만, 여러분들이 미래를 깊숙이 내다본다면, 그리고 전쟁과 같은 천재지변이 발생하지 않는다면, 세계에서 네 번째 강대국이 될 나라는 다름 아닌 인도라는 사실을 알 수 있을 것이다."

네루는 미국이 그랬던 것처럼 초기에 인도 슈퍼베이비를 생존시키고 보호하는 데 진력했다. 이 기간 동안 인도는 전형적인 약소국형 대외정책을 견지했다. 강대국들과 맞서기보다는 몸을 낮추는 외교를 펼쳤고, 분쟁에 말려들지 않기 위해 1949년에서 1955년 사이에 네팔, 부탄, 아프가니스탄, 이란, 터키, 시리아, 이라크, 이집트, 인도네시아, 필리핀, 스리랑카 등과 우호친선조약을 체결했다. 미국과 소련 양 진영으로부터의 독립성을 유지하기 위해 중립적인 제3세계 외교를 펼쳤고 내부적으로 빈곤퇴치와 경제성장에 주력했다.

이 시기 인도를 위협할 수 있는 최대의 잠재적 주적은 당연히 중국이었고, 두 나라 국민간의 자존심 경쟁도 날카로웠다. 당시 중국은 1949년 공산군의 승리를 통해 중화인민공화국을 세우고 곧바로 신장 위구르를 그리고 1950년에 티베트를 점령했으며, 미국과 소련으로부터의 독립성을 지키고 독자적 영향력을 키우기 위해 핵무기 개발에 매달리고 있었다. 네루는 인도가 연약한 동안에는 중국과 부딪치지 않아야 한다는 신념을 가지고 있었지만, 언젠가 실행해야 할 핵보유를 염두에 두고 '평화적 원자력'이라는 명분하에 중국보다 한발 앞서 핵실력을 닦아 나갔다.

네루는 이스라엘의 벤구리온이 네게브 사막에 다모나 핵연구단지를 건설했듯 독립을 앞둔 시점인 1945년 뭄바이에 타타기초연구소(TIFR: Tata Institute of Fundamental Research)를 설립하여 바바(Homi Jehangir Bhabha) 박사에게 핵연구를 주도하게 했다. 독립 직후인 1948년에는 원자력에너지위원회(Indian Atomic Energy Commission)를 설립하여 종합적인 원자력정책을 수립하도록 했으며, 1954년에는 수상 직속 정부조직으로 원자력부를 신설했다. 1954년에는 트롬베이원자력연구소(AEET: Atomic Energy Establishment Trombay)를 설립하여 바바 박사로 하여금 핵연구를 주도하도록 했다. 이 연구센터는 1966년 바바 박사의 사망 이후 바바핵연구센터(BARC: Dr. Homi Bhabha Atomic Research Center)로 개칭되었다. 바바 박사는 케임브리지대에 유학한 핵물리학자로서 '인도핵의 아버지' 또는 '인도의 오펜하이머'로 불리는 사람이며, BARC는 인도 핵연구의 최대 산실이자 요람이다. 네루 수상의 주도로 인도는 세계 대부분의 나라들이 원자력에 눈을 뜨지 못했던 1956년에 이미 자력으로 아스파라(Aspara) 연구로를 가동했고, 1955년에 토륨(thorium) 생산 공장을 가동했다. 인도는 1958년 캐나다에서 들여온 사이러스(Cirus) 중수로의 가동을 시작했고, 트롬베이에 재처리 공장을 건설하기로 결정했다. 1961년에는 자력으로 건설한 제를리나(Zerlina) 원자로를 가동했다. 이후에도 네루는 플루토늄 분리공장, 실험용 고속증식로, 농축 공장 등을 건설 또는 추가하면서 '핵무기는 가지지 않되 핵무기를 만들 수 있는 잠재력'을 한 치의 착오도 없이 갖추어 나갔다. 바바 박사는 1958년과 1961년에 "인도가 핵무장 능력을 보유하고 있다"고 밝혔지만, 언제나 "그럼에도 핵을 개발할 의사가 없다"는 단서를 달았다.

네루는 핵무기비확산조약(NPT) 등 인도의 자주적 핵개발을 간섭할 수 있는 국제장치를 모두 거부했는데, 이로써 인도는 미소 양대 진영으로부터 독립적인 외교적 지위를 유지하는 제3세계 외교노선을 취했다. 네루는, 인도 스스로는 핵무기를 개발하지 않지만 핵강대국들이 비핵에 나서 핵 없는 세상을 만들어야 한다는 원칙을 주장하면서 다른 나라들이 핵을 포기하지 않는 한 인도도 NPT에 가입하지 않는다는 입장을 견지했다.

필자는 핵세계에서의 인도의 이러한 행보를 두고 "노조위원장이 귀족이 된 것"이라고 평가한다. 즉, 강대국의 핵보유 횡포에 항거하는 제3세계의 목소리를 대변하면서 "강대국들이 핵독점을 포기하지 않는 한 우리도 핵보유권을 포기할 수 없다"는 제3세계 논리를 앞세우고 자신의 핵보유 권리를 수호해오다가 적절한 시점에 그 권리를 이용하여 핵보유국 반열에 올랐기 때문이다.

네루는 인도라는 슈퍼베이비를 안전하게 지키기 위해 중국에 대해서는 무한한 인내심을 발휘했다. 인도와 중국은 1950년대부터 빈번한 국경충돌을 겪고 있었지만 밀리고 양보하는 쪽은 늘 인도였고, 그럴 때마다 인도는 전면대결이 아닌 화친을 택했다. 1962년 중국과 인도는 히말라야 국경지대 분쟁으로 인하여 전쟁에 돌입했다. 인도가 이 전쟁에서 참담하게 패하자 네루는 패배를 인정하고 물러섰으며, 중국이 인도의 인근국인 티베트를 점령한 것이나 1959년 티베트 무장 독립운동을 무자비하게 진압한 것에 대해서도 더 이상 이의를 제기하지 않았다. 중국에 대항하기 위해 인도가 핵무장을 서둘러야 한다는 여론이 들끓었지만, 네루는 "핵개발 계획 없음"을 선언하고 조용히 때를 기다렸다. 물론, 중국에 대항할 속실력을 닦는 일을 게을리한 것은 아니었다. 네루는 재처리 공장 건설을 서둘렀고, 1962년 인도는 우주개발위원회(Indian National Committee for Space Research)를 설립하여 로켓산업에 박차를 가했다.

또한, 같은 해에 원자력위원회를 확대하고 원자력법을 제정했으며, 라자스탄에 두 번째 원자로 건설을 결정하고 중수공장을 준공했다. 1962년 11월에는 최초의 2단 로켓을 발사했다. 국제적인 고립을 피하기 위해 많은 나라들과 원자력협력에 매진하여 1963년에만 폴란드, 덴마크, 미국, 캐나다 등과 원자력협력협정을 체결하고 사이러스 중수로를 가동했다. 네루는 1964년 5월 27일 심장마비로 사망했지만, 후임 지도자들은 네루가 품었던 강대국의 야망 핵포부를 차질없이 계승했다.

1964년 10월 16일 중국이 마침내 첫 핵실험에 성공하자 인도에서는 대응적 핵무장을 요구하는 여론이 폭발했다. 인도 의회는 대응적 핵무장을 촉구하는 결의문을 채택했고, 결의안 채택에 앞장섰던 카푸르 싱(Kapur Singh) 의원은 "하루에 한 끼만을 먹더라도 핵무장을 해야 한다. 노예가 되는 것은 굶주림보다 더 나쁜 일이기 때문이다"라고 외쳤다. 인도의 과학자들이 핵무장 촉구 운동에 동참하는 중에 당시 원자력위원회 위원장이었던 바바 박사는 "인도는 18개월 이내에 중국을 따라잡을 수 있다"고 선언했다. 그럼에도 네루의 후임인 샤트리(Shastri) 정부는 몸을 낮추었다. 중국과의 군사력 격차도 컸지만, 중국의 주요 도시들을 볼모로 삼을만한 사정거리를 가진 투발수단이 없었기 때문에 핵폭탄을 먼저 만들 필요성을 느끼지 않았기 때문이었다. 물론, 인도의 핵행보는 지속되었다. 1965년에 트롬베이의 재처리 공장이 가동되었고, 중수생산 시설을 확대했으며, 투발수단 개발을 염두에 둔 위성발사 시험도 반복했다. 같은 해에 세계 최초로 중성자분광기를 가동했고, 핵폭발 탐지소를 설치했다. 핵강대국을 향한 인도의 야심찬 행보는 이후에도 이어졌다.

네루의 집권기 동안 인도는 슈퍼베이비를 지키기 위한 저자세를 유지하면서 '비동맹 비개입 정책(policy of nonalignment and no intervention)'으로 일관했으나, 인도의 국력이 커지면서 남아시아 맹주자리를 둘러싼 중국과의 경쟁은 가시화되었다. 부탄, 네팔, 시킴 등 히말라야 국가들이 중국의 영향권 내로 흡입되는 것을 방지하기 위한 히말라야 외교(Hymalayan Diplomacy)를 전개했다. 네팔에는 '확대억제 제공'을 약속했으며, 부탄에 대한 빈번한 방문외교를 전개했으며, 1973년 시킴을 합병했다. 남쪽으로는 앞마당을 장악하기 위해 1948년 카슈미르 전쟁에 이어 1965년과 1971년 전쟁에서 파키스탄을 제압했으며, 1971년 전쟁에서는 동파키스탄을 방글라데시로 분리 독립시킴으로써 더 이상 파키스탄과의 전쟁에서 양면공격을 우려할 필요가 없게 되었다. 그리고는 1974년에 첫 핵실험을 실시했다. 하지만, 중국에 대해서는 여전히 겸손한(?) 자세를 유지했다. 인도 정부는 토목공사 등을 위한 '평화적 용도를 위한 핵폭발(peaceful nuclear explosion: PNE)일 뿐 핵무기 개발은 하지 않겠다'는 입장을 밝히고 핵무기 개발에 착수하지 않았다.

인도, 드디어 침묵을 깨다

국력이 더욱 커지면서 인도는 1980년대부터 세계무대에서 목소리를 높이기 시작했다. 인근 소국들에는 '당근'과 '채찍'을 사용하면서 지역 맹주로서의 위치를 굳히는 데 주력했다. 인도는 1987년 스리랑카 내전에 개입하여 이듬해 대규모의 평화유지군을 보냈고, 1988년에는 해군을 파견하여 몰디브공화국(Maldives) 정부의 전복을 시도하던 스리랑카 용병들을 소탕했다. 1989년 네팔이 '무역 및 통과 조약'의 연장을 거부하자 석유공급 차단으로 네팔을 압박했다. 인도가 바야흐로 슈퍼베이비 시절을 청산하고 지역 강대국으로 발돋움하기 시작한 것이었다.

인도는 24년의 침묵을 깨고 1998년 5월 11일에서 13일에 걸쳐 무려 다섯 차례의 핵실험을 강행하면서 세계 일곱 번째 핵보유국임을 선포했다. 오래 참았던 오줌보가 터진 것이다. 서방의 언론들이 "3억 명의 극빈자와 3억 명의 문맹자를 가진 인도가 핵실험을 실시한 것은 인류평화에 대한 파렴치한 도발"이라면서 비난했지만, 인도는 괘념치 않았다. 그로부터 보름 후인 28일에는 파키스탄이 핵실험을 했다. 인도와의 수차례 전쟁에서 패한 파키스탄 역시 알리 부토(Ali Bhutto) 대통령의 집념 아래 줄기차게 인도와 핵경쟁을 벌이면서 핵실력을 갈고 닦았고, 인도가 핵실험을 하자 기다렸다는 듯이 한꺼번에 여섯 번의 핵실험을 강행하여 여덟 번째의 핵보유국이 되었다. 소문으로 무성했던 '힌두핵'과 '이슬람핵'의 실체가 드러나는 순간이었다.

파키스탄이 핵실험을 했던 1998년 5월 28일 필자는 인도 대사관저에서 인도 대사와 만찬을 나누고 있었다. 필자가 인도의 핵정책을 연구한 전문가라는 사실을 알고 대사가 초청한 것이었다. 식사 중에 인도 대사는 방금 전에 CNN 방송이 파키스탄의 핵실험을 보도했다고 귀띔해주었다. 필자가 자리에서 일어나 축하한다고 말하자, 대사는 미소 띤 얼굴로 악수를 청했다. 혹자는 파키스탄이 핵실험을 했는데 왜 인도가 축하를 받아야 하느냐고 묻겠지만, 핵정치를 아는 사람이라면 알 일이다. 필자는 인도의 핵무장 동기가 상대적 약소국인 파키스탄과의 핵경쟁에서 비롯된 것이 아니라 상대적 강대국인 중국으로부터의 안보위협을 불식시킴과 동시에 미국, 소련, 중국 등에 필적하는 강대국으로 발돋움하겠다는 네루의 '강대국 만들기' 포부에서 비롯된 것임을 잘 알고 있었다. 즉, 인도의 핵보유가 군사안보적 동기보다는 정치·외교적 동기에서 비롯된 것임을 알고 있었고, 그것이 필자의 박사 논문이 내린 결론 중의 하나였다. 이런 인도에 파키스탄의 핵보유는 인도의 핵보유를 '안보를 위해 불가피한 선택'으로 정당화시켜주는 유용한 명분이 될 수밖에 없었다. 그러니 축하받을 일이 아니겠는가? 필자의 축하와 인도 대사의 미소는 이 모든 것을 설명하고 있었다.

오늘날 인도는 서남아시아의 맹주로서 손색이 없는 군사력을 갖추고 있으며, 세계무대에서 강대국으로 인정받고 있다. 인도는 120여 개의 핵무기를 보유한 세계 제7위의 핵강국으로 지상과 공중 그리고 해상 및 해저에서 발사하는 강대국형 3축 체제를 갖추고 있다. 지상발사 및 공중발사 핵무기를 줄이거나 폐기하고 잠수함에 의존하는 추세를 보이는 프랑스나 영국과는 대별된다. 공중발사 투발수단으로는 1500km 이상의 전투반경을 가진 미라주(Mirage) 2000H, 재규어(Jaguar) IS, 미그(Mig)-27, 수호이(Sukhoi) Su-30MKI 등의 전투기들이 있다. 지상발사 미사일로는 아그니(Agni)-5(사거리 5000km), 아그니-4(4000km) 등이 있다. 사거리가 8000km에서 최대 2만km에 달하는 ICBM급 수리야(Surya) 미사일도 개발해왔는데, 실전 배치 여부는 밝혀지지 않고 있다.

함상발사용으로 다누쉬(Dhanush: 350km), 프리트비-3(Prithvi-III: 350~600km) 등을 보유하고 있다.

인도는 1985년부터 핵추진 잠수함 건조를 계획하고 이를 위해 1988년 이래 소련으로부터 핵잠수함을 임대하여 운용하면서 독자적으로 핵잠을 건조하고 있다. 최근 자체적으로 건조한 핵잠 아리안트(Arihant)함이 사거리 3500km인 SLBM을 탑재하고 실전 배치된 것으로 알려져 있다. 인도는 2003년 핵병기를 총괄하는 전략군사령부를 창설하여 핵군사력을 운용하고 있으며, 이제는 인도양의 패권을 놓고 중국과 경쟁하는 단계에 도달했다.

오늘날 인도의 원자력 발전은 전체 발전량의 3% 미만에 머물고 있지만, 핵무기 제조와 관리에 방대한 핵인프라를 보유하고 있다. 군사적 의도를 가지고 원자력 개발에 착수하여 발전용 대형 원자로들을 건설하지 않았기 때문이다. 인도는 현재 중수로, 경수로, 고속증식연구로, 토륨연구로 등 각종 타입의 원자로 24기를 보유한 데 더하여 4기를 건설 또는 개발 중이며, 인도 전역에는 13개의 연구단지와 함께 우라늄 광산, 정련시설, 중수공장 등이 산재해 있고 바바원자력연구소(BARC)와 인디라간디원자력연구센터(IGCAR)는 거대한 핵연구의 요람이다.

8기의 원자로를 포용한 BARC는 폐쇄형 핵연료주기, 토륨과 플루토늄을 혼합한 연료를 사용하는 신형중수로(AHWR), 토륨 고속증식로, 핵추진 엔진, 방사선 동위원소 생산, 재처리, 중수생산, 지르코늄 및 티타늄 생산, 토륨 가공 등과 관련한 연구개발을 진행 중이다. IGCAR에서는 조사 후 토륨(irradiated thorium)을 재처리하여 우라늄-233

을 추출해 핵연료로 사용하는 미래지향형 토륨원자로를 개발하고 있는데, 인도는 이 방면에서 선두주자이다.

파키스탄핵의 아버지 알리 부토

알리 부토(Zulfikar Ali Bhutto; 1928~1979)는 파키스탄의 대통령(1971~1973)과 총리(1973~1979)로 재임한 정치지도자이자, 파키스탄의 핵개발 프로그램을 기획하고 주도한 '파키스탄 핵의 창시자'였다. 파키스탄은 이웃 강대국인 인도가 독립 초기부터 핵능력 배양에 착수하자 자극을 받았고, 이후 세 차례에 걸친 인도와의 전쟁에서 패하면서 핵개발을 결심했다. 특히 1971년 전쟁은 핵개발의 직접적인 도화선이었다. 이 전쟁의 패배로 파키스탄은 파키스탄과 방글라데시로 분리되었고, 더 이상 인도와의 대결에서 양동작전을 펼칠 수 없게 되었다. 이 직후 부토는 "풀뿌리를 먹고 살더라도 핵무기를 만들겠다"는 유명한 말을 남겼다.

파키스탄은 인도의 원자력 개발에 자극받아 1965년에 라발핀디에 첫 연구로를 가동했으나, 늘 인도를 뒤따라가는 형국이었다. 부토는 1971년 전쟁 이후 카후타(Kahuta)에 우라늄 농축공장을 건설하는 소위 '706프로젝트'에 착수했고, 프랑스와의 계약으로 차쉬마(Chashma)에 재처리 공장의 건설을 추진했다. 파키스탄은 1972년 캐나다로부터 도입한 125MW 중수로 카누프(KANUPP)를 가동했고, 1974년 차쉬마 재처리 공장 건설이 미국의 압력으로 무산되자 부토는 자력으로

라발핀디에 재처리 공장을 건설했다. 파키스탄의 핵개발에서 압둘 카디르 칸(Abdul Qadeer Khan) 박사의 역할은 압권이었다. 칸 박사는 유럽의 다국적 원자력기업인 우렌코(URENCO)에서 금속학자로 근무하다가 1979년 돌연 잠적했고 이후 파키스탄에 나타나 1986년 카후타 농축공장을 가동했다. 훔친 농축기술로 조국에 농축공장을 가동한 것이었다. 이 시설은 파키스탄 핵개발의 중추가 되었고, 칸 박사는 '파키스탄 핵의 아버지'로 불리게 된다. 칸 박사는 나중에 북한을 포함한 다른 나라들에 농축기술과 장비를 판매한 전력이 드러나 세계적인 물의를 빚기도 했다.

미국은 1970년대와 1980년대 동안 파키스탄의 핵무기 개발을 무산시키기 위해 노력했었다. 미국에는 농축과 재처리를 보유하거나 핵무기 개발을 시도하는 국가들에 대해 원조를 금지하는 국내법들이 있지만, 1979년 구소련이 아프간을 침공하자 미국은 파키스탄의 기지를 이용하여 소련군에 대항하는 아프간 반군을 지원했다. 결국, 파키스탄에 대한 미국의 제재는 번번이 흐지부지되었다. 파키스탄은 1983~1987년 미국으로부터 단좌형 F-16A 28대와 복좌형 훈련기 F-16B 12대를 도입할 수 있었다. 이후 60대의 F-16을 추가로 도입하려는 계획은 핵보유국에 대한 군사원조를 금지한 미국 국내법 때문에 지연되었으나, 2001년 9·11 이후 파키스탄이 미국이 벌이는 테러와의 전쟁을 도우면서 2005년 추가 도입 분을 인수했다. 파키스탄은 현재도 미국의 협력국이다. 미국은 파키스탄의 불안한 정국, 반미 이슬람국가로 변신할 가능성, 핵무기 관리능력, 핵무기가 반미 테러분자들의 손에 넘어갈 가능성 등을 우려하면서도 파키스탄의 핵보유를 기정사실로 인정하고 있다.

오늘날 파키스탄은 100여 개의 핵무기를 보유한 것으로 추정되는 세계 제8위 핵보유국이다. 파키스탄의 핵무기들은 공중발사 및 지상발사용으로 배치되어 있다. 공중 투발수단으로는 미국이 제공한 F-16, 프랑스제 미라주-V, 중국제 A-5 등이 있으며, 지상발사 수단 가즈나비(Ghaznavi), 샤힌(Shaheen), 가우리(Ghauri) 미사일 등이 있다. 가우리 미사일은 북한의 로동 미사일과 유사한데, 북한이 칸 박사로부터 파키스탄의 농축기술을 가져오는 대가로 파키스탄에 미사일 기술을 전수한 것으로 보인다. 2008년 미국이 인도의 핵보유를 공개적으로 인정하고 인도가 강대국 행보를 이어감에 따라 인도에 대한 파키스탄의 안보불안은 해소되지 못하고 있다. 그래도 인도와 파키스탄은 1999년 라호르 선언(Lahor Declaration)을 통해 우발적·독단적 핵사용 위험성을 줄이고 상호신뢰구축을 위한 조치를 취하기로 합의한 이래 핵충돌을 회피하고 공존을 담보하기 위한 노력을 이어가고 있다.

이렇듯 파키스탄은 부토의 열정으로 핵보유국이 되는 데 성공했지만, 부토 자신의 운명은 기구했다. 부토는 자신이 키운 지아 울 하크(Mohammad Ziaul Hag) 장군의 쿠데타로 실각하여 1979년 교수형을 당했다. 부토의 동생은 프랑스에서 의문의 약물중독사를 당했고, 부토의 딸 베나지르 부토는 1988년 울 하크 대통령이 비행기 사고로 숨진 후 35세 나이에 이슬람권 최초의 여성 수상이 되었지만 20개월 후에 물러났다. 1993년 재임되었으나 부패혐의로 다시 해임되었으며, 2007년 총선 출마를 준비하던 중 암살되었다.

인도, 정치적 핵문턱을 넘다

인도의 핵강국 부상의 대미를 장식한 것은 2006년 3월 2일 미국의 부시 대통령과 인도의 마모한 싱 총리가 서명한 역사적인 '미국-인도 핵합의'였다. 이 합의로 인도는 두 번째 핵문턱을 완전히 넘었다. 통상 한 나라가 핵보유국 지위를 인정받기 위해서는 '기술적 문턱'와 '정치적 문턱'이라는 두 개의 문턱을 넘어야 한다. 첫 번째 문턱은 핵실험을 통해 핵무기를 보여주는 것이며, 두 번째 문턱은 핵을 보유한 상태에서 국제사회로부터 제재를 받지 않고 정상국가로 활동하게 되는 것을 말한다. 이스라엘과 파키스탄은 핵보유를 공인(公認)받지는 않았지만, 국제사회로부터 특별한 제재를 받지 않아 사실상 두 번째 문턱도 넘은 상태이다. 인도는 1974년과 1998년의 핵실험으로 기술적 문턱을 넘었고, 2006년 미국-인도 핵합의로 공개적·합법적으로 두 번째 문턱을 넘었다. 서자(庶子) 핵보유국에서 적자(嫡子) 핵보유국으로 당당히 이름을 올린 것이다. 북한은 국제사회의 완강한 반대로 두 번째 문턱을 넘지 못한 상태이며 이것을 넘기 위해 협박, 도발, 협상, 벼랑끝 외교, 치킨게임 등 온갖 방책들을 동원하고 있다.

미국-인도 핵합의의 주 내용은 인도가 자국 핵시설을 평화용과 군사용으로 나누고 평화용 시설을 국제원자력기구(IAEA)의 사찰에 공개하는 것을 조건으로 미국과 원자력공급국그룹(NSG)이 핵연료 및 핵기술을 협력·개방한 것이다. 군사용 시설들은 현재처럼 사찰 없이 핵무기 개발을 위해 운용하게 된다. 이 합의를 통해 미국은 인도의 핵보유를 기정사실로 인정했고, 인도는 사실상의(de facto) 핵보유국에서 합

법적인(de jure) 핵보유국으로 승격되었다. 미국의 입장에서 보면, NPT
를 거부하고 핵무장을 결행한 인도를 인정한 것은 스스로 반확산 체
제의 정당성을 훼손한 자충수로서 북한이 "우리도 인도처럼 대접해
달라"고 요구하는 구실을 제공했지만, 세계전략 차원에서 중국을 견
제하기 위해 인도와의 전략적 제휴가 절실했던 것이다. 인도의 입장
에서 보면 이 합의는 핵강국으로 가는 대로를 활짝 열어젖힌 '핵외교
의 쾌거'였다.

이로써 인도는 네루가 꿈꾸었던 강대국 지위를 실현했다. 네루가
먼 안목으로 원자력 건설을 시작한 '인도핵의 창시자'라면 네루의 의
지를 받들어 핵무기와 미사일 개발을 주도한 바바 박사는 '인도핵의
아버지'이며, 바바 박사 이후 위성과 미사일을 개발하고 1998년 핵실
험을 주도한 후 2002년 7월 제11대 인도 대통령으로 취임했던 압둘
칼람(Abdul Kalam) 박사는 '제2의 인도핵의 아버지'라 할 수 있다. 그 과
정에서 인도는 본의 아니게 한국에 많은 불이익을 가져다주기도 했
다. 1974년 인도의 핵폭발 실험은 미국의 반확산 정책을 강화시키는
계기가 되어 박정희 대통령의 핵개발 계획이 미국의 강한 철퇴를 맞
아야 했다.

그래서 박정희를 존경한다

국가들은 안보(security)와 국가위상(prestige)이라는 두 가지 이유로 핵
무장을 한다. 이것들이 한 나라로 하여금 핵보유를 추구하게 만드는

2대 핵동인(核動因)이다. 영국과 프랑스는 국가위상이 주된 핵동인이었다. 한때 세계를 주름잡았던 대제국으로서의 자존심을 되찾기 위해 핵무장을 강행한 것이다. 이스라엘과 파키스탄은 안보가 주요 핵동인이었다. 이스라엘은 적대적인 이슬람 세력에 포위된 지정학적 불리점을 극복하고 생존하기 위해 NPT를 외면하고 필사적으로 핵보유를 추구했다. 인도의 압도적인 위상에 불안을 느낀 파키스탄의 핵보유도 주로 안보문제였다. 1970년대 한국이나 1980년대 대만으로 하여금 핵보유를 시도하게 만든 동인도 당연히 국가안보였다. 여기에 비해 나카소네의 핵잠재력 배양은 위상과 안보 양쪽 모두를 고려한 것이라 할 수 있다. "일본은 유일한 핵무기 피해국이기에 핵보유에 대한 국민적 알레르기 반응이 심하다"는 것은 일본이 핵무장을 시도할 가능성이 없음을 강조하는 훌륭한 선전논리였다. 인도 역시 안보와 위상 모두를 위해 핵무장을 결행했지만, 큰 그림에서 보면 '강대국 만들기'라는 원대한 장기계획에 따른 대장정이었다. 그 과정에서 중국으로부터 받는 실질적 안보위협도 중요한 동인으로 작용했지만, 파키스탄의 핵개발은 인도가 스스로의 핵무장을 정당화시키는 데 이용한 가짜 변수(spurious variable)에 지나지 않았다.

이런 나라들에 비하면 북한의 핵보유 동인은 안보적인 것과 정치적인 것이 혼재하고 있고, 공세적인 것과 수세적인 것이 복잡하게 얽혀있으며, 그중에는 파렴치하고 간교한 것들이 많다. 정권과 체제를 지키기 위한 선전수단이자 미국의 정권교체 시도나 간섭을 배제하는 방어수단이라는 점에서는 북한의 핵보유 동인이 수세적인 것으로 볼 수 있지만, 그것이 북한주민을 지키려는 것이 아니라 수령독재 체제를 영위하기 위한 것이기에 파렴치한 것이라 할 수 있다. 한미동맹을 이탈시켜 한반도 적화통일의 여건을 조성하려 하는 부분은 매우 공세적이고 정치적이며 간교한 것이며, 핵개발을 통해 한중관계를 이간시키려는 것 역시 간교한 동인이라 할 수 있다.

이와는 달리 드골, 벤구리온, 나카소네, 네루 등은 오로지 조국과 국민을 위해 핵무장을 시도한 지도자들이며, 개인적인 욕심이 개입된 부분은 없다. 박정희도 그런 지도자였다. 드골은 제2차 세계대전을 치르면서 미국이라는 신흥강국의 등에 업혀 연명해야 하는 조국의 모습에 통곡했고, 벤구리온은 나치의 학살에 몸서리치면서 하나님이 약속한 땅에 이스라엘을 재건하기 위해 헌신했다. 조국의 패망을 보고 목놓아 울었던 청년장교 나카소네 역시 지도자가 되어 조국의 미래를 내다보면서 핵실력을 닦았고, 네루는 가난한 인도를 강대국 반열에 올려놓기 위해 원대한 핵포부를 펼쳤다. 박정희도 그랬다. 가난에 찌들어 있으면서도 북한의 도발에 시달리는 대한민국을 반석 위에 올려놓고 싶은 심정에서 핵개발 할 엄두를 냈다. 한국의 지도자 중에 드골, 벤구리온, 나카소네 그리고 네루의 인생을 살았던 인물은 박정희뿐이다. 그래서 필자는 박정희를 존경한다.

드골이 그랬던 것처럼 박정희도 핵개발과 미사일 개발을 제약한 미국의 족쇄를 극복하기 위해 무진 애를 썼고, 드골이 첫 핵실험을 하고 감격에 겨웠던 것처럼 박정희도 첫 국산 미사일을 날리고 감격에 젖어 기술자들을 얼싸안았다. 이스라엘의 벤구리온이 우라늄을 찾아 네게브 사막을 뒤졌듯, 박정희도 괴산의 우라늄광을 활용하기 위해 무진장 애를 썼다. 주변의 이슬람국가들이 "이스라엘을 지중해로 쓸어 넣겠다"며 침공했을 때 분연히 맞서 싸워 나라를 지켜낸 벤구리온처럼, 박정희도 1960~1970년대 북한의 무수한 도발을 이겨내며 안보를 지켜냈다.

미국이 주한미군 제7사단을 철수했을 때 박정희는 나라를 지키겠다는 일념으로 핵무장을 결심했다. 나카소네가 일본을 불침항모로 만들기 위해 부심했던 것처럼 그리고 네루가 가난한 인도를 부강한 나라로 만들기 위채 절치부심했듯, 박정희도 한국을 부강한 나라로 만들기 위해 경제성장과 자주국방에 혼을 바쳤고, "우리도 한번 잘 살아보자"를 외치면서 새마을 운동을 일으키고 무역입국을 통해 외화를 벌었다. 그런 포부를 실현하기 위해 박정희는 널리 인재들을 불러모았다. 포항 지역에 석유가 있다는 소문이 돌자 "칠레가 나타날 때까지 파라"고 엄명했다. 대우조선소의 도크 폭이 그토록 큰 것도 당시 박정희 대통령이 "우리도 언젠가는 항공모함을 만들어야 한다"며 큰 도크를 만들라고 지시했기 때문이었다. 그래서 박정희를 존경한다.

독재자의 길, 애국자의 길

2008년 5월 사상 최악의 사이클론 '나르기스'가 미얀마를 강타했을 때 미얀마를 통치하고 있던 것은 탄 쉐(Than Shew) 장군이 이끄는 군사정부였다. 13만 명 이상이 사망하고 수십만 명의 이재민이 발생했다. 미얀마 군사정부는 재해민을 돕겠다는 외국 구호인력의 입국과 구호품의 반입을 거부하여 국제적 원성을 샀다. 이 어처구니없는 사태는 5월 23일 반기문 당시 유엔사무총장의 방문으로 해결되었지만, 미얀마의 독재정부가 보여준 행태는 북한의 독재와 박정희의 '독재'가 어떻게 다른지를 확연하게 보여 주었다. 미얀마 군정이 어려운 처지에 있는 자국민을 돕겠다는 해외의 손길을 막은 것은 그것이 개방바람을 불어 넣어 군정체제를 흔들 수 있다는 우려 때문이었다.

박정희의 '독재'는 그것과는 달랐다. 박정희는 야당들의 극심한 반대를 무릅쓰고 1960년대 경부 고속도로를 건설했고, 육해공 교통편을 확충했으며, 국민의 삶의 질을 높이기 위해 할 수 있는 바를 다했다. 대부분의 독재자들은 퇴임 후의 안전한 삶을 위해 거액의 돈을 빼돌리며 박정희의 후임 대통령들도 그랬지만, 박정희는 그렇게 하지 않았다. 박정희는 권위주의 정부를 이끈 권위주의 지도자였지만 애국자였다.

군사 쿠데타를 통해 집권한 지도자라고 해서 무능하다는 법은 없고, 민주적 절차로 선출된 지도자라고 해서 유능하다는 법도 없다. 그것이 한국의 역사이다. 박정희 대통령은 한국의 경제성장, 과학발전, 핵개발, 미사일 개발 등에 혼신의 힘을 쏟았고, 유능한 인재라면 가리지 않고 등용했다. 박정희 이후에는 어떠했는가. 지금 한국에서는 보수정부나 진보정부를 막론하고 능력이나 소신과는 무관하게 선거를 도운 캠프 인사와 코드 인사가 요직을 독점하는 일이 반복되고 있지 않는가. 박정희를 '군사독재'라고 비난하면서 민주주의적 선거를 통해 집권한 대통령들이 박정희보다 잘한 게 무엇이 있는지 반문하고 싶다.

자고로 국가에 충성하는 사람들은 정책노선에 따라 지도자를 따르기도 하고 떠나기도 하지만, 개인에게 충성하는 불나방들은 주군 (主君)이 권력을 놓는 순간 등을 돌린다. 박근혜 대통령의 비극이 그의 편협한 인사 스타일에서 출발되었고 그것이 좌파세력의 조직적인 저항을 불러일으킨 빌미가 되었음을 누가 부인할 수 있는가. 아버지는 그렇지 않았다.

필자가 박정희 대통령에 대한 존경을 표현하고 있음은 그의 과오를 몰라서가 아니며, 박정희 시절 억울한 옥살이를 하고 피해를 입은 분들을 욕보이고자 함은 더욱 아니다. 필자가 강조하고자 하는 것은 박정희는 권위주의 지도자이면서도 애국자였다는 사실과 애국자로서 국가발전에 기여한 공적이 권위주의 지도자로서의 과오보다 크다는 사실이다. 입만 열면 '국가와 민족'을 말하는 한국의 정치지도자들 중에서 진정 박정희를 욕할 자격이 있는 사람은 많지 않다.

6장

박정희라면 지금 핵무기를
만들 것인가

박정희라면 지금 핵무기를
만들 것인가

七面楚歌의 안보위기

현재 한국의 안보는 일곱 가지의 악재(惡材)들에 포위되어 있다. 첫 번째 악재는 머리 위를 짓누르는 김정은 정권의 핵무기와 비대칭 위협이고, 두 번째 악재는 커진 근육에 도취되어 미국과의 패권경쟁에 돌입한 상태에서 대국주의를 앞세우고 주변국 길들이기에 나선 중국이다. 세 번째는 군사적 초강대국으로 복귀하기 위해 군비증강에 나서고 중국의 신냉전 게임에 조력하는 러시아이다. 네 번째는 협력해야 할 상대이자 경계해야 할 상대이기도 한 아베의 일본이며, 다섯 번째는 한국 안보에 결정적인 키를 쥐고 있지만 갈수록 관리가 힘들어지는 한미(韓美)동맹이다. 여섯 번째 악재는 정책경쟁을 벌여야 하는 진보와 보수가 건전한 토론문화를 형성하지 못하고 진영싸움에 빠져 함께 보듬어나가야 할 안보사안들까지 표류하게 만들고 있는 대한민국의 분열상이다.

마지막 일곱째의 악재는 추락하고 있는 한국의 경제위상이다. 안보가 없으면 경제도 없는 법이지만, 경제가 없으면 안보도 외교도 꾸리지 못한다. 지난 수십 년 동안 한국은 박정희가 이끈 경제 기적에 힘입어 주변 강대국들과의 국력격차를 줄이면서 국제위상을 크게 높였지만, 이제 좋은 시절은 끝났다. 오늘날 한국 조선소나 자동차 회사의 근로자들은 미국이나 유럽 근로자들보다 더 높은 연봉을 받고 있지만, 세계 최강의 노조를 앞세워 회사나 국가경쟁력이 어찌 되든 상관하지 않고 힘을 과시하며 정치 사안들에 개입해 좌파적 주장들을 확산시킨다.

2016년 중국의 국내총생산(GDP)는 한국의 8배가 넘었고, 이대로 십 년이 지나면 15배가 될 전망이다. 그때쯤이면 중국이 한국을 어떻게 대접할까? 갑갑한 일이다. 게다가 지금은 반도체, 자동차, 조선 등에 있어 중국의 기술이 턱밑까지 쫓아온 상태다. 중국의 기술이 한국을 넘어설 때 중국은 한국의 수출시장이 아니라 주요 수출경쟁국이 될 것이다. 더욱 갑갑해진다.

이렇듯 일곱 가지의 악재들이 한국의 생존과 번영을 위협하지만, 이를 돌파해야 한다는 목소리는 없다. 도처에 자신과 자신이 속한 집단의 이익만 주장하는 천둥벌거숭이들의 목소리뿐이다. 그렇다고 해서 내일의 주역인 젊은 세대들이 나라의 장래를 걱정하는 눈빛을 보이는 것도 아니다. 그래서 요즘에는 희망도 기댈 언덕도 없다고 푸념하는 노인들이 많다. 젊은이들은 이를 경청하기보다는 '꼰대질'이라고 비꼰다. 박정희 대통령이 오늘의 한국을 바라본다면 뭐라고 할까?

문재인 정부의 안보실험

'촛불'을 통해 집권한 문재인 정부는 2017년 5월 10일 출범하면서부터 대대적인 대한민국 개혁을 시작했다. '적폐청산'의 구호 아래 전임 정부들에 대한 사정(司正)을 벌였고, 이명박·박근혜 정부와는 사뭇 다른 이념적 성향을 가진 경제정책과 안보정책을 선보였다.

문재인 정부는 출범하자마자 탈원전 정책을 표방했다. 2017년 6월 미국을 방문한 문재인 대통령은 '전시작전통제권(War-time Operational Control: OPCON) 조기 환수'를 언급했고, 이어서 베를린으로 건너가서는 '한반도 평화협정 추진'을 거론했다. 8·15 광복절 연설에서는 '북핵 동결을 전제로 하는 해결책'을 거론했다. 노무현 정부가 18개월로 단축했다가 이명박 정부가 다시 21개월로 연장했던 군 복무기간을 다시 18개월로 단축하자는 얘기도 나왔고, 군 병력을 축소해야 한다는 이야기도 들렸다.

이것들이 정책으로 추진된다면 새로운 안보실험이 될 가능성이 높다. 보수 성향 국민들은 전작권 조기 환수와 평화협정이 미국을 한반도에서 이탈시키기 원하는 북한이 바라던 것이라고 생각하기 때문에, 남북(南北)간이든 미북(美北)간이든 북한과의 평화협정이 한국을 위험하게 만들 것으로 우려한다. 그래서 노무현 정부가 전작권 전환을 추진했을 때에 만만치 않은 저항을 보였다.

탈원전, 평화협정, 핵동결 등도 과도한 보혁(保革)논쟁을 촉발할 수 있는 폭발력을 가진 사안들이다. 이런 정책들이 본격 추진될 경우 한국사회는 다시 한번 파열음을 내게 될 가능성이 높으며, 한국의 안보는 불확실성 속으로 빠져들 수 있다. 박정희라면 생각하지 않을 안보 실험들이다.

지금 군 복무기간을 단축해야 하나

국방개혁이란 웬만한 나라들이라면 늘 해오는 것이고, 군 복무기간을 조정하는 것은 국방개혁의 한 편린이다. 복무기간 단축은 노무현 정부가 강행했던 개혁이었고 이후 이명박 정부에 와서 부분적으로 환원되었지만, 문재인 정부 이후에 또 다시 거론되기 시작했다. 왜 진보정부만 들어서면 복무기간 단축이 거론되는 것일까? 북한과의 관계개선을 의식한 것일까, 아니면 젊은 유권자들을 의식한 것일까?

국방개혁의 목적은 국민의 혈세를 낭비하지 않고 효율적·효과적으로 사용하여 나라를 더 잘 지키자는 것이다. 이렇듯 지향해야 할 목적은 명백하지만, 이 목적에 100% 부합하는 국방개혁이 수행되기란 쉽지 않다. 집권세력의 구미에 맞추느라고 본래의 목적이 왜곡된 사례는 외국에도 허다하며, 각 군(軍)간 그리고 각 군 내 사업부서간 밥그릇 싸움으로 변질되는 경우도 적지 않다. 개혁을 하면 새로이 벌이는 사업도 있지만 없어지는 사업과 직책도 많기 때문이다. 그래서 개혁대상인 군 스스로가 하는 국방개혁은 정도(正道)대로 수행되기가 쉽지 않다. 제대로 국방개혁을 하기 위해서는 국방을 아는 군통수권자의 의지 아래 군 내부의 이해관계와 무관한 민간인 전문가들이 군을 아끼는 마음으로 가감 없이 군을 격려·질책해야 하지만, 이런 여건이 구비되기는 어렵다.

미국도 1986년 국방개혁법인 '골드워터-니콜스법(Goldwater-Nichols Act)'을 통과시키기까지 수십 년이 걸렸다. 미국은 제1·2차 세계대전을 치르면서 각 군의 전투사령부들이 따로 움직이는 체계가 낭비와 비효율을 가져온다는 것을 알았다. 군간 합동성이 극대화되는 통합군 체제로 바꾸어야 한다는 주장이 제기되었지만 이해관계가 걸린 당사자들의 반발로 쉽사리 개혁법을 채택하지 못했다.

참담한 실패로 끝난 미군의 1980년 4월 24일 이란 인질구출작전(Operation Eagle Claw)은 지휘체계 개혁의 필요성을 다시 한 번 일깨운 사건이었다. 당시 미군은 1979년 이슬람혁명으로 적대국이 된 이란에서 인질로 잡힌 53명의 대사관 직원들을 구출하는 작전을 벌였지만, 현지 정보가 부족한 상태에서 이집트에서 이륙한 공군 수송기, 항모에서 출격한 헬기, 지상군 특수부대 등이 손발을 맞추지 못해 많은 장비와 인원을 잃고 황급히 철수했다. 지금은 '골드워터-니콜스법'으로 지휘체계가 개혁된 덕분에 군 통수권자인 대통령과 국방장관이 육·해·공군 수뇌부를 거치지 않고 곧바로 10개의 통합전투사령부(unified command)를 지휘하고, 통합전투사령관은 휘하의 육해공 및 해병대 전력을 통합 지휘한다. 한국군은 1990년에 국군조직법을 채택하여 현 체제를 갖추었다.

노무현 정부가 내놓은 '국방개혁 2020'은 "병력위주의 양적 군사력 구조를 기술·정보 중심의 질적 구조로 전환한다"는 목표 아래 2020년까지 육군의 병력을 감축하여 총병력을 68만 명에서 50만 명으로 줄이는 대신 621조 원의 국방비를 투입하여 방위력을 증강한다는 것이 골자였다. 이 계획은 2009년 수정을 거쳐 총 투입재원은 599조 원, 병력규모는 51만 7000명으로 줄이는 것으로 조정되었다. 구체적으로는 무기체계 현대화, 15년 내 현역 18만 명 및 예비군 154만 명 감축, 군 복무기간 단축, 모병제 점진 도입, 3군 균형발전, 대양 해군 및 우주 공군 지향, 북한에 대한 '주적(主敵)' 표기 삭제 등이 포함되었고, 개혁의 일환으로 노무현 정부는 24개월인 육군 병 복무기간을 18개월로, 해군은 26개월에서 20개월, 공군은 27개월에서 21개월로 단축했다.

하지만, '국방개혁 2020'은 안보현실에 맞지 않았다. 2005년 북한이 핵보유를 선언한 마당에 그리고 북한의 지상군이 90개가 넘는 사단을 운영하고 있는 상황에서 한국군 지상군을 20여 개 사단으로 줄이겠다는 것은 안보현실을 무시한 것이었다. 2020년까지 599조 원의 국방예산을 확보한다는 것도 실현할 수 없는 계획이었고, 실제로 개혁 첫해부터 계획된 증액을 실현하지 못했다.

노무현 정부의 국방개혁에는 이념적 의도들이 담긴 것으로 판단되었다. 육해공 균형발전, 대양 해군, 우주 공군 등은 당연하고 필요한 발전방향이지만, 노무현 정부는 이런 표현들을 통해 북한군과 직접 맞부딪혀야 하는 지상군은 줄이고, 해군과 공군은 북한이 아닌 한반도 바깥을 겨냥한다는 메시지를 담고 싶었던 것으로 보인다. 대북정책의 초점이 남북간 화해·협력에 맞추어져 있었기 때문이었을 것이다. '국방개혁 2020'이 노무현 정부가 전작권 전환을 추진하던 시기에 나왔다는 점에서 보면, 전작권 분리에 반대하는 보수성향의 국민들을 안심시키기 위한 대안이라는 측면도 있었을 것이다.

이명박 정부의 국방개혁은 노무현 정부 국방개혁의 문제점을 바로 잡고 본래 의미의 국방개혁을 실행하고자 하는 목적으로 출발했다. 당시 이명박 대통령의 외교안보 자문교수로 한 달에 한 번 꼴로 대통령과 정책토론을 벌이던 필자는 2009년 10월 자문교수회의에서 새로운 국방개혁의 필요성을 제기했고, 대통령이 이를 수락함에 따라 국방선진화추진위원회가 설립되어 2010년 한 해 동안 운영되었다.

국방선진화추진위는 '자주국방' 대신에 최소한의 비용으로 최대한의 국방역량을 발휘한다는 의미의 '선진국방'을 최상위 목표로 삼았다. 국민으로부터 사랑받고 신뢰받는 국민의 군대, 군 일체화 및 합동성 극대화, 당면한 안보위협에 대처하는 데 부족함이 없는 군사력, 미래 안보수요에 부응하는 군사력 건설방향, 국민의 세금을 절감하는 다기능 고효율 국방 등 다섯 가지의 중간목표를 설정하고, 안보위협 평가, 군사력 및 군구조 개선, 무기획득 선진화, 운영개선 및 예산절감 등의 분야에서 과감한 개혁안들을 생산하여 대통령에게 보고했다.[1]

---

1. 국방선진화추진위원회 발족에는 김태효 당시 청와대 대외전략기획관이 산파역을 담당했다. 위원장은 이상우 전 서강대 총장이 맡았으며 필자는 군구조개선 소위원장으로 활동했다. 추진위는 전체회의 17회, 브리핑 49회, 의견청취 24회, 부대시찰 12회 등을 통해 8개 분야에 총 62개의 단·중장기 개혁안을 생산하여 2010년 12월 대통령에 보고함으로써 활동을 종료했다. 주요 개혁안에는 능동적 억제전략하 3축 체제 구축, 통합적 지휘통제감시정찰(C4ISR)체계 구축, 신개념 동원예비군 제도 도입, 서해방어사령부 신설, 합동군사령부 창설, 각 군 본부-작전사 통폐합, 수뇌부 의사결정구조 개선, 군 복무기간 24개월 환원 및 군 가산점 부활, 국방무형전력 강화, 장군 정원 감축 및 장군 계급 하향 조정, 국방부-방위사업청 획득업무 조정, 과학적·객관적 소요 분석·검증 체계 정립, 방산수출 지원체계 강화, 통합물류체계 구축, 병 봉급 현실화, 개도국 군사지원센터(KODICA) 설립 등이 있다.

저항도 있었다. 이로 인해 국방선진화추진위의 소속이 국방장관 직속에서 대통령 직속으로 이전되는 해프닝도 일어났고, 전투력 증강을 위한 합참 구조조정안은 상이한 이해관계를 가진 집단들의 로비로 인하여 입법이 무산되었다. 후속 모니터링 기구를 설치하는 문제 역시 군의 반발로 불발되었다. 하지만, 대북 능동적 억제전략과 한국형 3축 체제, 서북도서방어사령부 창설, 군 복무기간 21개월 재조정 등 실현된 부분들도 있었다. 하지만, 정부교체와 함께 대부분의 개혁안들은 빛을 보지 못했다.

박근혜 정부는 전임 정부의 국방개혁안 연장선에서 능동적 억제, 합참 개편, 육군 1·3군 통합 지상작전사령부(지작사) 창설, 2군 후방작전사령부(후작사) 변경, 지상군 31개 사단 체계, 해공군 병력규모 유지, 군단중심 작전체계, 첨단무기 확보(이지스, F-X, 킬체인) 등을 추진하는 미세 조정 수준의 작업이 진행되었을 뿐이다. 국방개혁이 제대로 진행되기 위해서는 군통수권자의 국방 전문성, 개혁 의지, 군의 협조, 군내 이해와 무관한 외부 전문가의 역할 등이 두루 구비되어야 하지만, 집권하면 선거캠프 인사나 측근 인사들을 중용하는 한국의 풍토에서는 이런 여건이 구비되기가 어렵다.

돌이켜 보건대, 노무현 정부가 병 복무기간을 24개월에서 18개월로 줄인 것은 일종의 '대못 박기'였다. 노무현 정부는 북핵 문제가 순조롭게 해결된다는 전제하에 '국방개혁 2020'을 추진했지만, 북한은 천안함·연평도 도발을 감행했고 지속적인 핵무력 고도화로 남북간 비대칭은 더욱 심화되었다. 이런 상황에서 "군사력은 양보다는 질이다"라는 누구나 다 아는 교과서적 이론만 앞세우고 축소지향적 국방개혁을 추진한 것은 잘못이었다. 박정희라면 북한이 120만 명의 정규군에다 교도대, 노동적위대, 붉은청년근위대, 속도전 청년돌격대 등 도합 800만 명의 예비전략을 운용하고 있는 상태에서, 한국의 정규군과 예비군을 줄이는 발상 따위는 하지 않을 것이다.

복무기간 단축, 간단한 문제 아니다

병 복무기간 단축은 한국의 국방력에 많은 문제들을 야기한다. 지나치게 짧은 복무기간으로 인한 병사들의 숙련도 문제는 곧 전투력 저하로 나타나며, 이는 고가의 군사장비들을 구입한다고 해서 해결되는 문제가 아니다. 한국군의 K-2 전차는 우수한 성능을 가진 100억 원대의 장비이지만, 숙련도가 미흡한 신병들이 운용한다면 주적 개념이 뚜렷한 숙련병들이 모는 북한군의 천리마 전차를 이기지 못할 것이다. 또한, 대학들의 학군장교 후보생 모집이 잘 안되어 초급 장교 양성에 영향을 미치며, 병력의 양적 축소를 보완하고자 유급지원병제나 모병제를 확대하면 군 내 위화감 조성과 함께 예산 부담 증가라는 부작용을 동반한다. 이런 문제들은 곧바로 현실로 나타났다.

필자는 2010년 초 국방선진화추진위 활동을 시작하면서 복무기간 복원을 가장 시급한 국방개혁 과제 중의 하나로 인식했고, 논의를 거쳐 24개월로의 환원을 건의하는 보고서를 작성했다. 국방부 간부들은 침묵으로 지지를 표했다. 필자는 그분들이 직접 복무기간 연장을 건의하지 못하고 침묵한 이유는 노무현 정부의 복무기간 단축에 순응했기 때문인 것으로 짐작했고, 그래서 민간인이 할 수밖에 없는 것으로 판단했다. 그리고는 대통령 자문교수회의에서 24개월 환원 관련 건의내용을 발표했다. 이명박 대통령은 "필요성은 알겠으나, 표를 의식하는 정치인들이 민감하게 생각할 것이므로 당정협의를 거쳐 시간을 끌면서 해결하자"고 했고, 몇 달 후 18개월과 24개월의 중간선인 21개월로 결정되었다는 소식을 들었다. 필자는 한국의 젊은이들이 군대생활을 3개월 더 하도록 만드는 데 일조한 셈이어서 미안함을 느끼지만, 결코 후회하지는 않는다.

문재인 정부가 들어선 현재 18개월로의 재단축 얘기가 나오고 있다. 지하의 박정희 대통령이 한국의 안보가 칠면초가(七面楚歌)의 위기에 처한 상태에서 축소지향적 국방개혁과 함께 복무기간 단축이 재론되는 것을 들으면 뭐라고 할까? "지금이 어느 때라고 또 다시 복무기간 단축을 말하는가"라고 호통 치지 않을까?

지금이 탈원전과 핵동결 빅딜을 거론할 때인가

문재인 정부는 출범하자마자 원자력발전소들을 점진적으로 폐지하여 원전이 없는 대한민국을 구현하겠다고 밝혔고, 공사 중인 신고리 5·6호기의 건설을 동결했다. 이후 공론화위원회를 통해 여론의 지지를 얻으려 했지만 공사 재개 여론이 많음에 따라 공사가 재개되는 우여곡절을 겪었다. 하지만 정부는 원전의 점진적 폐기라는 목적에는 변함이 없다고 밝혔다. 지극히 전문적인 사안들을 광장민주주의식 절차로 결정하려 한 것 자체가 문제라는 목소리가 표출되었다. 박정희 대통령이 이 논쟁을 본다면 뭐라고 할까?

탈원전이 발표된 이후 지지하는 사람들의 논리는 주로 환경·안전·경제 등에 초점이 맞추어져 있었다. 원자력이 치명적인 환경파괴를 가져온다는 점, 방사능 폐기물 처리, 수명을 다한 원전의 철거, 생태계 보호 등을 위한 환경비용과 안전비용까지 감안하면 원자력이 경제적으로도 저렴한 에너지원이 아니라는 점 등이 이들이 내세운 논리였다. 이런 주장들은 일리는 있었지만 충분한 설득력을 발휘하지는 못했다.

원자력은 사고가 나면 치명적인 환경파괴를 가져오지만 사고가 날 확률은 매우 희박하다. 원자력은 에너지 빈국 한국을 세계 15위의 경제대국으로 성장시킨 밑거름이었고, 현재는 수출과 일자리 창조를 견인하는 효자 산업이며, 한국은 원전을 대체할 만큼 풍부한 신재생 에너지원을 가진 나라도 아니다. 특히, 한국의 원전은 초일류 수준의 안전성과 경제성을 인정받아 세계 원전건설 시장을 주도할 수 있는 위치에 있다. 때문에 탈원전 방침이 발표되었을 때 많은 지식인들과 전문가들은 귀를 의심했다. 산업화를 통한 부국을 꿈꾸었던 박정희라면 경악했을 것이다.

더욱 중요한 것은 탈원전 문제가 경제논리나 환경논리만으로 결정되어서는 안 된다는 점이었다. 1991년 노태우 정부의 비핵화선언이 어떤 결과를 초래했는지를 되짚어보자. 당시 북한이 핵무장을 위해 플루토늄 생산을 시도하던 시기였고, 필자는 농축과 재처리는 원자력 선진화를 위해서도 필요한 합법적 공정이면서도 급박한 상황이 도래했을 때 '자위적 핵무장 가능성'을 외교카드로 활용하기 위해서라도 반드시 살려두어야 할 기술임을 강변했었다. '농축 및 재처리 포기'를 약속하는 비핵화선언은 스스로 미래의 잠재력을 소멸시키고 남북간 비대칭을 자초하는 자해(自害) 행위가 될 것으로 경고했었다. 이후 북핵 문제는 필자의 경고대로 진행되었고, 한국은 북핵 문제의 피해 당사국이면서도 핵심적 역할을 하지 못하고 미 핵우산에 의존하면서 중국의 협조를 구걸하는 신세가 되고 말았다.

현재의 북핵 문제는 1990년대보다 훨씬 더 심각하다. 북한은 여섯 번의 핵실험에 대륙간탄도탄까지 거머쥐고 한국은 물론 미국에 대해서도 핵공격을 협박하면서 한미동맹을 와해시키려고 안간힘을 쓰고 있다. 한국에는, 북핵을 만류하기는커녕 한국에 사드 보복이나 가하는 중국을 움직일 힘이 없다. 때문에 한국은 중국과 북한에 북핵이 해결되지 않으면 결국 한국도 미 전술핵 재반입이나 자체 핵무장을 통해 자구책을 모색할 수밖에 없음을 경고해야 하고, 그러기 위해서는 잠재력이라도 열심히 함양해야 하는 처지에 있다.

이런 상황에서 문재인 정부가 그동안 축적해 놓은 원자력 기술과 전문 인력들을 점진적으로 소멸시키는 탈원전 정책을 표방한 것이니 지식인들이 당황스러워할 수밖에 없다. 그뿐이 아니다. 문재인 정부 이후 지금까지 수천억 원을 투입하여 수행해오던 나트륨고속증식로(SFR: Sodium Fast Reactor) 개발 사업이나 건식재처리(Pyro processing) 기술을 확보하기 위해 착수했던 연구사업들에 배정되었던 예산도 대폭 삭감되고 있다. 건식재처리는 플루토늄을 분리하지 않는 재처리로서, 플루토늄을 분리할 수 있는 습식재처리(reprocessing)를 못하게 하는 미국을 설득해 2015년 공동 연구할 수 있는 길을 턴 분야이다. 언제가 한국이 다급하게 필요로 할 수 있는 미래의 잠재력을 의미하는 것들이다. 핵무장을 시도했다가 좌절했지만 그에 굴하지 않고 미래의 핵선택을 위해 중수로 원전을 도입했던 박정희가 살아 돌아온다면, 어떤 말을 할까? 국가가 존폐의 기로에 서는 순간이 온다면 이스라엘식 결단을 내려야 할지도 모르는 처지에서 스스로 잠재력마저 소멸시키겠다고 나서는 사람들을 보면서 뭐라고 할까? 엄동설한에 마지막 남은 속옷마저 벗는 것이라며 화를 내지 않을까?

박정희라면 핵동결 빅딜 언급에 대해서도 탐탁하지 않게 생각할 것이다. 돌이켜 보건대, 1994년 제네바핵합의는 북핵과 관련한 최초의 핵동결 빅딜이었다. 그러나 북한은 결코 핵무기 제조를 동결하지 않았다. 재처리 활동을 일시 중단했지만 뒤로는 또 다른 핵무기 제조 경로인 농축을 통한 핵개발을 지속했고, 그것이 결국 제네바핵합의의 파국과 2002년 제2차 핵위기를 촉발하지 않았던가. 현 상태에서의 핵동결이란 한국에 더욱 위험하다. 북한이 이미 수십 개의 핵무기와 1000기 이상의 공격용 미사일들을 배치한 상태에서 핵동결의 대가로 미국이 북한을 정상적으로 대우하고 한미연합훈련 폐지 등 북한이 요구하는 조건들을 들어준다면, 한국의 전략적 입지는 급속히 추락할 것이다. 북한이 핵실험과 미사일 발사를 중단하는 것으로 미국은 골칫거리를 해소할 수 있겠지만, 한반도에서의 비대칭 상황은 그대로 굳어질 것이다. 그런 식으로 북핵문제를 타협한다면, 미국의 대한(對韓) 방위공약이 희석된 가운데, 북한은 언제든 협박할 수도 있고 요절낼 수도 있는 우위를 유지하게 될 것이다. 박정희라면 결코 이런 식의 해결에 찬성하지 않을 것이며, 미국이 한반도 문제에 피로를 느끼고 핵동결 빅딜을 시도할까 조바심을 내야 마땅한 한국이 왜 먼저 핵동결을 언급하느냐고 화를 낼 것이다.

지금이 전작권 전환을 거론할 때인가

전시작전통제권의 조기 전환 및 그에 따른 한미연합사 해체는 노무현 정부가 '국방개혁 2020'과 함께 추진했던 사안이다. 이 문제는 2005년 10월 1일 국군의 날 기념사에서 노무현 대통령이 "우리 군은 전작권 행사를 통해 명실상부한 자주군대로 거듭날 것"이라고 천명하면서부터 사회적 이슈로 급부상했다. 당시 국방연구원의 연구원이었던 필자는 안보여건이 악화되고 있는 시기에 전작권을 전환해서는 안 된다고 판단하고 있었다. 필자는 두 차례 청와대로 불려갔고, 대통령이 추진하는 전작권 조기 전환에 반대하는 목소리를 내지 말라는 주문을 받았다. 함께 회의에 참석했던 김충배 원장은 연구원으로 돌아와서 고충을 토로했다. 자신도 반대 입장을 가지고 있지만, 협력할 수밖에 없지 않으냐고 했다. 필자도 노력하겠다고 답했다.

얼마 후 필자는 법학자들의 오찬 모임에 초대받았는데, 법학자들이 전작권 문제에 대해 질문했다. 필자는 지금은 추진해서는 안 되는 사안이라고 답했다. 이튿날 조선일보의 기사에 "김태우 박사는 전작권 전환에 반대한다"는 한두 문장이 포함되었다. 필자는 오찬 자리에 기자들이 참석하고 있는 줄을 몰랐다. 그로 인해 필자는 상부 기관으로부터 심한 질책을 받았고, 김충배 원장은 크게 고심했다. 필자는 "파면하는 것 말고 가장 강한 징계조치를 내리십시오. 그래야 원장님이 편해지십니다. 저는 괜찮습니다"라고 건의했다. 감봉이라는 징계가 떨어졌다. 어떻게든 징계를 하지 않으려고 노심초사했던 김충배 장군은 필자의 영원한 상관이시다. 필자는 나중에 통일연구원 원장으로 재임하면서 김충배 원장을 본받아 직책, 성향과 무관하게 연구원 식구들을 보호하기 위해 나름 최선을 다했다.

현 전작권 체제의 역사는 1950년으로 거슬러 올라간다. 북한의 6·25 남침으로 대한민국의 운명이 풍전등화였을 때 이승만 대통령은 일본에 주둔한 맥아더 장군에게 한국군의 작전통제권까지 맡아서 전쟁을 치러줄 것을 다급하게 요청했다. 그렇게 하여 한국군의 작전권은 1950년 7월 14일부로 미군 장성이 겸임하는 유엔군 사령관에게 이양되었다. 전쟁 후에도 전작권은 미군에 남겨져 있었는데, 한국군이 단독작전능력을 가지지 못한 점을 감안하면 당연한 조치였다. 1970년대 박정희 정부가 추진한 독자적 핵개발 계획은 미국의 반대로 무산되었지만, 박정희는 그 대신 한국의 안보를 확실하게 보장해줄 장치를 요구했다. 그렇게 해서 1978년 탄생한 것이 한미연합사였고, 한국군의 작전권은 유엔군 사령관에서 한미연합사 사령관으로 이양되었다. 물론, 주한미군 사령관이 유엔군 사령관과 연합사 사령관을 겸임하기 때문에 그게 그거라고 볼 수 있다. 연합사는 한국군 4성 장군이 부사령관을 맡고 모든 참모들이 한미군 동수(同數)로 보임되는 연합부대이기 때문에 이때부터 '미군이 주도하는 작전권 공동행사' 시대로 접어든 것이었다.

이후 한국의 경제력과 국제위상이 향상되면서 1994년 부로 평시 작전통제권이 환수되었다. 이때부터 연합위임권한(CODA)을 제외한 평시작전권은 한국군이 행사하기 시작했다. 연합위임사항이란 연합 정보관리, 연합훈련 주관, 지휘통제통신정보(C41)의 상호운용성, 한미연합 교리발전, 전시연합작전 수립, 한미연합위기관리 등 평시에 수행하는 업무이지만 전쟁수행에 관련된 것들을 말한다. 이때부터 전시작전통제권(전작권)을 언제 전환하느냐 하는 것만이 추후 과제로 남았다. 이후 연합사는 유사시 한미군이 단일 지휘체계 아래에서 전쟁을 수행하도록 만들어 놓은 연합전쟁 사령부이자 미군의 개입을 보장하는 장치로 정착되었다. 이토록 잘 만들어 놓은 체제는 다른 동맹에서는 찾아볼 수 없다.

2006년 노무현 정부가 전작권의 조기 전환을 본격적으로 추진하면서 이를 지지하는 사람들이 주로 거론한 것은 국가 자존심, 군사주권, 한국군의 독자 역량, 한국군의 의타심 등이었다. "전쟁 시 우리 군대를 우리 마음대로 움직이지 못하는 나라는 나라도 아니다", "미국이 우리의 군사주권을 가지고 있으니 북한이 '미제의 괴뢰'라고 부르는 등 독자외교가 안 된다", "수십 년간 북한보다 수십 배나 많은 국방비를 쓰고도 아직도 독자 전쟁능력이 없다고 하면 말이 되느냐", "전작권을 환수하지 않으면 한국군이 의타심을 버리지 않는다", "전작권은 우리가 전환을 요구하지 않아도 언젠가 미국이 가져가라고 할 것이다" 이런 것들이 조기 전환을 지지하는 사람들의 주장이었다. 노무현 대통령의 정신적 멘토로 불리던 송기인 신부는 2006년 8월 18일 가톨릭평화방송과의 인터뷰에서 "작전권도 없는 나라가 부끄럽지 않느냐", "남이 지켜주길 바라느냐", "당장 전작권을 회수해야 한다" 등의 주장을 펼쳤다.

노무현 대통령 자신은 2006년 12월 12일 민주평화통일자문회의 상임위원회에서 전시에 한국군이 스스로 전쟁을 수행하지 못한다는 문제에 대해 70분간 열변을 토했고, "북한에 비해 열 배도 훨씬 넘는 국방비를 20년 동안 쓰고도 아직도 내 나라는 내가 지킨다는 의지와 자신감이 없다면 말이 되느냐"면서 군을 향해 질책을 쏟아냈다. 노대통령이 "미국한테 매달려가지고 바짓가랑이에 매달려가지고, 미국 엉덩이 뒤에 숨어서 형님 빽만 믿겠다, 이게 자주국 국민들의 안보의식일 수가 있습니까"라고 말하는 모습을 담은 동영상은 많은 사람들 사이에 회자되었고, 많은 젊은이들이 열광했다. 이 무렵 인터넷 공간을 뜨겁게 달군 유행어는 "부끄러운 줄 알아야지"였다.

한국 정부의 전작권 조기 전환 추진에 대해 미국은 처음에는 신중론을 폈지만, 결국 협의에 응했다. 2005년 가을에 열린 연례안보협의회(한미 국방장관회담)에서는 "한미 지휘관계 협의를 적절히 가속화한다"는 합의가 이루어졌다. 노무현 대통령은 2006년 1월 25일 연두기자회견에서 "올해 안에 전작권 환수문제를 매듭지을 수 있도록 미국과 긴밀히 협의해 나갈 것"이라고 밝혔고, 2006년 10월 워싱턴에서 열린 제38차 연례안보협의회에서 윤광웅 국방장관과 럼스펠드 미 국방장관도 '신속한 전작권 전환'에 합의했다.

2007년 2월 24일 새로이 임명된 김장수 국방장관은 미국에서 럼스펠드 장관을 만나 2012년 4월 17일부로 전작권을 환수한다는 합의서에 서명했다. 거센 반발이 이어졌다. 보수층 국민들은 북한이 제2

차 핵실험을 한 직후에 윤광웅 장관이 전작권 신속 전환에 합의했다는 사실에 분노했고, 곧 이어 '전작권 전환 및 연합사 해체 반대'를 위한 서명운동이 전개되었다. 반대세력들은 2010년 5월 1000만 명 서명을 달성하고 이를 양국 정부에 전달했다. 이런 찬반 움직임을 두고 사람들은 '자주파와 동맹파 간의 대결'이라고 불렀다.

그로부터 2년이 지난 2012년 캐나다에서 열린 한미 정상회담에서 이명박 대통령과 오바마 대통령은 2015년 12월 1일부로 전환하는 것으로 합의함으로써 전작권 전환을 3년간 연기했다. 이후에도 북한의 핵실험과 미사일 발사가 이어짐에 따라 박근혜 정부 시절인 2014년 10월 23일 워싱턴에서 열린 한민구 국방장관과 척 헤이글 미 국방장관은 제46차 연례안보협의회에서 "한국과 동맹이 핵심적인 군사능력을 구비하고 한반도와 역내의 안보환경이 안정적인 전작권 전환에 부합할 때" 전작권을 전환하도록 합의했다. '조건에 기초한 전작권 전환'에 합의한 것으로서 전환 시점을 사실상 무기 연기한 것이었다. 이에 대해 보수 측은 "북핵으로 인해 남북한 안보 불균형이 심각해지는 상황에서 불가피한 조치"라며 지지했고, 진보 측은 "박근혜 정부가 군사주권을 포기한 것"이라고 비난했다.

그랬던 전작권 문제가 문재인 정부의 출범과 함께 재론되기 시작한 것이다. 문재인 대통령은 5월 대통령 선거 캠페인 동안 '임기 내 환수'를 공약했고, 2017년 6월 30일 트럼프 대통령과의 첫 정상회담을 마치면서는 "조건에 기초한 한국군으로의 전작권 전환이 조속히 가능하도록 동맹 협력을 지속할 것", "한국은 상호운용 가능한 킬체인, 한국형 미사일방어체계 및 동맹 연합방위를 주도하고 북한 핵·

미사일 위협을 방어, 탐지, 교란, 파괴하기 위한 핵심 군사력을 지속적으로 확보해 나갈 것" 등의 내용이 포함된 공동성명을 발표했다.

'조건에 기초한'이라는 표현은 여건이 성숙하면 전환하겠다는 취지를 담은 박근혜 정부의 전작권 전환 연기 합의와 일맥상통하는 것으로서 문재인 정부가 안보현실을 의식하여 '임기 내 전환'에서 한발 물러선 것일 수 있다. 한국군의 핵심 전력 확보를 강조한 것도 노무현 정부 때와 마찬가지로 전작권 전환에 따른 공백에 대비하겠다는 것을 국민에게 보여주려는 것으로 보인다. 문재인 정부의 국정자문위원회도 2017년 7월 19일 새 정부의 100대 국정과제를 발표하면서 전작권 조기 전환, 군 복무 18개월로 단축, 50만 명으로의 군 병력 감축 등을 담았는데, 전작권에 대해서 '임기 내 전환'이라는 표현은 사용하지 않았다.

그럼에도 전작권 문제가 다시 부상되면서 여러 가지 면에서 노무현 정부 때의 양태와 닮았다는 생각을 금할 수 없다. 2006년 노무현 대통령이 민주평통 연설에서 군을 질책했듯 문재인 대통령도 2017년 8월 28일 국방부의 업무보고를 받는 자리에서 "한국군이 그 많은 돈을 쓰고도 아직도 독자적 작전 능력이 충분하지 않다면 어떻게 군을 신뢰하겠는가"라고 질책했다. 그리고는 '3축 체제의 조기구축'을 당부했다. 노무현 정부가 자주국방을 외치면서 국방비를 증액했던 것처럼, 문재인 정부도 '책임국방 구현'을 강조하면서 2018년도 국방예산을 전년보다 6.8% 증가한 43조 1177억 원으로 그리고 국방예산 중 방위력 개선비를 10.5% 증액한 13조 4825억 원으로 책정했다. 2017년도 국방비가 전년보다 4%, 방위력 개선비가 4.8% 증액되었던 것에 비하면 파격적이다. 즉, 이번에도 한국군의 독자능력을 키우는 동시에 전작권 전환을 추진하는 방식이 사용되는 것으로 보인다.

노무현 정부 시절의 찬반 논쟁에 비해 달라진 것이 있다면, 조기 전환을 지지하는 논리들이 추가되었다는 점이다. "전작권이 환수되어야 우리의 의지대로 북한의 도발을 즉각 확실하게 응징할 수 있다", "전작권이 우리 손에 있어야 북한이 핵발사 움직임을 보인다면 제때에 킬체인으로 선제타격을 할 수 있다", "현 전작권 상태에서는 미국의 눈치를 봐야 하기 때문에 도발을 즉각 응징하기도 어렵고 선제타격도 어렵다", "그래서 북한정권은 전작권을 가진 한국군을 더욱 무서워한다" 이런 것들이 새로이 등장한 주장들이다. 박정희 대통령이 전작권 문제 찬반논쟁이 재점화되는 현실을 본다면 뭐라고 할까?

박정희라면 '전작권 환수'라는 표현을 못마땅하게 생각할 것이며, 운동권 인사들이 사용하는 '전작권 탈환'이라는 용어에 대해서는 더욱 못마땅해 할 것이다. 북한군의 남침을 받은 상황에서 한국의 다급한 요청에 의해 유엔군 사령관이 미군과 한국군을 한데 묶어 전쟁을 치렀고 그렇게 해서 대한민국을 방어한 것인데, 즉 미국이 한국의 뜻에 반하여 작전권을 빼앗아간 것이 아닌데 무슨 환수니 탈환이니 하는 말을 하느냐고 반문할 것이다.

사실이 그렇다. 지금도 전작권 행사의 주체인 한미연합사는 미군 4성 장군이 사령관을, 한국군 4성 장군이 부사령관을 맡고 있으며 참모들은 동일한 숫자의 한국군과 미군으로 구성되어 있으며 전쟁상태가 되면 양국 대통령간 및 국방장관간 협의에 의거하여 전작권을 행사하게 되어 있다. 엄밀하게 말해 '미군이 주도하지만 공동으로 전작권을 행사하는 체제'이다. 그럼에도 종북들은 '탈환'과 같은 선동적 표현을 선호한다. 당연히 '전작권 분리', '전작권 단독행사', '전작권 전환' 등 중립적인 표현을 사용하는 것이 바람직하다.

박정희라면, 국가자존심이니 군사주권이니 하는 문제보다는 국가 생존을 중심에 놓고 판단하라고 말할 것 같다. 몇 가지만 자문(自問)해 보면 금방 답이 나온다. 지금의 체제와 전작권을 분리하는 것 중에 어느 쪽이 북한의 입장에서 전면전을 도발하기가 쉬운가? 어느 쪽이 한반도 유사시 미국의 개입이 더 보장되는가? 어느 쪽이 전쟁 수행 시 승리할 가능성이 높은가? 이런 질문들은 한국의 운명과 직결되는 것들이며, 국가자존심이나 군사주권을 논하는 것보다 높은 차원의 일이다. 북한의 입장에서 볼 때 남침을 하면 한국군이 세계 최강국 군대와 한덩어리로 싸우게 되어 있는 체제가 더 두렵다. 미국의 입장에서도 연합사가 해체되면 대한(對韓) 방위공약은 그만큼 희석되고 동맹에 대한 책임감이 약화될 것이므로 현 체제하에서 증원군을 보내기가 쉽다. 전쟁이 일어났을 경우, 한미군이 단일 지휘체제하에서 미국의 첨단장비와 전략들을 사용하면서 싸우는 것이 훨씬 더 효율적이라는 점은 말할 필요도 없다. 전작권을 전환하자고 주장하는 사람들은 전작권의 분리로 연합사가 해체되더라도 군사협조기구(AMCC), 미래사령부 등 양국군이 협력할 중간기구를 만들 것이므로 문제가 없다고 말하지만, 이는 2인3각으로 달려도 혼자 달리는 것만큼 빨리 달릴 수 있다고 우기는 것과 같다. 따로 작전을 수행한다면 실패 시 책임소재 불분명, 아군에 대한 오폭 가능성, 통신 및 대화의 혼선 등 다양한 문제들이 발생할 수 있다.

현 전작권 체제하에서는 전쟁 발발 시 한국 정부가 자국군을 마음대로 사용하지 못하니 국가자존심이나 군사주권에 문제가 있다고 하는 것도 현실에 맞지 않다. 나토(NATO)의 경우에도 유사시 미군 장성이 NATO군의 사령관이 되어 지휘하게 되어 있는데, 이를 두고 국가자존심을 운운하는 유럽국가는 없다. 그래서 박정희 대통령의 명으로 1978년 한미연합사 창설의 주역을 맡아 초대 연합사 부사령관을 역임한 류병현 장군은 자신의 회고록에서 "전작권을 군사주권인양 주장하는 것은 무지의 소치이거나 종북적 선동이다. 모든 나라들이 부러워하는 연합사 체제를 왜 해체하려 하느냐"며 울분을 토로한다.

정치인들이 '북한보다 많은 국방비를 오랫동안 사용해온 한국군이 아직도 독자능력이 없다는 것이냐'며 다그치는 것도 그렇다. 한국은 GDP의 2.5% 내외를 그리고 북한은 20~25%를 국방비에 사용해왔다. 한국의 경제규모는 북한의 45배에 이르지만 국방비의 규모는 5배 정도로 보는 것이 맞다. 여기다가 평시경제와 전시경제와 차이점과 실질 구매력의 차이까지 감안하면 격차는 더욱 줄어든다. 전쟁 발발 시 한국의 경제는 크게 위축되지만 북한의 경우는 그렇지 않으며, 같은 1달러라고 하더라도 무한정 국유지를 사용할 수 있고 임금개념 자체가 없는 북한에서 구매력이 훨씬 높다. 또한 한국 국방비의 70%가 인건비, 유지비 등 고정비이고 직접 전력증강에 쓰이는 방위력개선비는 30%선에 머물고 있는 현실도 감안해야 한다.

정치인들이 국방비를 올려서 한국형 3축 체제 구축을 가속화할 것이므로 전작권을 분리해도 된다는 식의 발언을 하는 것도 딱한 일이다. 킬체인, 한국형미사일방어체계, 응징능력 등은 독자적인 대북 억제를 위해 반드시 추구해야 할 대상이지만, 국방비 몇조 원을 더 투입한다고 하루아침에 3축 체제가 완성되는 것이 아니다. 감시정찰정보(ISR), 지휘통제통신(C4I), 정밀타격(PGM) 등 제반 분야에서 고첨단 장비들이 필요하고 연합 작전계획과도 유기적으로 통합시켜야 하는데, 이게 몇 년 동안 국방비를 증액한다고 해서 뚝딱 만들어지는 것이 아니다. 엄청난 규모의 응징수단들이 필요하고 많은 군사위성도 가져야 한다. 설령 수백 기의 군사위성을 가진다 하더라도 은폐·엄폐된 무기들은 보지 못하며, 북한의 이동발사차량이 미사일을 세우는 것을 포착한다 하더라도 그것이 대남 공격을 위한 것인지 훈련을 하는 것인지를 판별하는 것은 또 다른 차원의 문제이다. 박정희라면 국방비를 올려줄 것이니 전작권을 전환하자고 주장하는 정치인들에게는 뭐라고 말할까? 국방비를 많이 썼다고만 말하지 말고 눈덩이처럼 불어나고 있는 북한의 비대칭 위협을 먼저 보라고 하지 않을까?

북한은 전작권이 분리된 한국군을 더 무서워한다?

필자는 전작권 조기 전환을 지지하기 위해 새로이 등장한 논리들 때문에 혼란을 느끼고 있다. 예를 들어, 2017년 9월 7일 정의당 평화로운한반도본부·더불어민주당 국방안보센터·(사)전쟁과평화연구소가 주최한 '전시작전통제권 전환과 남은 과제' 토론회에서 군 출신인

정경영 박사는 "북한의 도발을 확고하게 응징하고 필요 시 우리의 의지로 선제타격을 할 수 있어야 하기 때문에 전작권이 환수되어야 한다"고 주장했는데, 솔직히 혼란스러웠다.

지금까지 전작권 조기 전환을 주장한 것은 진보진영이었고, 북한의 도발 때마다 가급적 선의(善意)로 해석하고 대응을 자제하자고 한 것도 진보진영이었다. 향후 도발 시에도 가급적 문제를 키우지 않으려 할 것도 진보진영이고 북한이 위험한 징후를 보인다고 하더라도 선제타격을 하지 말라는 것이 진보진영인데, 갑자기 "우리 의지대로 응징하고 선제타격을 하기 위해 전작권 환수가 필요하다"는 논리가 등장하니 혼란스러울 수밖에 없다. 글쎄다. 이런 주장이 제기되는 배경과 관련해서는 두 가지 가능성이 떠오른다. 하나는 진보진영에 참여한 군 출신 전문가들이 자신의 안보색깔을 유지하면서 진영에 부합하는 논리를 펼치기 위해 창안해낸 하이브리드 주장일 가능성이며, 다른 하나는 보수성향의 국민을 설득하여 전작권 조기 전환에 찬성하도록 만들기 위한 반짝 아이디어일 가능성이다.

전작권 환수에 찬성하는 논리 중에서 가장 따가운 것은 한국군의 의타심과 관련한 주장이다. 한국군은 오랜 세월동안 미군에 의존하는 자세로 국방에 임해오면서 독자적 전쟁수행 능력을 함양하는 데에 게을리 했다는 지적을 따갑게 들어야 한다. 때문에 전작권을 가지고 와야 한국군이 정신을 차리고 독립심을 기른다는 말은 정곡을 찌르는 아픈 지적이다. 그럼에도 필자는 이것이 전작권을 조기에 전환해야 하는 이유가 되지는 못한다고 생각한다.

부모가 수영을 하지 못하는 자식을 위해 개인교사를 붙였다고 가

정해보자. 오랫동안 지도를 받았지만 아이는 혼자 물에 뜨는 것을 두려워하여 지도교사가 손을 잡아주어야 하는 상황이다. 부모 입장에서는 아이의 정신 상태를 바로잡기 위해서 지도교사를 내보내고 싶을 것이다. 허우적거리다가 물을 먹게 되더라도 혼자 물에 뜨는 법을 터득하도록 만들고 싶을 것이다. 수영장에서라면 그렇게 해도 된다. 아이가 죽는 것은 아니기 때문이다. 수영장이 아니고 바다라면 그렇게 할 수 있을까? 아이를 바닷물에 넣었다가 익사하면 어떻게 할 것인가?

국가안보는 이런 식으로 실험할 수 있는 대상이 아니다. 한국군이 독자능력 배양을 게을리하면서 의타심을 키운 것은 한국의 문제이자 한국군의 문제이지 전작권 체제 때문은 아니다. 전작권은 언제라도 분리될 수 있으므로 열심히 홀로서기 능력을 배양하고 있었어야 마땅했고, 지금부터라도 그렇게 해야 한다.

전작권이란 한국이 환수를 요구하지 않더라도 이를 부담스럽게 여기는 미국이 언젠가 환수해가라고 요구할 수 있다. 중요한 것은 한국이 먼저 환수를 요구할 이유가 없다는 점이다. 한학자이신 김유혁 선생의 가르침이 생각난다. 한비자(韓非子)의 책 『삼학경(三學經)』에 '토불흘와변초(兎不吃窩邊草)'라는 말이 있다고 한다. 토끼는 자신의 굴 근처에 있는 풀을 뜯어먹지 않는다는 뜻이다. 방어수단이 미약한 토끼는 포식자의 눈을 피해 풀을 뜯어 먹고는 재빨리 굴로 돌아온다. 굴은 풀로 가려져 있어 포식자들이 쉽게 알아차리지 못한다. 토끼가 멀리 가는 것이 귀찮다는 이유로 근처의 풀을 뜯어 먹는다면 굴이 노출되고 자신과 새끼들은 포식자의 밥이 될 가능성이 높아진다. 이렇듯 세심하게 주의를 기울이는 것이 약자의 생존전략이다. 부질없는 오기 부림이나 체면치레가 이보다 중요할 수는 없다.

늑대와 송아지가 평화협정을 맺는다면?

2007년 10월 4일 제2차 남북 정상회담에서 노무현 대통령과 김정일이 서명한 합의문 제4항은 "남과 북은 현 정전체제를 종식시키고 항구적인 평화체제를 구축해나가야 한다는 데 인식을 같이 하고 제3자 또는 4자 정상들이 만나 종전을 선언하는 것을 협의해나가기로 했다"는 내용이 담겨 있다. 문재인 대통령도 2017년 7월 6일 베를린에서 "북한의 완전한 비핵화를 전제로 평화협정을 추진하겠다"고 말했다.

북한은 1975년 월남 패망 이후부터 평화협정을 맺자는 요구를 반복해왔다. 한국 내 종북세력은 평화협정의 필요성을 역설하는 선봉장이었고, 젊은이들의 호응도 적지 않았다. 이런 현상은 지금도 이어지고 있다. '1953년 7월 27일 체결한 정전협정은 정전(停戰)일 뿐이므로 이를 종전(終戰)체제로 바꾸고 항구적인 평화를 정착시켜야 하므로 평화협정이 필요하다'는 주장은 간명·강력하다. 이런 말로 젊은이들을 설득하기란 어렵지 않다. 한국의 진보세력도 이런 주장에 호응하는 경향을 보인다. 진보가 종북의 주장을 수용하여 진보전체의 주장인양 되어버린 사례 중의 하나이다.

하지만 많은 안보전문가들 사이에서 평화협정 거론이 금기로 되어

온 데에는 이유들이 있다. 평화협정 이후 한국의 안보를 걱정하고 평화협정의 지속성에 대해 우려하기 때문이다. 평화협정이 체결된 이후 북한의 행보는 너무나 뻔하다. 이제 북한과 미국은 더 이상 적대국이 아니므로 한미동맹은 철폐되어야 하고 북한을 겨냥한 주한미군은 철수되어야 한다고 주장할 것이 뻔하다. 이에 호응하여 국내 종북세력들은 국가보안법의 완전 철폐를 외칠 것이고, 많은 젊은이들이 호응하면 젊은 표심을 사고자 하는 진보정당들도 같은 주장을 하게 될 것이다. 이게 바로 한국의 안보의식과 안보장치들이 해체되는 시나리오다. 평화협정을 맺기 위해서는 남과 북의 체제가 상호공존적인 것이어야 한다. 상호 제로섬적인 대결을 하고 있는 두 체제간의 평화협정이란 어불성설(語不成說)이다. 북한이 한국사회를 분열시키기 위해 악성댓글을 유포하고 밥 먹듯 해킹하며 걸핏하면 군사도발을 일삼는 현실에서 평화협정이란 육식동물인 늑대와 초식동물인 송아지가 상호불가침 협정을 맺는 것이나 다를 바가 없다.

역사는 흑심(黑心)을 품은 당사국이 포함된 평화협정은 반드시 파기된다는 지속성 문제를 가르쳐주고 있다. 나폴레옹 전쟁을 종식시킨 1814년 비엔나회의, 태평양 전쟁을 마무리한 1951년 샌프란시스코 강화조약 등 승자들 간의 평화협정이나 패자가 협정의 내용에 승복한 경우 협정은 준수되었지만, 제1차 세계대전을 마감한 1919년 베르사유조약, 일본과 소련이 상호 불가침을 약속했던 1941년 일-소 중립조약, 1939년 히틀러와 스탈린간에 체결된 독-소 불가침조약 등은 여지없이 파기되었다. 제1차 세계대전에서 패한 독일은 과중한 배상금을 강제하는 베르사유조약에 불만을 품고 있다가 제2차 세계대전을 도발했다. 히틀러가 흑심을 품은 채 서명했던 독-소 불가침조약은 나치독일이 소련침공(Operation Barbarossa)을 시작하면서 파기되었다. 1945년 8월 6일과 9일 히로시마·나가사키 원폭으로 일본의 패망이 눈앞에 다가오자 소련군은 지체 없이 중립조약을 파기하고 만주로 진군하여 한반도의 38선까지 남하했다.

베트남 공산화를 교훈삼아야 한다

이런 맥락에서, 한국이 교훈삼아야 할 가장 가까운 사례는 1973년 파리평화협정이다. 베트남 전쟁에서 피로증이 누적된 미국은 남베트남(월남)에 엄청난 양의 원조와 군사물자를 넘겨주고는 1973년 1월 28일 파리평화협정을 체결했다. 남북 베트남과 미국 그리고 남베트남 내 공산세력인 남베트남공화국임시혁명정부(PRG)가 서명한 이 협정으로 베트남 전쟁은 공식적으로 종전되었다. 하지만, 이후의 남베트남 상황은 가관이었다. 정부는 부패하고 무능했으며, 북베트남과의 연계를 가진 좌경세력들은 민주화의 미명 하에 극렬한 반정부 투쟁을 이어가고 있었다. 나중에 밝혀진 사실이지만, 남베트남에서 대선에 출마했던 후보, 대통령 비서실장, 고위 관료, 고위 군인, 언론인, 종교인 등 수많은 지식층들이 북베트남의 간첩으로 활동했다.

기회가 무르익었다고 판단한 북베트남은 1975년 3월 10일 16개 사단을 동원하여 남침을 개시했고, 56일 만에 사이공 정부를 무너뜨림으로써 4월 30일 남베트남은 지도상에서 사라졌다. 그 과정에서 남베트남이 누렸던 경제력의 우위, 군사력 규모의 우위, 미국이 물려준 막대한 군사장비와 물자 등은 아무런 역할도 하지 못했다. 가난한 북베트남군은 운동화 차림으로 남침에 나섰지만, 남베트남 군인들은 미군이 남겨준 장비, 총, 군화, 철모, 군복 등을 벗어 도로 가에 소복이 쌓아놓고는 팬티바람으로 도주했다. 정신이 무너진 군대에는 넉넉한 재정도 풍부한 물자도 소용이 없는 법이다. 1959년 쿠바에서 공산혁명이 일어날 때에도 5000명에 지나지 않는 공산군 앞에 부패한 10만 명의 정부군은 상대가 되지 못했다.

베트남의 공산화는 랜드피플(land people)과 보트피플(boat people)의 양산을 가져왔다. 랜드피플이란 국내에서 숙청 또는 처형당한 수백만 명의 남베트남 지도자·지식층·공무원 등을 말하며, 보트피플은 해외로 탈출하기 위해 배를 탄 사람들이다. 1973년부터 1988년 사이 보트피플은 100만 명에 달했고, 이 중 많은 사람들이 익사했다. 파리 평화협정을 주도했던 닉슨 대통령의 특별보좌관 헨리 키신저(Henry Kissinger)는 노벨평화상을 수상했지만, 그가 가져온 것은 베트남의 공산화와 피비린내 나는 숙청이었다. 그 키신저가 94세의 노인이 된 지금 또 다시 주한미군 철수를 내걸고 중국 및 북한과 거래를 하라고 권하고 있다.

베트남 공산화와 관련하여 잊지 않아야 할 또 한 가지 교훈이 있다. 적화통일에 성공한 통일베트남 정부가 남베트남의 지식층을 제거하기에 앞서 북베트남을 위해 싸웠던 베트콩 세력을 먼저 숙청했다는 사실이다. 베트남의 공산화를 바라보면서 핵개발 의지를 불태웠던 박정희 대통령이 오늘날 한반도 평화협정을 말하는 사람들을 보면 무슨 생각을 할까?

박정희라면 미 전술핵 재배치 추진을 외면할까?

북한이 핵실험과 미사일 발사를 계속하면서 2016년부터 한국사회에서는 미 전술핵을 재배치해야 한다는 목소리가 높아지고 있다. 대표적인 인물로는 전술핵 재배치를 당론으로 정한 자유한국당의 홍준표 대표를 들 수 있다. 핵강국들이 자신의 전술핵을 동맹국에 배치하는 현상은 1960년대에 절정을 이루었으나 1990년대 냉전의 종식과 함께 대부분 철수되었고, 현재는 독일, 이탈리아, 네덜란드, 벨기에, 터키 등 5개 나토(NATO) 회원국에 200개 미만의 미 전술핵이 배치되어 있다. 이 전술핵들은 주둔국의 항공기에 탑재하여 사용하는 공동운용 방식으로 운용되고 있다. 한국의 경우 1958년부터 핵포탄, 단거리 지대지미사일용 핵탄두, 핵배낭 등의 형태로 전술핵이 배치되어 1960년대 후반에 950여 개에 달했다가 1991년 전면 철수되었는데, 이 철수는 냉전 종식과 한반도에서의 대화국면 전개라는 두 가지 배경에서 이루어진 것이다.

당시 한반도에서는 북한의 플루토늄 생산 활동이 불거진 이후 대화가 시작되어 역사적인 남북기본합의서 및 비핵화공동선언 서명을 앞두고 있었다. 전술핵 철수는 북한과의 합의를 끌어내기 위한 전제조건의 하나였다. 부시 대통령은 1991년 9월 27일 해외 배치된 전술핵의 본국 철수를 선언했고 10월 5일 고르바초프 대통령이 동일한 조치로 화답함으로써 부시-고르바초프 합의가 이루어졌다. 곧 이어 1991년 12월 18일 노태우 대통령은 '핵부재 선언'을 통해 전술핵의 완전 철수를 북한에 통보했다. 그로부터 25년이 지난 지금 다시 전술핵 재반입 문제가 거론되고 있다.

물론, 전술핵 재배치는 장단점이 교차하는 복잡한 사안으로서 단점들을 지적하는 목소리도 많고, 상당한 설득력을 가지는 것들도 있다. 전술핵 재배치의 단점으로는 핵전쟁 가능성의 증가, 우발적 핵사고의 위험성, 북한에 대한 비핵화 요구 명분의 소멸, 한반도 군비경쟁 가열화, 동북아 전략환경 훼손, 중국과 러시아의 무차별적 반발과 한국 때리기의 악화, 중국판 쿠바 미사일 위기의 가능성, 국내 찬반논쟁 격화로 인한 국론분열과 반미정서 확산, NPT 위배 논란 가능성 등이다. 그럼에도 장점이 단점보다 많고 중요하다. 전술핵 재배치를 통해 북한의 핵사용 공포(nuclear annihilation), 북핵의 심리적 효과에 의한 남북관계 왜곡(nuclear shadow), 중국의 한국 때리기(Korea bashing), 미국의 한국 배제하기(Korea passing) 등 한국이 겪는 4대 핵악몽을 해소하는 종합처방이기 때문이다.

일단 전술핵이 재반입된다면 북한의 일방적 핵보유로 인한 전략적 불균형은 해소되며, 남북간에 서로가 서로를 건드리지 못하는 '공포의 균형(balance of resolution)'이 성립됨으로써 북한에 의한 고의적 핵사용은 억제될 것이다. 또한, 북핵에 대한 국민의 공포감을 해소함으로써 핵공포를 통해 한국사회를 혼란에 빠뜨리고 남북관계를 주도하려는 북한의 기도를 무력화시킬 수 있다. 한국의 전략적 위상을 높여 중국이 함부로 한국 때리기에 나서기가 어렵다. 전술핵을 재배치하고 운용하기 위해서는 한미간 긴밀한 동맹협력을 수반하는 동맹결속과 핵우산 및 대한(對韓) 방위공약 강화가 자연스럽게 이루어진다. 한국 내에서 자위적 핵무장을 요구하는 목소리도 잦아들 것이다.

여기에 더하여, 전술핵 재배치에 반대하는 주장들 중에는 논리적 반박이 가능한 것들이 많다. 예를 들면 핵전쟁 가능성을 이유로 전술핵 재배치에 반대할 수는 있지만, 사실은 북한만이 핵을 보유한 비대칭 상태에서 북한이 전면전을 도발하거나 핵공격을 시도할 가능성이 더 높다. 우발적 사태(black swan)로 인한 우발적 핵전쟁이나 비인가 핵발사(unauthorized launch)의 위험성은 부인할 수 없지만, 이런 위험성보다는 현재의 핵불균형 상태에서 한국이 북한의 상시적인 겁주기, 재래도발, 남북관계 왜곡 등에 시달려야 하는 것과 비교하여 어떤 것이 더 시급한 목표인지를 판단해야 한다.

북한에 비핵화를 요구할 명분이 소멸된다는 주장이나 한반도 군비경쟁이 격화된다는 주장은 궤변이다. 북한이 이미 핵보유국 반열에 들어섰고 비핵화 전망도 보이지 않는 시점에서 북한에 비핵화를 설득하기 위해 전술핵을 재반입해서는 안 된다는 주장은 현 일방적 취약 상태를 무한정 수용하자는 무책임한 주장이자 배알조차 없는 논리다. 군비경쟁 가열화를 우려하는 것도 그렇다. 세계 군비통제의 역사를 공부한 사람이라면 모든 유의미한 군비통제 또는 군비축소 합의는 군비경쟁이 선행되었을 때 가능했다는 사실을 안다. 어떤 나라든 포기하지 않아도 되는 무력수단을 선의(善意)에 의해 포기하는 경우는 없으며, 상대방의 대응으로 인하여 자신이 가진 수단이 더 이상 이익을 가져오지 못하고 부담이 된다고 느낄 때 비로소 협상에 나선다는 사실이다. 북한도 마찬가지이다. 북한이 핵무기가 '보물단지'가 아닌 '애물단지'라고 생각하도록 만드는 것이 북한을 협상으로 끌어내는 지름길이며, 때문에 전술핵 재반입이 비핵화 협상을 어렵게 한다는 주장은 맞지 않다.

미국이 본토에서 운용하는 대북 타격수단들을 넘치도록 가지고 있는데 왜 군이 전술핵을 한국에 배치해야 하느냐고 반문하는 사람들도 많다. 필자가 2017년 가을 두 차례에 걸쳐 워싱턴을 방문하여 전술핵 재배치 문제를 놓고 미국 전문가들과 대화를 나누었을 때에도 그와 같은 반론을 제기한 사람이 많았다. 하지만, 이 또한 억제 이론을 공부한 사람이라면 하지 않을 주장이다. 자고로 억제의 출발은 인식(perception)이다. 북한이 태평양 건너 존재하는 전략핵에 대해 "설마 사용하겠느냐"라는 인식을 가질 수 있지만, 한국에 배치된 소형 핵무기에 대해서는 여차하면 사용되기 쉬운 무기로 인식할 것이다. 그게 억제다.

전술핵 재배치가 엄청난 예산과 인력을 요한다는 주장 또한 정확한 지적이 아니다. 미국은 현재 유럽에 W61이라는 공대지 전술핵을 배치하고 있으며, 조만간 더욱 간편하고 사용성이 높은 W61-12 전술핵으로 교체할 예정이다. W61-12 핵탄두는 폭발력을 조정할 수 있으며 지하에서 폭발하는 지하관통탄이기 때문에 북한의 지하 벙커나 지휘소를 파괴하기에 안성맞춤이며 방사능 피해를 최소화할 수 있어 사용 가능성이 높다. 필자가 주장하는 전술핵 재배치란 이런 핵탄두 30~40개를 배치하여 한국 공군이 보유한 F-15나 2018년부터 도입되는 F-15스텔스 전폭기에 탑재하는 방식으로 운용하자

는 것이다. 전술핵 재배치란 막대한 예산과 인력이 필요한 사업이
아니다.

  국내 찬반논쟁 격화로 인한 국론 분열, 그로 인한 반미정서 확산
및 한미동맹 약화 가능성, 전술핵 재배치를 결정하고 시행하는 과정
에서의 중국과 러시아의 극심한 반발 등에 대한 지적은 경청해야 한
다. 때문에 전술핵 재반입은 완벽한 해결책이라기보다는 안보현실의
절박성과 시급성 때문에 거론되는 고육지책(苦肉之策)일 뿐이며, 실현
가능성에도 한계가 많다. 현재 문재인 정부가 이런 방안에 관심을 가
진 것도 아니고, 한국 정부가 요구한다고 해서 미국이 동의한다는 보
장도 없다. 그럼에도 두 가지를 유념해야 한다. 첫째는 전술핵 재배
치를 논의하는 그 자체로도 중국과 북한에 강력한 외교 지렛대가 된
다는 점이다. 둘째는 전술핵 재배치가 언젠가 중국으로부터 독립성
을 유지하는 것이 최대의 안보과제가 되는 시대가 도래할 때를 대비
하는 전략적 포석이 된다는 사실이다. 박정희라면 이런 사실들을 꿰
뚫어 볼 것이며, 전술핵 재배치를 거론하기 어려우면 침묵을 통해 전
략적 모호성이라도 유지하라고 조언할 것이다.

한국 미사일의 탄도중량 제한이 해제되었다는데

  2017년 11월 트럼프 대통령의 한국 국빈 방문으로 열린 문재인 대
통령과의 정상회담에서 한미 미사일지침(missile guidelines)의 개정이 성
사되었다. 그동안 한국의 탄도미사일은 미국의 의도에 따라 사정거

리 800km와 탄도중량 500kg을 넘지 못하게 묶여 있었는데, 미국이 이 중에서 탄도중량에 대한 제한을 해제해준 것이다. 북핵 위협이 눈덩이처럼 커지고 있는 마당에 한국의 핵무기도 아닌 미사일 개발이 동맹국의 제약에 묶여 있다는 사실 자체가 어불성설이지만, 어쨌든 중량 제한이 해제된 만큼 한국군은 더욱 강력한 대북 억제수단을 개발할 수 있게 되었다.

한국의 미사일에 대한 제약은 40년간 굴욕의 역사를 강요해왔고, 필자의 삶에도 적지 않은 영향을 미쳤다. 제3장에서 기술한 바와 같이 미국이 한국의 탄도미사일에 대해 사정거리 180km라는 제약을 가한 것은 1979년이었다. 필자는 1990년 한국국방연구원에서 연구원으로 활동하기 시작하면서 '평화적 핵주권론'을 펼쳤고, 이 때 함께 주장한 것이 '미사일 주권론'이었다. 북한이 핵강국과 미사일 강국으로 부상하는 상황에서 한국의 미사일에 제약을 가한다는 것이 말이 되지 않는다고 생각했기 때문이었다.

그 후 1999년 7월 미국을 방문한 김대중 대통령은 한국도 사정거리 500km 탄도미사일을 개발해야 하므로 한미 미사일각서를 개정해야 한다는 입장을 클린턴 대통령에게 전달했다. 협상을 통해 2001년 1월 17일부로 미사일각서가 개정되었는데, 미사일에 대한 제약이 사정거리 300km로 탄두중량은 500kg으로 다소 완화되었다. 순항미사일과 무인기의 경우 사정거리 300km 이내에는 탄두중량 제한이 없고 탄두중량 500kg 이내에는 사정거리를 제한하지 않는 것으로 했다. '미사일각서'라는 명칭도 '미사일 신지침(New Missile Guidelines)'으로 개칭되었다.

2001년 개정으로 한국군은 사정거리 300km 현무-2A를 본격 개발하여 2004년부터 배치했고, 2009년부터는 개량형인 현무-2B도 배치했으며, 2010년에는 사정거리 1500km의 순항미사일인 현무-3도 배치했다. 하지만, 2001년이면 북한이 이미 장거리 미사일들을 시험 발사한 시기였고 2006년과 2009년에 핵실험까지 실시했다. 300km라고 하는 사정거리는 한국이 미사일을 휴전선 근처에 배치해야 북한의 3분의 2정도를 커버하는 거리에 불과했다. 한국의 '미사일 갈증'은 결국 2012년 10월 7일 이명박 정부와 오바마 행정부간에 타결된 미사일지침 재개정을 통해 상당 부분 해소되었다.

2012년의 재개정을 통해 탄도미사일의 사정거리는 800km로 연장되었다. 탄두중량의 상한선은 여전히 500kg으로 묶였으나 사거리를 800km보다 더 짧게 줄이면 그만큼 탄두중량 늘릴 수 있게 되어 300km 사거리에서는 1.5t의 대형 탄두도 탑재할 수 있게 되었다. 무인항공기(UAV)의 경우, 항속거리 300km 이하에서는 탑재중량 무제한이라는 기존 지침에 변경이 없었으나, 항속거리 300km 이상의 무인기는 탑재중량을 500kg에서 2500kg으로 크게 확대하고 탑재중량 2500kg이내에서는 항속거리를 무제한으로 확대하고 무인기에 무기를 탑재하는 것도 허용했다. 현존하는 최대 무인기인 글로벌호크(Global Hawk)의 최대 탑재중량이 2268kg인 점을 감안하면, 한국은 사실상 아무런 제약 없이 무인기를 개발할 수 있게 된 것이었다. 순항미사일 분야에서는 500kg 이하에서는 사거리가 무제한이고 사거리 300km 이하에서는 탄두중량이 무제한이라는 기존 내용에 변경이 없었다. 그럼에도 우주발사체에 고체연료사용을 허용하는 문제는 미결의 과제로 남았다.

  종합하면, 2012년 미사일지침 재개정은 미결의 과제들을 남기기는 했으나 한국의 미사일 주권 문제를 상당부분 해결한 것이었다. 정부는 2010년 9월부터 미사일지침의 재개정을 위한 대미 협상을 전개했고, 외교채널을 통해 중국, 일본, 러시아에 한국이 과도한 사정거리를 원하는 것이 아니라는 점을 통보했었다. 그 과정에서 천영우 외교안보수석, 김태효 대외전략기획관 등이 기여한 바가 컸다. 천영우 수석은 얼굴을 붉히면서까지 미국 대표단과 협상에 임했다. 김태효 기획관은 필자를 포함한 외부 전문가들이 의견을 개진할 기회를 장을 마련해 주었고 필자는 대통령 외교안보자문교수회의를 통해 '사정거리 800km'를 적극 건의했다. 그 정도가 북한 전역을 커버하면서도 중국과 일본을 자극하지 않는 사정거리라고 판단했기 때문이었다. 또한, 미사일지침의 재개정에는 이명박 대통령과 오바마 대통령간의 개인적 친분도 한몫한 것으로 알려져 있다. 후일 필자가 만난 미국의 전문가들은 "두 지도자 간의 상통성(personal chemistry shared by Presidents Lee and Obama)이 이루어낸 결과"로 표현했다. 오바마 대통령은 '핵무기 없는 세계(Nuclear Weapon-Free World)' 구상을 발표하여 노벨평화상을 받았고, 이를 구현하기 위해 시작한 최대 규모의 정상회의인 핵안보정상회의(Nuclear Security Summit)를 개최한 장본인이다. 2010년 제1회 회의는 워싱턴에서, 제2회 회의는 서울에서 개최되었는데 이는 당시 오바마 대통령이 강력히 개최를 원했던 러시아를 뿌리치고 이명박 대통령의 손을 들어주었기 때문이었다.

  1970년대 탄도미사일을 개발하다가 미국의 제약에 부딪쳐야 했던 박정희 대통령, 그래서 사정거리 180km라는 굴욕적인 제약을 받아들이면서까지 미사일 개발을 밀고 갔던 박정희 대통령이 살아서 2017년도의 미사일지침 재개정을 본다면 어떤 말을 할까? 무척 기뻐할 것이다. 그리고는 남은 제약도 풀라고 요청할 것이며, 중거리탄도탄(IRBM), 대륙간탄도탄(ICBM), 잠수함발사탄도미사일(SLBM) 등을 보유한 북한에 비해 한국의 미사일 실력이 20년 정도 뒤져있으므로 속히 따라잡으라고 독려할 것이다.

박정희라면 지금 핵무기를 만들 것인가

독일은 제1·2차 세계대전의 패전국으로서 지금까지 겸손한(?) 행보로 일관해왔다. 다시 부강한 나라가 되고 통일도 이루었지만 결코 강력한 군사력을 꾀한 적이 없으며, 지금도 전쟁도발과 유태인 학살에 대해 참회하는 국가로 살고 있다. 그런 독일에서 사상 최초로 자체 핵무장 가능성을 가늠하는 토론회가 개최되었다.

이 토론회는 미국 우선주의와 경제민족주의를 앞세우고 "독일이 안보 무임승차를 하고 있다"고 주장하는 트럼프가 미국 대통령에 당선된 직후인 2016년 11월에 시작되어 2017년 9월까지 이어졌다. 이 토론회에는 전문가, 학자, 언론인, 독일연방의회 의원 등이 참여하여 독일의 자체 핵무장, 현재의 핵잠재력 유지, 유럽국들간의 협력을 통한 자체 억제력(Euro-deterrence) 구축 등 다양한 방안을 놓고 토론을 벌였다. 물론, 이런 토론회가 독일의 반핵정책을 반전시킬 만큼의 파장을 만들어내지는 못했지만, 트럼프 당선 이후 유럽에서도 "미국을 믿지 못한다면 자체 억제역량을 키워야 한다"는 목소리가 커지고 있음은 분명하다.

독일이 이럴진대, 북한이라는 가장 위험한 나라의 핵위협에 시달리는 한국에서 그리고 세계에서 핵공격을 받을 가능성이 가장 높은 한국에서 미국의 핵우산만 믿지 말고 독자 핵무장에 나서야 한다는 목소리가 커지고 있음은 당연한 일이다. 이 시기에 박정희가 살아 돌아온다면 어떻게 할까? 과거 닉슨 독트린의 발표 이후 핵개발을 결심했듯, 지금도 트럼프의 '미국 우선주의'를 우려하여 핵무장을 결심할 것인가? 당연히 박정희라면 그렇게 할 것 같다. 하지만, 필자가 박정희를 모시는 위치에 있다면 1970년대 그때나 지금이나 핵무장을 만류할 것이다. 대신, '새로운 버전의 평화적 핵주권'을 건의할 것이다. 핵세계의 살벌함이나 핵질서의 무자비함이 더 심해졌으면 심해졌지 조금도 완화되지 않았기 때문이다.

전술했듯이, 군사적 핵주권이라 함은 주권국이 자의로 핵무기를 생산하여 활용하는 것을 말하며, 평화적 핵주권이란 핵무기 자체는 만들지 않지만 유사시 핵무기를 만들 수 있는 합법적인 대비책들을 강구함을 의미한다. 1990년대 동안 필자가 펼친 '평화적 핵주권론'은 루비콘강을 건너지는 않되 언젠가 건널 수 있도록 나룻배를 만들어 놓고 있어야 한다는 것이었지만, 오늘날 필자는 여러 척의 더 큰 나룻배들을 강가에 대고 있어야 한다고 주장한다. 그것이 필자가 원하는 새로운 버전의 평화적 핵주권론이다.

북핵의 위협이 현실로 다가온 오늘날 자위적 핵무장을 주장하는 사람들이 많다. 정치인으로는 정몽준, 김문수, 원유철, 송영선, 노철래 등 전·현직 의원들이 있고, 학계에서는 송대성 전 세종연구소장, 세종연구소의 정성장 박사 등이 있으며, 언론계에서는 조갑제 조갑제닷컴 대표가 목소리를 내왔다. 이런 핵무장론은 공히 조건부이고 단계적이며 외교적이다.

이들의 핵무장론에는 북핵이 소멸되면 한국도 핵무장을 해제한다는 조건이 달려 있고, 핵무장의 과정도 북핵 상황의 악화에 연계하여 단계적으로 진척되어야 한다는 생각이 포함되어 있다. 아울러 실제 핵무장이 가능하다고 믿기보다는 중국과 북한에 한국의 핵무장 및 동북아 핵확산 도미노의 가능성을 경고함으로써 북한의 핵포기를 끌어내고자 하는 외교적 의도도 담겨져 있다. 이런 점에서 정치권과 학계 그리고 언론계에서의 핵무장론은 무조건적·즉각적 핵무장을 요구하는 네티즌들의 무책임한 주장들과는 차별되는 신중성을 내포한다.

핵무장의 기술적 타당성과 관련해서는 신속 핵무장 가능론과 불가론으로 대별된다. 서울대 서균렬 교수를 위시한 일부 과학자들은 정부가 결심하면 수개월 이내 핵탄두 생산이 가능하다고 주장하지만, 경희대 황주호 교수 등은 신뢰성을 가진 핵무기를 생산하기까지의 과정이 결코 쉽지 않다고 강조한다. 전(前) 한국원자력연구소 책임연구원 신재곤 박사 역시 한국이 본격적으로 핵탄 제조에 착수하더라도 수년 이상 걸릴 수 있다고 주장한다. 사실이 그렇다. 현재 한국이 운용하는 경수로에서 배출된 사용후핵연료를 재처리하여 플루토늄을 분리하는 경우 핵탄의 원료인 플루토늄-239의 순도가 현저하게 낮다. 다시 말해, 5% 미만이어야 하는 불순물인 플루토늄-240의 양이 30~40%에 달하기 때문에 이런 원료로 핵폭탄을 만들게 되면 자발적 핵분열성이 강한 플루토늄-240의 특성으로 인하여 폭탄의 신뢰성을 담보할 수 없다. 즉, 원하지 않는 시점에 폭발할 수도 있고 사용 시에는 불발이 될 수 있다. 한국은 지금도 재처리 시설을 운용하지 못하는 처지에 있으며, 문재인 정부 이후 미래에 대비하는 플루토늄 관련 연구들을 위한 예산은 삭감되는 조짐을 보이고 있다. 이렇듯 당장 농축 시설이나 재처리 시설을 가지고 있지도 않고 플루토늄 생산을 정당화하기 위한 연구 활동마저 축소하는 한국이 결심만 하면 금방이라도 핵무기를 만들 수 있는 것으로 말하는 것은 당치 않다는 것이 신재곤 박사의 주장이다.

이론적으로는 남북간 핵균형이 정답

이론적으로는 한국이 핵무장을 통해 남북간 핵균형을 이룬다면 북핵을 억제하는 최상의 카드가 될 것이다. 냉전 동안 미국과 소련이 그랬듯 남북간에도 서로가 서로를 건드리지 못하는 상호취약성(mutual vulnerability)이 확보되고 공포의 균형(Balance of Terror)이 이루어질 것이다. 물론, 이런 논리에 대해 협소한 한반도에 많은 핵무기가 배치되면 핵경쟁이 격해지고 돌발사태(black swan), 핵무기 분실(broken arrow), 컴퓨터 오작동, 핵무기 관련 사고 등 비이성적 요인들에 의해 핵참사가 발생할 수 있다는 반론이 있을 수 있으나, 설득력은 별로이다. 핵경쟁을 통해 북한이 누리는 비대칭성을 소멸시키는 것이 오히려 북한을 협상으로 나오게 하는 지름길이라는 사실은 앞에서 이미 설명했으며, 우발적 핵참사의 위험성 때문에 북한만이 핵을 보유한 상태를 인정하자는 것은 한국인들이 겪고 있는 핵악몽들을 무한정 방치하자는 무책임한 주장이다. 필자가 노골적인 핵무장에 반대하는 이유는 이런 것이 아니다.

한국의 핵무장이 쉽지 않은 주된 이유는 핵무장이 촉발할 수 있는 동맹의 와해, 국제제재, 중국과 러시아의 압박 등과 그것이 초래할 외교·경제·안보적 비용이다. 필자가 1989년 박사 학위 취득 후 핵무장 주장을 유보한 주된 이유도 이런 것이었으며, 1994년에 출판한 『한국핵은 왜 안 되는가』도 한국의 핵무장은 이론적으로 정당하고 필요하지만 감당하기 어려운 비용을 수반하기 때문에 비현실적이라는 점을 기술한 책이었다.

인도, 파키스탄, 북한 등이 NPT 체제를 외면 또는 위반한 채 핵무장을 강행함에 따라 수평적 핵확산을 억제하는 국제규범이 꾸준히 강화되어 왔음도 유의해야 한다. 혹자들은 "이런 나라들도 핵무장을 하는데 왜 우리는 못하느냐"고 항변하지만 현실은 이런 나라들 때문에 한국의 핵무장은 더 가혹한 견제를 받는다는 사실이다. 한국으로서는 핵무장 결행에 앞서 한국의 안보·경제체제가 핵무장이 초래할 국제제재와 동맹차원에서의 압력에 얼마나 내구성을 가지는지 또는 그러한 제재와 압력을 회피 또는 최소화할 방법이 있는지를 따져보아야 한다.

대외의존적 한국경제와 취약한 사회적 내구성

이란은 1968년 NPT에 가입했으나, 1970년대 팔레비(Pahlavi) 정권 동안 핵개발 의혹을 뿌리다가 1974년에 핵사찰을 수용했다. 하지만, 1979년 혁명과 함께 반미국가로 전환되면서 미국의 제재가 시작되었다. 이란은 이란-이라크 전쟁을 치렀던 1980년대와 1990년대 동안 다시 핵개발 의혹을 뿌렸고, 2000년대 이후에는 더욱 노골적인 핵개발 의혹을 뿌림으로써 P-7(이란, 안보리 5개 상임이사국 그리고 독일) 회담이 개최되었으나 타결점을 찾지 못해 2006년부터는 미국, 유럽연합, 유엔 등에 의한 복합적 경제·외교적 제재가 시작되었다. 2006년 유엔 안보리는 우라늄 농축과 미사일 개발과 관련한 모든 품목에 대해 금수조치를 내리고 연관된 거래를 금지했다. 2007년 유럽연합은 이란의 핵개발 및 탄도미사일 개발과 관련한 자산들을 동결하고 이란 중앙은행과의 거래를 중단함으로써 미국과 유엔에 보조를 맞추었으며, 2012년에는 이란으로부터의 석유 및 석유화학 제품 수입을 전면 금지했다. 미국의 제재는 특히 강력했다. 미국은 1995년부터 무역금지 조치를 취했고, 2011년에는 '포괄적 이란 제재법(CISADA)'을 제정하여 석유 수출, 투자, 채굴, 장비판매, 항만 사용, 보험, 수송 등 이란의 석유산업에 관련한 모든 이란 및 제3국 기업들을 제재하는 세컨더리 보이콧을 시행했다.

이란을 세계 4위의 석유 매장량에 세계 1위의 천연가스 매장량을 가진 자원부국으로만 아는 사람들이 많지만, 이란은 중동 및 북아프리카 지역 제1위의 제조업 생산국으로 석유 및 천연가스 산업이

GDP에서 차지하는 비중은 30% 미만이다. 이는 이란이 석유수출국이면서도 사우디, 카타르, 오만, 이라크 등 중동의 주요 수출국들에 비해 상대적으로 낮은 석유의존도를 가진 경제구조를 가지고 있음을 의미한다. 또한 이란은 8000만 명의 인구를 가진 중동 최대국이자 시아파 이슬람의 맹주국이다. 이런 이란도 국제제재로 인하여 심각한 타격을 입었다. 대(對)이란 제재가 절정에 달했던 2012~2014년에만 이란은 석유수출 급감으로 막대한 외화 손실을 입었다. 2011~2012년 동안 석유 및 천연가스 수출은 급감했고, 석유 생산은 하루 400만 배럴에서 120만 배럴로 감소하여 GDP 감소 20%, 40% 물가 인상, 실업율 20% 등을 기록했다.

이렇듯 제재로 인한 외화고, 고물가, 고실업율 등이 2013년 온건 중도 실용주의 성향의 하산 로하니(Hassan Rouhani) 대통령이 당선된 배경이었다. 로하니 대통령은 취임과 함께 P-7 회담을 재개했고, 결국 2015년 7월 일정 수준의 평화적 핵활동을 인정받는 대가로 핵무기 개발관련 사업들을 포기하는 '포괄적공동행동계획(JCPOA)'에 서명했다.[2] 이에 따라, 2016년 1월부로 상당 부분의 제재는 해제되었으며, 2016년 1월 270만 배럴 수준이던 일 석유생산량은 5월에 380만 배

---

2. 이란 핵합의의 주요 내용은 이란의 1만 9000개 원심분리기를 6014개로 감축할 것, 보유 중인 농축우라늄을 농축도 3.67%이하의 저농축우라늄으로의 전환할 것, 이라크 중수로를 무기급 플루토늄(WGPU) 생산이 불가능하도록 재설계할 것, 향후 10년간 모든 농축활동을 포기하고 핵분열 물질을 반입하지 않을 것, 과거 및 현재의 모든 핵활동을 국제원자력기구(IAEA)의 전면사찰에 공개할 것 등이다. 오바마 대통령은 이란의 모든 핵무기 개발 경로를 차단한 것이라고 자평했으나, 트럼프 대통령은 '가장 잘못된 합의'로 비판함으로써 합의의 장래가 다시 불투명해진 상태이다.

럴로 회복되었으며, 대유럽 석유수출도 2012년 이전 수준인 60만 배럴에 도달했다. 요컨대, 이란은 미국을 위시한 국제사회의 포괄적인 제재에 굴복하여 오랫동안 고수하던 핵개발을 포기하고 협상에 임한 경우이다.

한국이 핵무장을 결행하여 외교·경제 제재를 받게 된다면 한국경제가 받을 타격은 이란의 경우보다 훨씬 더 치명적일 것이다. 한국은 기적적인 경제성장을 통해 세계 15위의 경제대국이 되었으나 한국경제는 수출주도형으로서 지나치게 높은 대외의존도를 가지고 있다. 즉, 한국경제는 수출입 규모가 GDP 규모와 맞먹는 세계 최고 수준의 대외의존도를 기록하고 있다. 한국의 수출은 수출품목과 수출시장의 분포에 있어서도 매우 편중된 구조를 가지고 있다. 반도체·일반기계·자동차·선박·석유화학·철강제품 등 10대 주요 수출품이 전체 수출에서 차지하는 비중은 약 60%이며, 중국(약 25%), 미국, 일본, 홍콩, 베트남 등 10대 수출국이 차지하는 비중이 60% 이상이다.

한국의 복합적 민주주의 체제와 고질적인 보혁갈등도 제재에 대한 국가 내구성을 취약하게 만드는 요인이다. 이란의 경우 대통령과 의회를 직선제로 선출하지만 그 위에 간선제를 통해 성직자를 최고지도자로 두어 군통수권과 함께 정치·경제·외교·문화 등에 막강한 권한을 행사하게 하는 신정체제(theocracy)와 민주체제(democracy)가 혼합된 이슬람공화국으로서 이슬람의 가치와 제도가 강력하게 작동하는 나라이다.

비슷한 맥락에서, 리비아가 오랫동안 제재를 견디면서 핵개발을 모색했던 것이나 북한이 사상 유례가 없는 고강도 유엔 제재에도 굴복하지 않고 핵개발을 지속하는 것도 일인 독재체제라는 요인이 작용한 바가 크다. 물론, 리비아는 미국과 국제사회의 오랜 제재를 받은 끝에 2003년 자신들이 저지른 테러에 대한 보상을 약속하고 일체의 대량살상무기 개발을 포기하는 타협에 응했다.

한국은 이런 나라들과는 많이 다르다. 이견의 표출과 시위가 용이한 한국의 경우 외부의 제재로 인한 경제 악화가 극심한 사회혼란을 불러올 가능성은 매우 높다. 안보문제에 있어서까지 국론합의를 이루지 못하는 '분열공화국'인 한국이 국제사회의 제재로 인한 수출 감소, 실업률 제고, 외화 고갈, 복지자금 고갈, 인플레이션, 해외유학 및 취업 제한, 해외여행 제한 등의 후유증을 겪게 된다면 그야말로 무정부 상태에 이를 수 있다. 건전한 보혁경쟁이 아닌 좌우 대립의 양상을 보이고 있는 한국사회에서 그러한 무질서는 곧 바로 통제불능의 혼란을 초래할 수 있다.

핵무장과 동맹을 바꿀 수는 없다

현 동아시아 신냉전 하에서 중국이 북핵을 해양세력에 대항하는 전략적 자산으로 간주하고 방조하는 것과는 달리 미국은 여전히 동맹국의 핵무장에 반대하는 기존의 반확산 정책기조(nonproliferation-based alliance policy)를 유지하고 있다. 미국이 이 기조를 바꾸지 않는 한 한국의 핵무장은 한미동맹의 파탄을 가져올 수 있으며, 동맹의 파탄은 방위공약 및 핵우산의 소멸, 미군 철수 등의 형태로 나타날 수 있다. 이

상황은 한국이 미 전술핵 재배치를 요구하는 것과는 차원적으로 다르다. 전술핵의 재배치는 동맹의 틀 내에서 이루어지는 것이기 때문에 동맹에 해를 끼치지 않지만, 미국이 기존의 정책기조를 바꾸지 않은 상황에서의 핵무장 결행은 동맹의 틀 자체를 파기하는 결과를 초래할 수 있는 다른 차원의 문제이다. 이런 상태에서 한국의 핵무장이 한국 안보에 어떤 득실을 가져올 것인가를 따져봐야 한다.

우선은 지금도 핵세계에는 '핵의 남북질서'가 온존하고 있음을 유의해야 한다. 앞에서 설명했듯 핵의 남북문제란 핵을 보유한 나라들과 핵을 보유하지 않은 나라들 사이의 불평등 문제를 말하는데, 이 질서하에서 핵보유국들은 여전히 비핵국들의 핵보유를 만류하는 입장을 취하며, 미국은 비확산레짐을 유지·관리하는 책임을 맡고 있다. 다만 미국은 한국, 일본, NATO, 대만 등 동맹국에 대해서는 비확산레짐의 준수를 요구하면서도 다른 한편으로 핵우산 또는 방위공약을 제공함으로써 동맹국들의 독자적 핵보유를 예방하는 조치를 취하고 있다. 물론, 미국은 이스라엘, 인도, 파키스탄 등의 핵보유를 사실상 묵인하고 일본의 농축 및 재처리 권한을 인정하는 등 국가와 경우에 따라 차별적인 대우를 해왔지만, 수평적 핵확산을 저지하는 문제에 있어서는 여전히 강력하다.

때문에 한국은 핵무장에 앞서 그것이 유발할 핵우산의 약화 또는 철수가 한국 안보에 가져다 줄 득실을 먼저 검토해야 한다. 이론적으로 말해, 핵우산 또는 확대억제의 주 메시지는 "북한이 한국에 핵공격을 가하면 미국이 대량 보복한다"는 것으로서 북핵을 억제하기 위해 필요한 역량인 선제와 방어 그리고 응징 중에서 응징을 담당한다.

물론 한국군도 '한국형 3축 체제'의 구축을 통해 독자적인 억제역량을 키우고 있지만, 한국군이 미군의 역량을 따라 잡는다는 것은 요원한 일이다. 그렇다면, 한국은 세계 최강의 미군이 제공하는 최첨단 억제수단을 포기하고 독자 핵무장으로 대체하는 것이 이익인가를 따져보지 않을 수 없고, 한국이 신뢰성이 충분한 핵군사력을 갖추기 이전까지의 발생할 수 있는 공백에 대처할 능력이 있는가를 짚어보지 않을 수 없다.

동맹의 소멸이나 약화는 한국의 경제에도 직격탄이 될 것이다. 한국이 6·25 전쟁의 폐허를 딛고 고속 경제성장을 이룰 수 있었던 근저에 동맹이 제공하는 안정성이 있었다는 사실은 누구도 부인하기 어렵다. 동맹의 소멸이나 심각한 약화는 한국의 무역을 위축시키고 외국인투자가 빠져나가게 만들 수 있으며, 그에 앞서 증권시장을 혼란에 빠뜨릴 수 있다. 일부 경제전문가들은 동맹의 소멸이 알려지면 한국의 증권시장이 붕괴하는 데에는 수 시간도 걸리지 않을 것으로 예측한다. 이렇듯, 한국의 핵무장은 그것이 한미동맹과 핵우산에 미칠 충격과 그로 인한 안보·경제상의 국익 득실을 충분히 검토한 후에 그리고 손실을 최소화하는 현실성 있는 방안들을 확보한 후에 시도되어야 하며, 이런 과정을 거치지 않는 핵무장 주장은 무책임한 것이거나 외교적 수사에 지나지 않는다.

한국의 핵무장이 중국과 러시아의 과격한 대응을 초래할 가능성도 배제할 수 없다. 중·러가 전략적 제휴를 통해 미일(美日) 해양세력에 대결하는 현 신냉전 구도 하에서 러시아가 중국의 대(對)한반도 기조에 동조할 개연성은 충분하다. 특히, 중국은 외교·경제·안보 등 다양한 분야에 걸친 복합적인 압박을 가해올 가능성이 있다. 중국은 더 이상 1990년대의 중국이 아니다. 중국은 화평굴기(和平崛起)의 시대를 지나 본격적으로 대국굴기(大國崛起)와 중화패권(中華覇權)를 추구하는 강력한 현상타파 세력으로 부상한 상태이며, 이런 중국이 한반도의 핵확산에 대해 침묵을 지킬 것으로 기대하는 것은 무리이다.

현재에도 중국은 한국 정부의 사드(THAAD) 배치를 빌미로 한국 때리기를 하고 있다. 이외에도 한중(韓中) 간에는 방공식별구역(ADIZ)의 중첩, 중국어선의 불법 어업, 중국의 '비례성 원칙' 주장에 밀려 미확정 상태로 남아 있는 황해의 해양경계선, 이어도 관할권과 관련한 분쟁 가능성 등 미결 현안들이 산적해 있다.

해양경계선과 관련해서 한국은 국제관례에 따른 중간선을 기준으로 배타적경제수역(EEZ)를 확정하기를 원하는 반면, 중국은 해안선 길이, 영토의 크기, 역사적 권리, 대륙에서 황해로 흘러들어간 퇴적물의 경계선을 기준으로 해야 한다는 '비례성 원칙'을 주장하는 억지를 부리고 있다. 중국은 해마다 엄청난 양의 미세먼지를 한반도로 날려 보내면서도 대책에 대해서는 한마디 말도 하지 않는다. 2000만 명의 중국 어민들과 70만 척의 동력어선을 가진 중국의 불법 조업은 한국뿐 아니라 세계의 골칫거리가 되고 있지만, 중국 정부는 성의 있는 대책을 내놓기는커녕 분쟁수역에서 조업하는 자국의 어민들을 중국의 이익을 수호하는 '해상민병(maritime militia)'으로 추어올리면서 국제해양법 재판소(ITLOS)의 불법어업 자체 단속 권고를 외면하고 있다. 이런 중국이 핵무장을 선언한 한국에 어떤 압력을 가할지는 충분히 짐작할 수 있다.

새로운 버전의 평화적 핵주권

작금의 북핵 상황을 종합할 때, 한국이 대응적·자위적 핵무장 가능성을 열어두어야 함은 당연하고 필요한 일이며, 한국 사회에서 핵무장론이 표출되는 것 또한 당연하고 필요한 일이다. 그것마저 없으면 한국은 배알도 없는 나라가 되고 만다. 자위적 핵무장 이외에는 국가 생존을 담보할 다른 방도가 없을 정도로 북핵 위협이 가깝게 다가온다면 한국은 실제로 NPT에서 탈퇴하고 핵무장을 결행해야 한다. 그럼에도 한국은 핵무장이라는 선을 넘어가기 전에 그것으로 인해 물어야 할 제반 비용을 고려해야 하며, 핵무장이 수반할 국제제재, 한미동맹의 와해나 약화, 중·러의 대한(對韓) 압박 등 적어도 세 가지의 불이익에 대해서는 심층 분석이 필요하다. 즉, 그러한 불이익에도 불구하고 핵무장이 가져올 안보이익이 더욱 막대하다고 판단되는 경우에만 핵무장을 결행해야 한다.

이러한 상황에서 세 가지 결론이 가능하다. 첫째, 지극히 대외의존적인 한국의 경제구조, 동맹 의존도가 높은 한국의 안보, 핵보유국들에 둘러싸인 지전략적 불리점, 한국 사회의 갈등과 분열 등을 종합할 때 핵무장이 초래할 외교·경제·안보상의 국익 손실이 너무나 심대하기 때문에 한국 정부가 이를 간과하는 발언을 하는 것은 현재로서는 바람직하지 않다. 둘째, 모든 것을 종합할 때, 동맹의 파탄, 국제제재, 중·러의 압박 등 세 가지 모두를 초래하는 핵무장은 불가능하다. 셋째, 위 세 가지 중 동맹의 파탄이나 약화를 수반하지 않는 핵무장은 불가하지 않으며, 여기에 해당하는 사례로는 이스라엘을 들 수 있다.

이스라엘은 미국의 묵인하에 '시인도 부정도 하지 않는 형태'로 핵보유를 하고 있으며, 그러한 핵무장이 미국-이스라엘 관계에 아무런 해를 끼치지 않는 상태로 정착되어 있다.

바꾸어 말해, 한국은 핵무장이 불가피한 상황에서도 동맹은 유지되어야 하며, 그러기 위해서는 핵무장 결행에 앞서 미국에 반확산 정책기조의 변화를 요구하는 것이 현실적인 수순이다. 이런 이유로 필자는 각종 발표문을 통해 지금은 중국이 북핵을 방조하면서 중국, 러시아, 북한 등 사회주의 블록의 세력을 확대하여 미국의 영향력을 밀어내고 맹주로 군림하는 지전략(geostrategy)을 구사하고 있으므로 미국도 동맹국들의 핵무장을 금지할 것이 아니라 동맹국들의 핵역량을 강화하여 중국의 지전략에 맞서는 것이 장기적인 전략이익이라는 주장을 펼치고 있다.

때문에 필자는 박정희 대통령이 살아 돌아와서 핵무기를 만들겠다고 한다면, 우선 북한이 파기한 한반도비핵화 공동선언부터 폐기하고 미국에 한미원자력협력협정, 미사일가이드라인 등 한국의 핵잠재력 함양을 저해하는 요인들을 개정 또는 폐기를 요구하자고 건의할 것이다. 내부적으로는 핵무장 자체가 아닌 새로운 버전의 평화적 핵주권을 모색하자고 건의할 것이다.

필자가 1990년대 초반 주장했던 '평화적 핵주권'의 핵심은 미국은 반대하지만 NPT 상에서는 금지대상이 아닌 농축과 재처리를 확보함으로써 제1세대 원자탄을 생산할 수 있는 잠재력을 양성하자는 것이었다. 이제는 상향 조정된 목표들을 추구하는 새로운 버전의 평화적 핵주권을 추구해야 한다고 건의할 것이다. 새 버전의 평화적 핵주권이 추구해야 할 목표에는 제1세대 원자탄뿐 아니라 제2세대 수소탄을 생산할 수 있는 잠재력, 최악의 상황이 도래하는 경우 안보 공백을 허용하지 않을 만큼의 신속한 핵무장이 가능한 수준의 사전준비와 기술적 역량, 유사시 NPT 탈퇴, 핵무장 결행, 핵보유 사실의 공지 등 밟아야 할 수순과 방법들을 망라하는 로드맵, 이런 과업들을 차질 없이 실행할 수 있는 컨트롤타워 조직 등을 들 수 있다. 필자는 이런 것을 추진하자고 박정희 대통령에게 건의할 것이다.

아울러, 핵보유를 결행할 때에는 미국과의 협의를 거친 후 이스라엘식 불확실 전략(ambiguity strategy)을 벤치마킹하자고 건의할 것이다. 이스라엘은 NPT를 거부하고 핵무장을 한 상태이지만 핵실험 등 가시적인 핵보유 사실을 공개한 적이 없으며 공식적으로 핵보유를 인정한 적도 없다. 그럼에도 이스라엘은 비공식 언행을 통해 핵보유 사실을 흘림으로써 핵무기가 발생시키는 억제효과를 누리는 '꿩 먹고 알 먹는' 방식을 정착시키는 데 성공했다. 유감스럽게도 한국에는 박정희 이후 이런 결정을 내릴 수 있는 정부는 없었고, 지금도 없으며, 앞으로도 없을 것이다.

20년 후의 중국에 대비하라

한국은 당면한 북핵 위협뿐 아니라 20년 후의 중국을 예측하면서 정론에 의거한 안보정책을 펼쳐나가야 한다. 그러기 위해서는 한국이 통일의 그날까지 견지해야 할 안보기조들이 있다. 첫째, 당면한 북핵 문제에 대응하기 위해 한국은 안보·외교·대화라는 삼박자를 조화롭게 구사해야 하지만 외교와 대화가 확고한 안보기반 위에 가능하다는 점을 잊어서는 안 된다. 둘째, 대북기조에 있어서 남북간 화해협력과 상생은 중요한 목표이지만 대외의존형 경제구조를 가진 한국에 있어 국제공조가 더욱 중요하므로 양자간 우선순위를 바꾸어서는 안 된다. 셋째, 동맹정책과 대중(對中)정책에 있어서는 동맹을 중심에 두고 비적대적·우호적 한중관계의 유지 발전에도 최선을 다하는 '얼라이언스 앤드 헤징(alliance & hedging)' 기조가 필요하다. 중국과의 관계는 한국의 안보와 경제에 대단히 중요하지만, 한반도 유사시 한국을 도와줄 가능성이 있는 나라는 북한의 동맹국인 중국이 아니라 한국의 동맹국인 미국이라는 사실을 유념해야 하며, 어중간한 등거리 외교로는 양쪽 모두를 잃는다는 역사적 교훈을 망각하지 않아야 한다. 적어도 필자가 보기에 이런 것들은 보수와 진보가 한마음으로 견지해나가야 할 안보정론(正論)이다.

그것으로도 충분하지 않다. 한국은 20년 후의 중국을 상상하면서 지금부터 대비해야 한다. 심화되고 있는 신냉전 구도, 중국의 군사·정치·경제적 강대화, 중화패권(中華覇權)을 지향하는 중국의 팽창주의적 대외기조 등을 종합한다면, 20년 후 중국이 한국의 최대 안보위협으로 부상할 수 있음을 충분히 예상할 수 있다. 그때쯤이면 중국의 완력정치로부터 독립성을 유지하고 주권국으로서 대접을 받을 수 있는가 라는 것이 한국의 최대 안보과제가 될 것이다.

이런 점을 감안한다면 한국의 지도자들은 정파싸움에 매달릴 것이 아니라, 차근차근 한국의 미래를 대비해나가는 데 매진해야 한다. 한

편으로는 중국과의 비적대 우호관계를 끊임없이 추구하면서 다른 한 편으로는 중국에 대한 경제의존도를 줄여나가야 하고, 한국의 안보 주권을 침해하는 문제에 있어서는 확고한 선을 그어야 한다. 중국이 한국 수출의 4분의 1을 점하는 수출시장이고 매년 1000만 명 이상의 인적교류가 이루어지고 2만 6000여 개의 한국기업들이 진출해 있는 핵심적 경제협력국이라는 사실은 한국의 장기적 국가전략에 결코 유리한 것이 아니다. 이런 점에서 필자는 문재인 정부가 취임 초 아세안(ASEAN)과의 교류를 확대하여 대중 경제의존도를 줄이겠다는 '신남방 정책'을 발표한 것에 기대를 걸고 있으며, 이것이 일회용 반짝 아이디어가 아닌 장기 국가전략에서 비롯된 정책이기를 바라고 있다.

중국의 대한(對韓) 경제의존도보다 한국의 대중(對中) 의존도가 더 큰 상황에서 이러한 조정은 한국에 더 큰 고통을 강요하지만, 2016년도 통계를 보면 한국은 수출의 26%, 수입의 16% 그리고 무역수지 흑자의 60%를 중국에 의존한다. 반면, 중국은 수출의 4.3%와 수입의 9.7%를 한국에 의존한다. 또한 한국경제의 무역의존도는 100% 수준으로 중국 47%, 일본 36%, 미국 30%, 독일 85% 등에 비해 월등이 높다.

그래도 그렇게 하는 것이 정론(正論)이다. 그렇게 하는 것이 중국에 대한 과도한 기대를 낮추어 '지속가능한' 한중간 비적대적 우호관계를 정착시키는 길이다. 같은 맥락에서, 필자가 미 전술핵 재배치를 주장하는 것 역시 북핵 대응만을 염두에 둔 것이 아니라는 점을 분명히 하고자 한다.

한국은 지금까지도 최대 교역 대상국이자 북한에 대해 가장 큰 영향력을 가진 중국을 향한 외교에 진력해왔다. 한국은 미국이 주도했던 환태평양경제동반자협정(TPP) 가입을 보류하고 중국이 주도하는 아시아인프라투자은행(AIIB)에 가입했고, 박근혜 대통령은 2015년 9월 3일 중국의 70주년 전승기념일에 참석하여 톈안먼(天安門) 성루에서 6·25 전쟁에서 북진통일을 가로막았던 인민해방군의 열병식을 참관했다. 2017년 출범한 문재인 정부는 사드 추가배치, 미국 미사일방어 체계와의 통합, 한·미·일 안보동맹 등 세 가지를 삼간다는 '3불(不)'을 약속하고 미국이 요구하는 한·미·일 안보공조와 인도-태평양 전략에 대한 참여를 유보하면서까지 중국을 끌어안기 위해 애쓰고 있다. 문제는 한국의 이런 노력이 중국몽(中國夢)을 지향하며 주변국들과의 수직적 서열관계를 원하는 중국을 변화시키지 못한다는 사실이다. 한국은 까딱하면 동맹도 잃고 중국으로부터도 대접받지 못하는 샌드위치 신세로 전락할 수 있다.

안보정론에 입각한 안보정책

필자는 지금도 안보에는 보수나 진보가 있을 수 없고 오로지 정론만 있어야 함을 지론으로 삼고 있다. 가짜 보수와 가짜 진보가 야기하는 문제점들을 극복한다면 가능하다고 믿고 있다. 필자가 말하는 안보정론이란 거창한 것이 아니라 상식적인 것이며, 그 의미는 거안사위, 부동여산, 백련천마, 그리고 호시우보라는 네 마디 사자성어 안에 함축되어 있다.

거안사위(居安思危: 편안할 때 위태로움을 생각함)란 현존하는 위협은 물론 다가올 수 있는 위협에 반드시 대비해야 함을 의미한다. 군사적으로 대치하는 상대가 창을 가지면 이쪽은 방패를 장만해야 하고, 상대가 독약을 가지면 이쪽에서는 해독제를 준비해야 한다. 지금은 상대가 창을 들고 있지 않더라도 창을 만들 기미가 보이면 이쪽에서도 방패를 만들 준비를 해야 한다. 부동여산(不動與山: 산처럼 미동하지 않음)이란 위협에 대비함에 있어서는 한 치의 흔들림이나 망설임도 없어야 함을 의미한다. 백련천마(百練千摩: 백 번 연습하고 천 번 닦음)란 장차 다가올 수 있는 사태에 대비하여 끊임없이 훈련해야 함을 의미한다. 그래야 막상 위기가 닥치면 훈련대로 대응할 수 있음이다. 호시우보(虎視牛步: 호랑이의 눈으로 주시하되 소처럼 걸어감)란 하고 싶은 대로 다 할 수 없는 북핵 대비에 필요한 말이다. 맹수의 눈매로 위협을 꿰뚫어보면서 할 수 있는 것들을 찾아서 우직하게 차근차근 해나가야 함을 의미한다.

과거 정부들이 이 안보정론을 지켜왔더라면 한국이 오늘처럼 옴짝달싹 못 하는 처지로 빠져들지 않았을 것이다. 안보에는 요행수도 기적도 '신의 한 수'도 없다. 여야(與野)가 있을 수도 없고 보수와 진보가 있어서도 안 된다.

박정희 대통령이라면 북핵 위협이 시시각각 다가오는데도 '바보선언'을 발표한 노태우 정부를 향해 뭐라고 할까? 안보위협이 가중되는 중에 군사력을 축소하고 전작권을 환수하겠다고 나섰던 노무현 정부에 대해서는 뭐라고 할까? 북한이 수소탄까지 보유한 마당에 탈원전을 하겠다고 하는 사람들을 보면 뭐라고 할까? 북한의 대남 야욕이 불변인데도 평화협정과 연방제 통일을 외치는 사람들에게는 뭐라고 할까? 나라의 안보가 칠면초가의 악재들에 포위당한 상태에서도 데모꾼들과 좌성향 천주교 사제들이 제주도 해군기지 건설에 반대하고 나선 현실에 대해서는 뭐라고 할까? 남쪽을 향한 북한의 미사일이 1000기가 넘는 상황에서 고작 48기의 요격미사일을 탑재한 사드 포대 하나 들여오는 것을 반대하는 사람들을 향해서는 뭐라고 할까? 제발 안보정론을 따르라고 호소하지 않을까? 나라의 안보를 위해 정열을 불살랐던 박정희 대통령이라면 당연히 그렇게 하지 않을까?

인연이라는 모래성을
쌓고 또 쌓으면서

맺음말

인연이라는 모래성을
쌓고 또 쌓으면서

　인생이란 인연이라는 모래성을 쌓았다가 허물기를 반복하는 것이다. 누구나 매순간 결정을 내리고 그 결정들이 만드는 선연(善緣), 악연(惡緣)과 부딪치면서 한 세월을 살아간다. 나 역시 가족이라는 인연, 결혼이라는 인연, 직장의 인연, 동창생의 인연, 신앙의 인연, 동료 학자들과의 인연 등 하늘의 별처럼 많은 인연들을 만들고 허물면서 67년의 세월을 살아온 것 같다.

　67년이라면 짧은 세월은 아니다. 이미 타계한 중·고등학교 동기생이 70명이 넘었으니 허망하다는 생각이 드는 것도 비정상이 아니다. 집안에 나와 아내 두 사람만 덩그러니 남은 것을 봐도 그렇다. 나이가 든 자녀들은 출가했고 막내마저 회사와 가까운 곳에서 지내겠다며 나가버렸으니 남은 것은 함께 늙어가는 부부뿐이다. 그러다가 내가 숨을 거두면 자식들은 황급히 달려와 장례를 치르고는 금방 자신들의 일상으로 돌아갈 것이다. 나도 아버지와 어머니를 그렇게 보냈으니 내 자식들도 그럴 것이다. 그래도 큰딸을 출가시키고 든든한 사위를 보았고 아들 장가보내 예쁘고 똑똑한 며느리를 보았으니, 그리고 자식들 모두가 왕성한 독립정신(?)을 발휘하면서 잘 살아주고 있으니 그것을 위로삼아 살아가야 하지 않겠는가. 그런 정도로 자위하면서 전문가의 삶이 만들어준 인연들을 회상하며 집필을 마치고자 한다.

나는 한국군을 사랑한다

핵문제는 내게 군(軍)과의 행복한 인연, 정치판이라고 불리는 광야(廣野)에서의 악연, 그리고 박정희 대통령과의 필연적인 인연을 만들어 주었다. 좋은 인연도 많고 악연도 많다. 나는 1990년 국방연구원에 입사해서 연구원을 떠났던 1994년 봄까지 힘든 세월을 보냈다. 핵주권 주장을 접기만 하면 편하게 지낼 수 있었지만 그렇게 하지 못했다. 그래도 그 과정에서 신성택 박사, 김민석 박사, 신재곤 박사 등과 함께 울분을 토하며 "라면을 먹고 살아도 태극기는 펄럭여야 한다"고 외쳤던 나날들은 소중한 추억이다.

안보와 핵문제를 다루면서 이런저런 계기로 군 원로들을 만나고 그분들을 존경하게 된 것도 소중한 인연이었다. 그중에는 국방부 고위직에 재직하면서 내가 국책연구원으로서 정부의 핵정책을 비판했을 때 지극정성으로 보호해주신 분들도 계시고, 국방장관으로 재직하며 공식적으로는 징계를 내리면서도 뒤로는 비서를 시켜 애국충정의 연구 활동을 계속하라고 격려를 보내주신 분도 계시다. 국방부나 합참에서 나의 대외기고문을 검열하고 징계에 관여했던 군인들이 전역 후에는 하나같이 동지가 되었다는 사실도 짜릿한 즐거움이다. 직책이 시키는 일을 했을 뿐 안보를 걱정하는 마음은 같았음이다.

나는 지금도 해군, 공군, 해병대, 한미연합사 등의 정책자문위원으로 군인들과 대화를 하고 있다는 사실에 큰 보람을 느낀다. 해군과 맺은 인연은 너무나 소중하다. 민간인인 내가 해군발전자문위원장을 맡아 짧지 않은 세월 동안 여러 명의 참모총장들을 거치면서 해군의 발전을 논의했던 일들은 추억으로 남아있다. 그중에서도 '아덴만 여명' 직후 민간인 자문위원들이 주도하여 '바다사랑해군장학재단'을 설립한 것은 가장 큰 보람이었다. 모금활동을 하면서 서상규 총장 보좌관, 배동용 회장, 신인균 박사 등과 한덩어리로 뭉쳤던 일은 기억할수록 즐겁다. 나는 한국군을 사랑했고 지금도 사랑한다. 나는 비리 사건들이 터져 나올 때면 거침없이 군을 질타하기도 했지만, 늘 그게 군 전체의 이야기가 아니라고 항변한다. 그들이 이 나라를 지키는 최후의 보루이기 때문에 국민은 그들을 사랑해야 한다. 사랑하는 한국군과의 인연은 두 눈에 흙이 덮이는 순간까지 이어질 것이다.

전문가는 죽지 않고 사라져갈 뿐이다

1994년 국방연구원을 떠났다가 2001년 복직하기까지 7년 동안 나는 광야에 떠돌면서 시련을 겪었고, 악연(惡緣)들과 부닥쳐야 했다. 숱한 거짓말쟁이들을 만났고 넥타이를 맨 칼잡이와도 부닥쳤다. 선연(善緣)도 많았다. 내가 '화백(화려한 백수)'으로 떠돌 때에 거두어 주신 김현욱 의원과의 인연은 소중한 것이었고, 그분으로 인하여 박태준 총재를 알게 되고 소문대로 지극한 애국자임을 확인한 것도 즐거움이었다.

가톨릭 선교활동 중에 알게 된 여진천 신부님은 신앙의 멘토이시다. 일부 천주교 사제들의 좌성향 언행에 실망하여 젊은 시절 몸담았던 개신교회로 돌아갈 생각을 여러 번 했었지만, 여 신부처럼 사제의 정도를 걷는 분들이 계신다는 사실이 나로 하여금 가톨릭을 떠나지 못하게 하고 있는지도 모른다.

중국 선교지에서 만난 중국 소녀 왕마리아와의 인연도 아름답다. 김현욱 대부를 모시고 2005년 김대건·최양업 신부가 최초로 수학하신 소팔가자(小八家子)에 갔을 때 만난 여고생 왕마리아는 내가 발탁하고 김현욱 의원이 주선하여 한국외대에서 석사를 마쳤다. 지금은 박사과정 수학 중이다. 나는 세 번째 딸이나 다름없는 왕마리아가 한중관계가 날로 미묘해지는 시대에 양국의 가톨릭을 잇는 가교로 성장해주기를 고대한다.

내가 오십 줄 나이에 들어선 2001년 한국국방연구원에 복직한 것은 행운이었다. 장창규 원장께서 내가 직장을 그만두게 된 사연을 이해하고 사심 없는 결정을 해주었기에 가능했던 일이다. 나는 한국국방연구원에서 2011년 영예스럽게 정년을 맞이할 때까지 수백 편의 집필을 추가했고, 이명박 대통령의 외교안보자문교수로 활동하면서 핵문제, 미사일 문제, 국방개혁, 외교 등과 관련하여 많은 직언을 드릴 수 있었다. 이명박 정부 후반부에는 통일연구원장으로 일하는 기회도 누렸다. 추억의 앨범에는 내가 직언을 할 때에도 옆집 아저씨처럼 편안하게 경청해주신 이명박 대통령의 모습이 간직되어 있다.

나는 아직도 대학에서 강의를 한다. 이미 1000편이 넘는 글을 썼지만, 나의 집필활동은 아직도 왕성하다. 그래서 내 또래 사람들에 비해 정신적·사상적으로 풍요로운 삶을 살고 있다고 자부한다. 수많은 좋은 인연들이 가져다 준 말년의 축복이 아닐 수 없다. "전문가는 죽지 않고 사라져갈 뿐이다." 이 좌우명을 되새기며 죽는 날까지 집필을 이어갈 것이다. 아내와 마주앉아 살아온 인생 이야기를 하노라면 "당신은 악연보다는 선연을 더 많이 누린 사람"이라는 위로를 듣곤 한다. 나의 뇌리 한쪽 편에 고운 진주알처럼 알알이 맺혀 있는 아름다운 인연들이 남은 인생동안 나의 정신세계를 지탱해줄 것이다.

박정희와의 인연을 만들어보라

나는 박정희 대통령을 만난 적도 없고 통화를 한 적도 없다. 어린 시절 4·19와 5·16을 경험했고, 젊은 시절 먼발치에서 그의 행보를 바라보았을 뿐이다. 그럼에도 그분과의 만남은 필연이었다. 젊은 시절 가난하고 나약한 조국에 좌절했고 나중에 핵문제를 공부하여 평화적 핵주권론을 외쳤던 내가 박정희를 정신적 멘토로 받아들인 것은 필연이었다. 나이가 들면서 대한민국이 그토록 짧은 기간 내에 그토록 폭발적인 성장과 위상 강화를 기록한 유일한 나라가 된 이유가 박정희였음을 알게 되었고, 핵문제 연구를 위해 대전 지역에 출장을 갈 때면 박정희가 자주국방과 핵무장을 내다보며 1970년대에 설립했던 연구기관들을 보고 깜짝깜짝 놀랐다. 이제 나는 한국의 젊은이들에게도 박정희와의 인연을 만들어보라고 권하고 싶다. 박정희를 다시 알아보라고 권하고 싶다.

아잔 브라흐마라는 법명을 가진 영국 출신의 스님이 있다. 그는 캐임브리지대에서 물리학을 전공하고 교사로 근무하다가 태국에서 아란차 스님의 제자가 되어 30년 이상 수행했는데, 그가 쓴 『술 취한 코끼리 길들이기』라는 책에 이런 이야기가 있다. 부족한 돈으로 절을 지어야 했던 브라흐마 스님은 혼자 1000장의 벽돌로 절의 벽을 쌓았다. 힘들게 벽돌을 쌓은 후 둘러보니 두 개의 벽돌이 앞으로 튀어나와 있어 눈에 거슬렸다. 그래서 벽을 허물고 다시 쌓겠다고 주지 스님에게 청했다가 일언지하에 거절당했다. 그 후 스님은 절을 찾은 방문객에게 물었다. "이 벽을 어떻게 생각하십니까?" 그는 "매우 아름다운 벽이군요"라고 답했다. 스님이 다시 물었다. "선생께서는 튀어나온 두 개의 벽돌이 눈에 거슬리지 않습니까?" 방문객이 다시 대답했다. "튀어나온 두 장의 벽돌도 보이지만, 제 눈에는 가지런하게 쌓아올린 998장의 벽돌이 더욱 아름답게 보입니다." 스님은 깨달음을 얻었다. 주지 스님이 벽돌을 다시 쌓겠다는 자신의 청을 거절한 이유를 깨달은 것이다.

오늘날 적지 않은 젊은이들이 이승만(1875~1965)과 박정희에 대해 부정적인 면만 알고 있는 것은 그들의 책임이 아니다. 역사 교육이 좌파에 휘둘리면서 학생들에게는 '가지런히 잘 쌓아진 벽돌들'을 배울

기회가 없기 때문이다. 그래서 젊은이들 중에는 이승만이 이 땅에 자유민주주의를 정착시킨 지도자라는 사실은 모르고 '독재자·친일파'로만 알고 있는 사람이 적지 않다. 이승만이 1913년 하와이에서 세운 한인학교는 한국 역사상 최초의 남녀평등·남녀공학 학교였고, 1948년 그가 강행한 토지개혁으로 처음으로 농민이 자신의 토지를 소유할 수 있었다. 이승만은 조지워싱턴대, 하버드대, 프린스턴대 등에서 수학하면서 자유민주주의와 시장경제체제를 가진 나라들이 번영하는 것을 보았고, 그대로 한국에 도입했다. 그것이 오늘날의 풍요를 가능하게 한 출발선이었다. 1948년 대한민국의 건국은 김일성이 이미 북한지역을 장악한 상황에서 적화통일을 거부하기 위한 불가피한 선택이었음에도 종북들은 이승만을 '분단의 원흉'으로 매도하기를 즐기며, 일제시대 관리들을 정부에 기용했다는 이유로 독립투사로 반평생을 보낸 그를 '친일'로 일갈한다. 그래서 많은 젊은이들은 그가 가지런히 쌓아올린 수많은 벽돌들에 대해 잘 모른다.

박정희에 대해서도 그렇다. 종북들은 그가 일본군에 몸담았던 기간은 군생활의 일부에 지나지 않음에도 그를 '다카키 마사오'로 부르기를 즐기고 '독재자'로만 부각시키려고 안달한다. 장기집권, 정치 탄압 등은 분명히 박정희의 과오로 기록되어야 하겠지만, 그럼에도 그는 루르 탄광에서 "우리 세대에는 이루지 못하더라도 후손에게는 잘 사는 나라를 물려주겠다"고 눈물로 약속했고 그 약속을 지킨 지도자였다. 안보불안 속에서 홀치기와 가발수출로 외화가득(稼得)을 시작했고, 새마을운동을 통해 시골마을에 길을 닦고 전기를 공급했으며, 중화학공업과 방위산업을 일으키고 자주국방을 위해 핵개발을 시도했던 지도자였다. 한국의 역사책들은 박정희의 이런 공적과 그가 보였던 애국정열에 대해서는 침묵한다. 이제는 젊은이들이 중심을 잡아 '외눈박이'가 되기를 거부하고 나서야 한다.

진짜와 가짜를 구분하는 혜안 길러야

젊은이들이 박정희를 재조명함에 있어 보수적 시각에서 보든 진보적 시각으로 보든 상관이 없다. 앞에서도 누누이 강조했지만 진보와 보수란 모두가 자유민주주의 대한민국을 수호하려는 사람들이며, 협력도 하고 경쟁도 하면서 풍우동주(風雨同舟)의 정신으로 함께 나라를 가꾸어가야 할 국민이다. 진보라면 박정희의 공을 부인하지 않지만 그가 저지른 반민주적 장기집권이나 성장일변도 경제정책이 가져온 폐해를 더 중시할 수 있고, 보수라면 그의 과(過)를 부인하지 않지만 박정희가 이룩한 경제성장, 안보, 국가위상 제고 등을 더 중시할 수 있다는 점이 다를 뿐이다. 젊은이들이 박정희의 양면을 모두 보려고 노력해주기만 한다면 필자는 그것으로 만족한다.

하지만 오늘날의 많은 진보인사들이 그렇듯 종북의 주장을 맹목적으로 따라하는 것은 금물이다. 그래서 필요한 것이 보수와 보수 행세를 하는 수구를 구분하고 진보와 진보 행세를 하는 종북을 구분하는 혜안(慧眼)이다. 쉽지는 않다. 가짜가 진짜처럼 주장하고 진짜가 가짜들의 논리를 수용함으로써 진짜 보수와 진짜 진보 간에도 난투극이 벌어지는 상황에서 진짜와 가짜를 구분하는 것은 쉽지 않다. 그럼에도 기준이 없는 것은 아니다.

예를 들어, 전시작전통제권을 전환하는 문제에 있어 순수한 보수는 안보를 우려하여 조기 전환에 반대하지만, 국가자존심을 위해 또는 한국의 독자적 작전능력 함양을 위해 전작권을 전환하자는 주장에도 귀를 기울인다. 순수한 진보는 국가자존심이나 한국군의 독자능력을 중시하여 조기 전환을 주장하지만, 그로 인해 안보 공백이 생길 수 있다는 주장도 경청한다. 그러나, 수구는 맹목적 친미주의적 발로에서 전작권의 전환에 반대하며, 종북은 전작권을 분리하고 연합사를 해체하는 것이 북한이 원하는 대로 미국을 한반도에서 이탈시키는 길이라는 속계산을 가지고 조기 전환을 주장한다.

평화협정과 연방제 통일은 공히 북한이 오랫동안 주장해온 것으로서 듣기에는 아름다우나 많은 위험요소들을 가진다. 미국, 러시아, 스위스 등에서 보듯 연방제란 지방정부들이 상당한 자치권을 행사하지만 정치체제, 군사, 외교 등은 통일되어 있고 중앙정부만이 이들을 관장한다. 그래서 정치도 하나고 군대도 하나이다. 그러나 북한이 말하는 연방제는 북한의 수령독재 체제와 한국의 민주주의 체제를 그대로 두고 중앙에 상징적인 중앙기구를 설치하자는 것이다. 체제도 두 개이고 군대도 두 개인 연방제, 한쪽 체제는 수령의 명령하에 일사불란하게 돌아가지만 다른 한쪽에서는 찬반과 분열이 일상사인 그런 연방제하에서 어느 쪽이 취약할 것인지는 불 보듯 뻔하다. 그래서 안보정론가들은 평화협정이나 연방제를 경계한다. "정전체제를 종전체제로 바꾸고 남북이 항구적 평화체제를 구축하면 얼마나 좋겠는가" 또는 "연방제 통일이라도 성취하여 올림픽에 단일팀을 참가시킨다면 얼마나 좋은 일인가" 등의 매력적인 논리에 끌려 평화협정과 연방제 통일에 찬성하는 사람들은 순진한 진보들이다. 그러나 한국의 체제와 안보를 무너뜨리고자 하는 속내를 가지고 평화협정이나 연방제 통일을 주장하는 사람들은 종북이다.

국가보안법 조항들이 한국의 민주화나 사생활 보호를 지나치게 침해한다고 보기 때문에 개폐를 주장하는 사람은 진보이며, 안보장치들을 무력화시키고 대한민국의 정체성과 질서를 무너뜨리고 싶은 속마음을 숨기고 그런 주장을 하는 사람은 종북이다. 한일 안보협력 문제에 있어서도 그렇다. 진짜 진보는 과거사를 반성하지 않는 일본에 분노하지만, 북핵 등 안보문제에 있어서는 협력해야 하는 부분들이 있음도 인정한다. 진보를 가장한 종북은 겉으로는 같은 주장을 하지만 내심 일본과의 관계를 단절시키고 한반도에서 미국을 이탈시키려는 북한을 돕고자 한다. 한일 안보협력을 거론하는 사람들을 '매국 친일'로 매도하는 일에 앞장서는 것도 이들이다.

2016년 박근혜 대통령을 규탄하는 시위가 벌어질 때에도 그랬다. 맨 처음 최순실 농단에 분노하여 거리로 뛰쳐나와 촛불을 든 사람들에게는 보수나 진보의 구분이 없었다. 그러나 이참에 자유민주주의 체제를 무너뜨리고자 시위를 확산시키기 위해 자금과 조직을 동원하고 여중생들로 하여금 "혁명정부 수립하자", "사회주의가 답이다" 등의 섬뜩한 피켓을 들도록 부추긴 사람들은 전혀 다른 사람들이었다.

이승만과 박정희를 평가함에 있어서도 그렇다. 대한민국의 정통성을 부인하고 자유민주주의·시장경제 체제를 허물고자 하는 자들에게 있어 자유민주주의와 시장경제 체제를 도입하고 발전시킨 이승만과 박정희는 반드시 무너뜨려야 하는 주적이다. 젊은이들이 이들의 장단에 맞추어 외눈박이가 된다면 한국은 희망이 없는 나라가 된다.

어머니 영전에 바친다

나의 외할아버지와 외할머니는 아들을 낳으려고 애를 쓰는 와중에 딸만 일곱을 낳으셨는데, 어머니가 막내였다. 외할머니는 어머니를 낳으시고 실망하시어 수건으로 입을 틀어막고 불기가 없는 방구석으로 밀쳐놓았다고 한다. 마침 친정을 방문한 큰이모가 보시고 살리셨다고 한다. 어머니도 결혼 후 아들을 원했지만 내리 두 딸을 낳았고, 나는 오랜 기다림 끝에 탄생한 첫 아들이었다.

나는 그런 어머니께 유별난 사랑을 받으면서 자란 잘난 아들이었다. 어머니의 등에 업혀 6·25 전쟁을 치른 나는 대학을 나와 서울에서 직장생활을 했고 박사공부까지 했으니 어머니가 보기에 잘난 아들임에 틀림이 없다. 하지만, 잘난 자식치고 효자 없다는 옛말은 틀리지 않는다. 애지중지 키워주신 부모님을 고향집에 팽개치고 무슨 핵주권이니 미사일 주권이니 하는 뜻 모를 말들을 중얼거리면서 혼자 잘난 척 하며 살았을 뿐이다. 어머니는 내가 통일연구원 원장에 취임할 무렵 수술을 받으셨고 결국 아들의 집무실을 보지도 못하시고 임종하셨다. 어머니가 거처하시던 방에 들어서면서, 어머니의 시신을 불구덩이로 넣으면서, 한줌의 재로 변한 어머니를 가슴에 안아 들면서, 그리고 어머니의 유해를 고향 산에 묻으면서 불효자는 예순이 넘은 나이의 무게도 잊은 채 통곡해야 했다. 생각할수록 원통하게 보내버린 세월이었다.

하느님, 임돌분 아가다에게 영원한 안식을 주시고 이 세상 번뇌가 끝나는 날 천상의 잔치에서 재회하게 하소서. 어머니 영전에 이 책을 바친다.

참고문헌

단행본

김동명, 『독일통일 그리고 한반도의 선택』 (서울: 도서출판한울, 2010)

김병관, 『손자병법 강의』 (한미연합군사령부, 2017)

김성욱, 『대한민국의 블랙리스트』 (서울: 조갑제닷컴, 2008)

김용삼, 『이승만과 기업가 시대』 (서울: 북앤피플, 2013)

김원율, 『젊은세대에 고함』 (서울: 집영출판사, 2003)

김재두 외, 『이란을 읽으면 북한이 보인다』 (한국국방연구원, 2007)

김충남·문순보, 『민주시대 한국안보의 재조명』 (서울: 오름2012)

김태우, 『한국핵은 왜 안되는가』 (서울: 지식산업사, 1994)

김태우, 『저승바다에 항공모함 띄웁시다』 (서울: 다물출판사, 1999)

김태우, 『북핵, 감기인가 암인가』 (서울: 시대정신, 2006)

김태우 번역, 『핵테러리즘』 (서울: 한국해양전략연구소, 2007),
　　　　원서 Graham Allison, Nuclear Terrorism (Owl Books, 2004)

김태우, 『북핵을 넘어 통일로』 (서울: 명인문화사, 2012)

나카소네 야스히로, 『정치와 인생』 (Tokyo, 1993) (오문영 번역, 조선일보사 1993)

민주노총, 『노동자, 통일을 부탁해』 (2012)

류병현. 『류병현 회고록』 (서울: 조갑제닷컴, 2015)

박휘락, 『북핵 위협과 안보』 (서울: 북코리아, 2016)

백승주 외, 『한국의 안보와 국방』 (한국구방연구원, 2010)

배정호·구재희 편저, 『NPT 체제와 핵안보』 2010년도 통일연구원-존스홉킨스대
　　　　한미연구원(USKI) 공동연구

손기웅, 『독일통일 쟁점과 과제』 (서울: 늘품플러스, 2009)

송대성, 『우리도 핵을 갖자』 (서울: 기파랑, 2016)

송민순, 『빙하는 움직인다』 송민순 회고록 (서울: 창비출판사, 2016)

신성택, 『신성택의 북핵 리포트』 (서울: 도서출판뉴스한국2009)

염돈재, 『독일통일의 과정과 교훈』 (서울: 평화문제연구소, 2010)

유용원, 『우리도 핵무장을 해야 하는가』 (서울: 플레닛미디어, 2016)

이대환, 『박태준』 (서울: 현암사, 2004)

이상우, 『우리들의 대한민국』 (서울: 기파랑, 2012)

이세기, 『6·25 전쟁과 중국: 스탈린의 마오 쩌둥 제압전략을 중심으로』 (서울: 나남, 2015)

이춘근, 『미중 패권경쟁과 한국의 전략적 선택』 (서울: 한국경제연구원 2012)

조갑제, 『박정희 전기』 (서울: 조갑제닷컴, 2006)

차피득, 『진짜 용된 나라 대한민국』 33판 (서울: 바른마음갖기회, 2018)

해군본부, 『NLL 우리가 피로써 지켜낸 해상경계선』 (2011)

Ashok Kapur, Pakistan's Nuclear Development (London New York: Croom Helm, 1987)

Avner Yaniv, Deterrence without the Bomb, (Lexington Massachusette, Toronto: Lexigton Books, 1987)

Charles W. Kegeley, Jr., Eugene R. Wittkopf ed., The Nuclear Reader: Strategy, Weapons, War (New York: St. Martin's Press, 1985)

Colin S. Gray, Nuclear Strategy and National Style (London: Hamilton Press, 1986)

Dorothy Norman, ed., Nehru: The First 60 Years (London: The Bodley Head, 1965)

George H. Quester ed., Nuclear Proliferation: Breaking the Chain (Madison: Univ. of Wisconsin Press, 1981)

Jonathan Schell, The Fate of the Earth (AVON Books, 1982)

Joseph Cirincione, Jon B. Wolfsthal, Miriam Rajkumar, Dearly Weapons: Nuclear, Biological and Chemical Threats (Washington D.C.: Carnegie Endowment for International Peace, 2005)

Joseph S. Nye, Nuclear Ethics (New York: The Free Press, 1986)

Jungho Bae and Jaehee Ku ed., Nuclear Security 2012: Challenges of Proliferation and Implication for the Korean Peninsula, Korea Inst. for National Unification (KINU)-US-Korea Inst. (USKI), Johns Hopkins Univ. Joint Research in 2012

Leonard S. Spector, The Undeclared Bomb (Washington D.C.: Carnegie Endowment for
International Peace, 1988)

Ministry of Information and Broadcasting, Government of India, Indian foreign Policy,
Selected Speeches of Jawaharlel Nehru, Sept. 1946~April 1961, (New Deli: 1961)

Naomi Shohno, The Legacy of Hiroshima: Its Past, Our Future (Tokyo: Kosei Publishing
Co., 1986)

Owen Greene, Ian Percival and Irene Ridge, Nuclear Winter (Cambridge: Polity Press, 1985)

Peter Pry, Israel's Nuclear Arsenal (London: Croom Helm, 1984)

Ronald E. Powaski, March to Armageddon (New York, Oxford: Oxford Univ. Press, 1987)

Selig Harrison ed., Japan's Nuclear Future: The Plutonium debate and East Asian Security
(Washington D.C.: Carnegie Endowment for International Peace, 1996)

Shai Feldman, Israeli Nuclear Deterrence: A Strategy for the 1980s (New York: Colombia
Univ. Press, 1982)'

Stephen Mayer, The Dynamics of Nuclear Proliferation (Chicago: Univ. of Chicago Press,
1984)

Taewoo Kim, Nuclear Proliferation: Long-term Prospect and Strategy on the Basis of a realist
Explanation of Indian Case, Ph.D. dissertation at the State Univ. of New York at
Buffalo, 1989

논문·발표문

권태영, "2030년 국방비전과 군사력 건설 방향", 2014년 7월 2일
한국국방정책학회 국방개혁 워크샵 발표문

김열수, "국방개혁 관련 도전요소와 효과적 대응방향", 2014년 7월 2일
한국국방정책 학회, 국방개혁 워크샵 발표문

김용삼, "박정희의 핵개발 그리고 김재규와 미국", 박정희대통령기념재단,
「박정희 정신」 2017. 9. 10. 통권 제5호

김용삼, "박정희의 방위산업과 핵개발 어떻게 진행됐나?", 2017년 8월 26일
　　　박정희 아카데미 강의원고

김정봉, "북한의 핵·미사일 능력과 우리의 대응", 2016년 6월 2일 한국융합안보연구원
　　　창립세미나 발표문

김태우, "핵확산 이론과 한국 핵무장의 이론적 당위성", 한국국방연구원, 「국방논집」
　　　제11호 (1990년 가을)

김태우, "핵무기비확산조약과 핵의 남북문제", 한국국방연구원, 「국방논집」
　　　제14호 (1991년 여름)

김태우, "NPT 연장협상과 우리의 핵외교", 한국외교협회, 「외교」 제27호(1993. 9)

김태우, "인도-파키스탄 핵경쟁 전말", 한국자유총연맹, 「자유공론」 (1998. 7)

김태우, "대량살상무기확산방지구상(PSI) 전망과 아국 대응책", 2005년
　　　한국국방 연구원 연구보고서

김태우, "박정희 비판운동에 대한 일고", 2005년 8월 18일 대구사회연구소 주최
　　　2005 학술심포지엄 「1960-1970년대 한국사회와 민주화」 제3부 종합토론
　　　"부활하는 박정희 신화 어떻게 볼 것인가" 토론문

김태우, "미-인도 핵합의, 새로운 핵문제의 시작", 한국국방연구원,
　　　「주간국방논단(KIDA Weekly)」 제1110호 (2006. 7. 31)

김태우, "북핵은 자위수단인가", 민병천 편저 「북한주장 무엇이 문제인가」
　　　(서울: 북한연구소, 2008)

김태우, "북핵 6자회담 평가와 한국의 전략적 선택", 박창권 외
　　　「한국의 안보와 국방: 전략과 정책」, 한국국방연구원 2009 연례전략보고서,

김태우, "전작권 분리의 명암과 대책", 2010년 6월 15일 특전성우회 창립기념
　　　안보정책 대토론회 발표문

김태우, "능동적 억제전략하 3축 체제 구축", 대통령보고
　　　「국방선진화추진위원회 보고서」 2010. 12. 6.

김태우, "능동적 억제전략과 해군의 역할", 2010년 11월 18일 제65주년 해군창설 기념
　　　세미나 발표문

김태우, "북핵위협 대비 능동억제와 3축 체제", 배정호·구재희 편저,
「NPT 체제와 핵안보」 2010년도 통일연구원-존스홉킨스대
한미연구원(USKI) 공동연구

김태우, "핵주권과 미사일 주권 그리고 전술핵 재배치", 세종대학교, Global Affairs
2011년 봄호

김태우, "핵위협하 국지도발 대비 대응전략 발전방향", 2013년 3월 22일
한국군사 문제연구소·한국해양전략연구소(KIMS)·해병대연구소 공동세미나
발표문

김태우·박휘락, "북핵위협에 대한 군사적 대응책", 정영태, 통일연구원 연구총서
2014-11 「북한의 핵전략과 한국의 대응전략」

김태우, "북핵억제를 위한 연합대비 태세 강화", 2015년 2월 5일 여의도연구원·
새누리당 국책자문위원회 국방정책발전 세미나 발표문

김태우, "응징, 방어 그리고 선제(Deterring the North Korean Bomb: Retaliation, Defense
& Preemption)", 2015년 8월 28일 국가안보전략연구원-헤리티지 재단
공동주최 국제학술회의

김태우, "통일교육, 무엇을 어떻게 가르칠 것인가", 한국교육방송공사(EBS),
「미디어와 교육」 제5권 제2호 (2015. 12.)

김태우, "좌편향 역사교과서의 반민주·반안보·반통일적 함의", 2015년 12월 7일
대한민국재향군인회 안보문제연구소 주최
「차기 올바른 한국사 교과서 편찬을 위한 방향」 세미나 발표문

김태우, "북한의 핵미사일 위협과 한국의 대응", 2016년 8월 29일
한국해양안보포럼 - 충남대 2016 국내학술세미나 발표문

김태우, "북한의 제5차 핵실험과 한국형 3축 체제", 2016년 9월 30일 육군사관학교
개교 70주년 기념 통일세미나 발표문

김태우, "박정희(朴正熙)에 대한 평가와 핵문제", 2016년 12월 7일
월간조선-박정희 대통령기념재단 주최
「박정희 대통령 탄생 100주년 기념 근대화의 국부 박정희를 다시 본다」

제2회 '박정희는 정말 핵을 개발하려 했나?' 발표문

김태우, "통일과 북핵", 민족화해협력범국민협의회(민화협), 「민족화해」 2017년 1월호

김태우, "한·일 군사정보 협력시대 열리나(GSOMIA)", 민주평통, 「통일시대」 2017년
　　　신년호

김태우, "중국의 사드 보복과 한미동맹(China's THAAD Bathing and Its Impact on
　　　ROK-U.S. Alliance", 2017년 3월 23일 바른사회시민회의 정책토론회 발표문

김태우, "북핵 위기 진단과 전술핵 재배치", 2017년 8월 31일 자유한국당정책토론회
　　　발표문

김태우, "전작권 분리에 대한 이성적 접근과 판단", 2017년 9월 7일 정의당 평화로운
　　　한반도본부·더불어민주당 국방안보센터·(사)전쟁과평화연구소 주최
　　　「전시작전통제권 전환과 남은 과제」 토론회 토론문

김현욱, "한미동맹의 현황과 주요 이슈", 국방정책포럼 No. 2015-20

류상영, "박정희의 중화학공업과 방위산업 정책: 구조-행위자 모델에서 본 제약된
　　　선택", 「세계정치」 Vol. 14 (2011)

박휘락, "미 전술핵무기 한국 재배치에 대한 시론적 분석", 신아세아연구소,
　　　「新亞細亞」 24권 2호 (2017년, 여름)

박휘락, "북핵 위협 상황에서의 전시 작전통제권 전환 분석: 동맹활용과 자주의
　　　딜레마, 그리고 오해", 전략문제연구소, 「전략연구」 통권 제73호 (2017. 11)

박휘락, "북핵 위협에 대한 예방타격의 필요성과 실행가능성 검토: 이론과 사례를
　　　중심으로", 「국가전략」 2017년 제23권 2호

배정호, "베트남전의 반면교사: 한반도 위기해결의 교훈은?", 월간중앙 2018년 1월호

서균렬, "중국의 북핵정책과 아시아 국가들의 대응: 일본", 2016년 12월 2일
　　　바른사회시민회의 제1회 북핵포럼 「중북 핵공모와 아시아 안보질서의 미래」
　　　발표문

신성택·김태우, "북한-파키스탄 핵개발 커넥션 현황과 대책", 한국국방연구원 2004년
　　　연구보고서

유동열, "북한의 비대칭전력, 사이버심리전 위협 대응방안", 2016년 6월 9일

북한연구소 학술회의 발제문

이서항, "중국의 새 어민세력 '해상민병'을 경계하자: 불법조업 행태의 새로운 변수", 한국해양전략연구소, KIMS Periscope (2017.3)

이정훈, "대권 후보들의 섣부른 안보 포퓰리즘을 향한 경고", 2017년 4월 14일 여의도연구원 주최 「안보 포퓰리즘 이대로 괜찮은가」 토론회 발표문

이종용, "3축체계 중심의 북핵대비 한국의 억제전략 발전방향", 2017년 12월 6일 국방대학교-건양대-한국국방정책학회-청주대-충남대 공동주최 2017년 군사학 세미나 「북한 핵위협 대비 한국의 대응전략」 발표문

이춘근, "북핵에 대한 한국의 대응방안: 미국의 전술핵 재반입", 2017년 11월 1일 선진통일건국연합 세미나 발표문

이태환, "중국 동북3성과 한반도의 미래" (서울: 오름, 2012)

정경영, "전시작전통제권 조기 전환 추진전략", 2017년 9월 7일 정의당·평화로운한반도본부·더불어민주당 국방안보센터· (사)전쟁과평화 연구소 주최 '전시작전 통제권 전환과 남은 과제' 토론회 발표문

좌승희, "박정희 시대는 왜 고속성장이 가능했나", 박정희대통령기념재단, 「박정희 정신」 2017. 3. 4, 통권 제2호

황주호, "핵 소요기술 상식", 2016년 1월 1일 과실연(바른 과학기술사회 실현을 위한 국민연합) 주최 제98차 오픈포럼 「북한 핵실험의 진실과 향후 전망」 발제문

한국수출입은행-주 이란 대한민국 대사관, "이란의 주요산업 현황과 우리 기업의 진출 방안", 한국수출입은행-주 이란 대한민국 대사관 특별연구과제 2016-2

홍우택, "북한의 핵도발 가능성 판단과 우리의 대응전략", 2015년 9월 25일 국방정책학회 국방정책포럼 발표문

Robert Carlin, "Looking back, Looking ahead", 2017년 6월 27일 한국학술원 주최 북핵 문제 국제학술회의 (조선호텔) 「20 Years of the North Korean Nuclear

Quagmire」 발표문

Siegfried Hecker, "North Korea's Stockpiles of Fissile Material", Institute for Korea Studies, Korea Observer, vol 47 No, 4 winter 2016

Taewoo Kim, "South Korea's Nuclear Dilemmas", Korea and World Affairs, Vol. XVI No.2 (summer 1992)

Taewoo Kim, "A Holistic Approach: A Nuclear Weapon-Free East Asia", Presented at the International Conference hosted by The Carnegie Endowment for International Peace in Washington D.C. on Nov. 16~18, 1993

Taewoo Kim, "Japanese Ambitions, US Constraints, and South Korea's Nuclear Future", in Selig Harrison ed., Japan's Nuclear Future (Carnegie Endowment for International Peace, 1996)

Taewoo Kim, "Strength and Consistency: a Key to North Korean Nuke Sanction", Presented at the 31st Annual Conference of the International Council on Korean Studies and the Council on Korea-U.S. Security Studies (COKUSS) in Washington D.C. on June 29~30, 2016.

Taewoo Kim, "Beijing's Korea bashing over THAAD: Is it someone else's problem for Washington?", Pacific Forum of the Center for Strategic & International Studies(CSIS), PacNet #25 (March 23, 2017)

Taewoo Kim, "Pyongyang's High-stakes Game of Chicken with the Entire World", http:// dailycaller.com/2017/07

Taewoo Kim, "Scaring, Bashing and Passing: A South Korean Perspective on the North's Nuclear Game", Global Asia (Fall 2017), www.globalasia.org

Taewoo Kim, "South Korea's Nuclear Nightmares and Redeployment of Tactical Nukes: A South Korean Perspective", Presented at the 12th Jeju Peace Institute-Friedrich Naumann Foundation for Freedom Joint Workshop 「The Trump Administration and Security Challenges: The American Role for the Security in East Asia and in Europe」, held in Jehu, South Korea on October 18~19, 2017.

Tristan Volpe, Ulrich Kühn, "Germany's Nuclear Education: Why a Few Elites Are Testing a Taboo Education", Washington Quarterly, October 11, 2017

칼럼·언론자료

김기만, "원유철 새누리 의원 북핵 해결위한 액션플랜 논의", 2016년 7월 28일자
　　　한국경제신문

김민석, "중국의 진주목걸이나 미국의 다이아몬드냐…한국의 선택은", 중앙일보
　　　2017년 12월 22일자 「김민석의 Mr. 밀리터리」

김민석, "미국의 대북 최후통첩, 다음은 해상차단과 선제공격", 중앙일보
　　　2017년 12월 15일자 「김민석의 Mr. 밀리터리」

김민석, "북 ICBM 발사, 미국 대북봉쇄냐 군사옵션이냐 갈림길", 중앙일보
　　　2017년 12월 1일자 「김민석의 Mr. 밀리터리」

김태우, "핵주권", 1993년 7월 21일자 조선일보

김태우, "핵주권회복 각오 다질 때이다", 1993년 10월 9일자 조선일보

김태우, "벌거숭이 한국의 전문가가 답사한 일본의 핵파워", 1994년 11월호
　　　월간중앙

김태우, "NPT연장외교 대미의존 탈피해야", 1995년 3월 18일자 한겨레신문

김태우, "프랑스의 핵실험 횡포", 1995년 9월 8일자 세계일보

김태우, "미사일주권", 1996년 7월 7일자 국방일보

김태우, "한국 미사일주권 회복하는가", 1996년 7월호 월간조선

김태우, "군 복무기간 단축, 여건충족이 먼저다", 2013년 1월 5일자 매일경제

김태우, "보수와 진보", 2014년 6월 23일자 국방일보 병영칼럼

김태우, "전작권 환수 재연기는 불가피했다", 2014년 10월 27일자
　　　한국경제신문

김태우, "북핵대응, 한국형미사일방어와 킬체인만으론 안된다", 2015년 1월 30일자
　　　한국경제신문

김태우, "北 도발, 실질적 응징으로 재발 막아야", 2015년 8월 18일자 문화일보

김태우, "북한 제4차 핵실험: 선제-방어-방호-응징' 전단계 군사적 억제가 핵심",
2016년 1월 10일 중앙선데이

김태우, "北核 앞에 발가벗고 서 있으라는 건가", 2016년 2월 1일자 조선일보

김태우, "北도발 앞에 벌거벗은 대한민국", 2016년 2월 11일자 서울경제신문

김태우, "새 정부, 안보과제 어떻게 풀 것인가", 2017년 5월호 대한언론

김태우, "중국과 러시아는 사드(THAAD) 배치 시비말라", 2016년 7월 11일자
서울경제신문

김태우, "사드(THAAD) 반대 성주 군민에게 드리는 고언", 2016년 7월 28일자
한국경제신문

김태우, "北核 사실상 묵인하는 中 이중플레이", 2016년 9월 12일자 문화일보

김태우, "핵추진잠수함 건조, 더 이상 미루면 안된다", 2016년 10월14일 서울경제신문

김태우, "내우외환의 안보위기를 직시하라", 2017년 1월 16일자 매일경제신문

김태우, "중국의 사드 보복, 美에도 '강 건너 불' 아니다", 2017년 3월 20일자 조선일보

김태우, "핵무장 잠재력 배양, 더 미루어서는 안 된다", 2017년 4월 22일자
한국경제신문

김태우, "새 정부에게 바란다: 용미(用美)·득중(得中)이 안보정책의 키워드", 2017년
5월 16일자 한국경제신문

김태우, "탈(脫)원전 정책의 안보적 함의", 2017년 8월 21일자 서울경제신문

김태우, "한국의 4대 핵악몽과 전술핵 재배치", 2017년 9월 21일자 서울경제신문

김태우, "한반도 전쟁위기설과 남북한 핵균형 전략", 2017년 12월 17일자 서울경제신문

박휘락, "전작권 조기 환수 주장과 5大 괴담", 2017년 10월 31일자 문화일보

박승준, "베트남이 중국을 다루는 법", 2017년 1월 28일자 프리미엄조선

배정호, "베트남전의 반면교사: 한반도 위기 해결의 교훈은?", 2017년 12월호 월간중앙

서지문, "트럼프 대한민국 국회 연설의 함의: 미국을 배신하면 한국은 자멸한다",
2017년 12월호 대한언론

이상우, "트럼프, 文정부의 속셈 탐색", 2017년 12월호 대한언론

원유철, "北이 5차 핵실험하면 우리도 핵보유", 2016년 7월 25일자 조선일보

정성장, "대통령 결심하면 18개월 내 핵무장 가능", 2016년 3월호 신동아

기타자료

김원율, "남남분열 일으킨 두 성직자 짠후탄 신부와 문익환 목사", 2003. 개인에세이

김원율, "천국에서조차 비난거리를 찾는 사람들", 2014. 개인에세이

백영훈, "21세기 한민족 시대 지도자의 비전과 사명", 2010년 9월 2일 제481차 국제
　　　외교 안보포럼 특강

이 호, "우남 이승만의 일생-자유를 위하여 싸우라", 2017년 11월 3일 이나친회 특강

조갑제, "유신시대 없었다면 위대한 박정희 대통령은 없다", 2014년 11월 14일
　　　박정희 대통령 탄신 96주년 기념강연회 연설

천영우, "미사일 지침 개정으로 철통방어가 강화되었습니다", 청와대정책소식,
　　　Vol 135. 2012. 10. 23.

한미안보연구회, "전작권 전환/연합사 해체 재검토 건의", 2013. 3.

Hearings on U.S.-India Civil Nuclear Cooperation Initiative, U.S. Senate Foreign Relations
　　　Committee. Nov. 2, 2005

북핵을 바라보며 박정희를 회상한다

1판 1쇄 발행일 2018년 3월 23일

지은이 김태우
펴낸이 안병훈
펴낸곳 도서출판 기파랑
디자인 오숙이
등록 2004년 12월 27일 제300-2004-204호
주소 서울특별시 종로구 대학로8가길 56(동숭동 1-49) 동숭빌딩 301호
전화 02-763-8996(편집부) 02-3288-0077(영업마케팅부)
팩스 02-763-8936
이메일 info@guiparang.com

ⓒ 김태우, 2018

ISBN 978-89-6523-656-6 03300